思考在左、行动在右

——透视心理、文化与人的本质

黄亚丽　著

华龄出版社

前 言

与这本书相关的笔记从我中学时代就开始了，只不过那时候还只是一些杂乱无章的想法。严格意义上这本书的创作始于2010年左右，也就是我大学毕业那一年开始，直到10年以后的2020年才基本完结。最近几年我把这些杂乱的文字进行系统整理，于是有了这本书。

“为什么有这些笔记？”因为笔记对我而言是非常重要的东西。我的内心总在挣扎彷徨，说起来也没有经历什么感天动地的苦难。我的生活很普通，和大家没有太大区别。可能是我的内心比较敏感，容易想太多。我曾因此深陷困境。庆幸的是，我也因为充分的思考而从困境中走出来。在走出来的过程中，这些笔记对我有很大帮助。我曾把这些笔记打印出来，装订成册，和我的学位证、身份证和银行卡放在一起，封面印着：很重要的东西。

“为什么要把笔记出版成书？”这是很多人都问过我的问题。我本来不想回答，但我想我应该给读者朋友们一个交代。我是一个普通的程序员，不是心理学或哲学相关的专业人士。我不靠出版专著升职加薪，作家这个名声对我也没有太大的意义。出版只是一种思想表达的途径。所谓思想可能只是一些自说自话的人生道理，但如果仅仅只是这样，也并不值得出版。过好自己的一生，最好的做法是不断参与竞争，不断思考，不断积累经验，相对而言，他人的人生道理并不重要。

多年来我一直在努力让这些笔记不只局限于狭隘的人生道理，最明显的成果便是所有的观点前后连贯、逻辑自洽、成了一个小小的体系。追根溯源，这些知识或思想都是从别处学来的，有些记得出处，有些已经不记得了。无论如何，所有语言都是真诚的，不敢保证能给读者朋友们有益的启发，也算是能为大家增添一些浅薄的见闻。

这本书受中外哲学和心理学相关的著作影响很深。有两个人起了至关重要的作用，其中一个是庄子，另外一个是苏格拉底。书中“内”和“外”的架构直接来源于庄子的思想（书中庄子文章的白话文翻译主要采用意译，基于我对庄子思想的理解，和其它相关著作在细节上可能会有差异），对问题的论述以及思辨过程则主要受苏格拉底的影响。

文化是心理的外在，心理是文化的内在。心理有内在和外在之分，文化也有内在和外在之分。“内在”和“外在”是相对而言。某些心理问题可能需要向外寻找解决的办法，而有些文化问题可能需要向内寻找问题的根源。本书整体上尝试构建了一个独特的心理学体系，细节上也提出了一些心理问题的疏导方法。受制于个人学识、人生阅历和人生智慧的局限，有些观点可能有不成熟之处，请读者朋友谨慎看待，同时不足之处还望大家多多包容。

目 录

第一章
心理之内

图 1　宁夏回族自治区卫宁大麦地岩刻

“为什么我总是不快乐？”很多人都问过这个问题。回答这个问题首先要知道什么是“快乐”。快乐是一种表征，代表人的需求得到满足的情况。当钓鱼佬看到水面的浮标上下窜动的时候，他真正看到的不是浮标，而是水面下的鱼。也就是说，快乐本身是没有实在意义的。最纯粹的快乐就是大脑分泌的多巴胺，但显然，人们渴望的并不是这种化学物质本身。

快乐的体验就像没有特别意义的笑话，或者舞台上滑稽的表演，人们从中得到短暂的欢愉，这没问题，但很多舆论、文学、流行歌曲和综艺电视都在诱导人们把快乐当成人生的终极目标。在这种思想的诱导下，你可能永远都得不到真正的快乐。

这本书有助于回答“为什么我总是不快乐？”这个心理难题，但这本书无法帮你找到快乐。有些心理是自发产生的，在我们的内心深处，我将这部分心理称为内隐心理。相应的，有些心理是受到外界刺激后产生的，我称之为外显心理。心理活动能被自我感知觉察，但本性不会。如果把本性也纳入心理的范畴，那么它存在于心理的底层。即，本性存在于心理之内，但区别于心理。

本性，内隐心理，外显心理，这些称呼不是我刻意造出来的概念，很多心理学相关的书籍都有提及。这本书只是从新的角度来解释这些心理学问题，并且尝试构建起一个有趣的心理学体系。有些问题单独看很难理解，但如果把它放在一个完整的体系中，说不定就豁然开朗了。首先，我们从最根本的东西“本性”开始谈起。

一、本性

人们对本源有一种执念，总想了解它，掌握它。人性是人类共有的特征，是一切心理和文化的本源。我们想看透人性，但我们总是难以逃脱自身的局限。看清楚了它的一面，又容易忽视其他的面。我不敢贸然谈论人性，因为我显然也逃离不了这种局限。但既讲文化与心理，就不得不涉及这个问题。

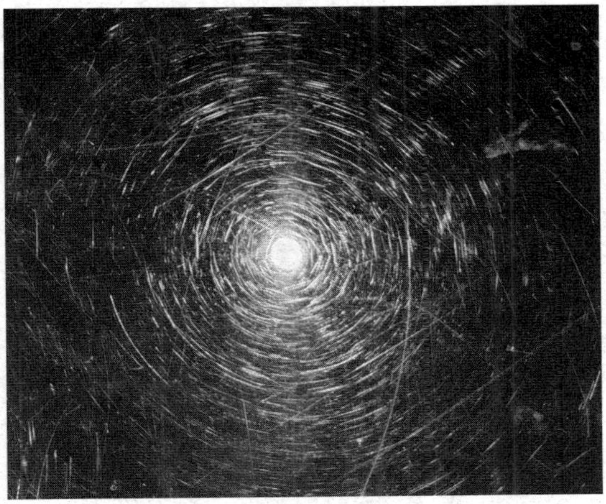

图 2 有细微磨损的光滑平面在灯光下的效果图

（旧手机的屏幕在灯光下也可能呈现类似的图案。）

会议室里，蓝色的钢琴烤漆桌面反射出天花板上的灯光。我无意中看到灯光倒影的周围有很多细密的划痕。有趣的是，这些划痕在灯光周围呈现出一个圆圈，仿佛藏在宇宙深处的黑洞，又像是铅笔勾勒的圆环状的鸟巢。移动视线，这个圆环也随着光线移动。后来我知道了它的原理：平整光滑的桌面在日积月累中会形成层层叠叠不计其数的划痕。这些划痕没有规律，朝各个方向的都有。在灯光下，构成漫反射的那部分划痕被照亮，形成了一个圆环。并不是划痕形成了圆环，而是在灯光下，我只能看到构成圆环的那部分细节。

人的本性如同这些不能被轻易看到的细小的划痕，只是在特定的环境中呈现特定的形态。不同的时间、不同的地点、不同的心境，都可能呈现出不同的人性。你可以说人性是简单的，也可以说人性是复杂的。你可以选择相信人本性善，也可以选择相信人本性恶。这些都取决于你是谁，你在哪里，以及你的种种特别之处。

人性是圆形、三角形，还是正方形？当你看到人性是圆形的，人性就是圆形。然而当你宣称“人性是圆形”的时候，却会遭到人们义愤填膺的反驳。你没有错，反对你的人也没有错，我们对人性的看法可能都没有问题。只是特定的某个人对人性的看法推广到其他人那里，可能就是荒谬的。

（一）生存

社会心理学家亚伯拉罕·马斯洛 (AbrahamH.Maslow) 的“需求层次理论”把人的需求划分成生理需求、安全需求、归属与爱、尊重需求和自我实现五个层次，指出人的需求是“由低到高”[①] 逐级形成并得到满足的，其中，生理需求和安全需求被概括为缺失性需求，相应的另外三个则概括为成长性需求。

因不同的人所处的生存环境不同，自然会表现出不同的需求优先级次序。而同一个人在自己的某些层次的需求得到满足以后，“价值观”[②] 也自然会发生改变。

“缺失性需求”涉及最基本的生存保障，等同于这里所说的生存。无

---

① 不是所有基本需求都得到满足的人必然转向更高的自我实现层次，也不是贫穷的人就一定只停会留在基本生理需求层面。根据马斯洛的阐述，这种层次并非完全由物质决定。真正的自我实现者“不仅在这些低层次上能够接受自己，在其他层次也不例外，例如爱、安全、归属、荣誉、自尊等。所有这一切都被不加疑问地接受，仅仅因为这些人乐意接受大自然的作品，不加挑剔。”这个观点区别于“物质基础决定上层建筑”的理论。

② [美] 亚伯拉罕·哈罗德·马斯洛：《动机与人格》，颜雅琴译，北京：台海出版社，第 71 页，“对旧的满足物和目标产生相对独立的一定程度上的轻视，同时，又依赖于迄今为止一直被忽略、不被需要或偶尔被需要的新的满足物和目标。这种新旧交替的现象又包含了许多第三方面的后果。这样一来，兴趣会发生变化：一些现象开始变得有趣，而旧的现象则变得乏味，甚至令人厌恶。这就相当于人的价值观发生了变化。”

论在任何情况下，生存都是人的第一本性。关于这一点，连动物也不例外。

一只黑熊突然闯入人类的领地，那往往意味着这只黑熊可能处在被饿死的边缘。它并非不能意识到人类的领地对它来说非常危险，但是为了获取食物，它会做出冒险的行为，包括攻击人类。处于发情期的雄性兔子和处于哺乳期的雌性兔子性情会变得异常凶猛，因为那时候它们的生殖需求的优先级高于了它们对安全的需求。等发情期或哺乳期过后，它们的性情自然会恢复到原来温顺胆小的状态。

（二）迁徙

很多“人性”都有原始的动机，比如，人的内心深处对自由的渴望可能和远古时期的生活习性有很大的关系。

人口过于拥挤怎么办？迁徙。孩子们成年以后陆续离开原来的部落，带着对遥远世界的期待，带着探索未知的勇气，到陌生的世界开拓新的生存领地。在那里可以成立新的部落，可以定新的规矩，可以做很多原来不敢想的事情。

图3　新疆阿敦桥鲁岩刻（临摹）

（简单、淳朴、厚重的线条生动地刻画了动物和原始人类一起在空旷的原野上奔跑的场景，给人一种欢快自由的感觉。）

发生自然灾害或者自然资源枯竭了怎么办？迁徙。太阳在这片土地落山的时候，在另外一片土地才刚刚升起。一个地方的自然资源枯竭了，还有更多的自然资源等待被开发。大自然的能量仿佛无穷无尽，只要不停地迁徙，就会有源源不断的自然资源。

被外族入侵或者被本族人排挤怎么办？还是迁徙。世界那么大，只要逃到一个没有这些入侵者的地方就行。只要迁徙得足够远，就永远不用面对曾经讨厌的邻居。只需要迁徙，一切都可以重新开始。

在人类社会早期，迁徙解决了大多数问题。迁徙就像一把万能的钥匙，只要有它，一切烦恼都可以解决。可能在人类最深层的记忆中，迁徙就是一切美好的开始。

然而地球只有一个。这个星球上每一寸土地都有了它的归属，这把万能的钥匙终于成了一个梦。直到现在，人们仍然渴望这个美梦。因为迁徙已经成为本能，深深地刻印在了我们的基因里。我们渴望自由，本质上就是迁徙的本能需要得到释放。

（三）支配

人的多数行为都建立在人与人的相互关系上。其中一部分人拥有“支配[①]”的权力，往往就意味着相关的其他人只能顺从于这种支配。即便是通过友好协商达成一致，或在为这个整体的公共利益服务，也改变不了终究有一部分人要被另外一部分人支配的本质。

图 4　法国青铜雕塑——思想者

① ［古罗马］奥勒留：《沉思录》，何怀宏译 . 北京：中央编译出版社，2008(4)，第 202 页，“不管宇宙是原子的集合，或者说自然是一体系，首先要确信我是本性所支配的整体的一部分；其次，我在某种程度上和与我自己同类的其他部分密切关联着。”

1. 支配能力

我们没有必要赢得所有人的尊重，但我们本能地知道需要控制某些局面，这是基本的人性。失去这种支配能力意味着可能存在某些心理问题。金凯瑞主演的电影《一个头两个大》讨论的就是这个。类似的电影还有周星驰主演的《破坏之王》。多数人只是把这两部电影当成喜剧看，其实它们真正的内核都是悲剧。

《一个头两个大》中，查理的身体被两个天性完全不同的人格轮流控制。“好人查理”善良、胆小、懦弱，无法控制局面，甚至无法保护自己的尊严和利益。“坏蛋查理”自私、邪恶、狡猾，试图掌控一切。电影以夸张搞笑的手法，嘲讽了“好人查理”的那个人格，但那其实并非一种恶意的嘲讽。现实生活中很多人没有“坏人查理”的那一面来保护自己。电影在试图用这样的“嘲讽”唤醒这类人内心深处那个“坏蛋查理”。这才是电影真正的价值和意义。不懂的人只把查理当成傻子，懂的人泪流满面，因为那个滑稽的老好人也许就是对生活失去支配能力的自己，这就是电影悲剧的内核。

支配欲这种东西，在不同人身上可能是此消彼长的关系。比如，支配欲强的父母更可能会培养出支配能力低下的后代；支配能力低下的父母更可能会培养出“强控制欲”的后代。只有心理健康的父母，才能培养出同样心理健康的孩子。夫妻之间也是类似的道理。

一个支配能力低下的人往往都有一个或者多个控制欲过度的家庭成员。他们总是习惯于被动，习惯于让他人为自己做决定，习惯于隐忍和退让，即便不喜欢的东西，不愿意做的事也会逼着自己接受，面对伤害和侮辱甚至不敢反抗。

2. 支配原则

柏拉图倾其一生写成的《理想国》，浩浩荡荡三十多万字，核心其实就是权力分配问题，即：雅典城邦需要怎样的统治者？柏拉图认为，有资格成为统治者的人在生活理念和道德方面应该是社会大众的榜样，最好就是一个正义的哲学家。整本书都可以看成围绕哲学王应该有的品质展开的。论述过程中涉及思想、文化、教育、诗歌、音乐、艺术、宗教、哲学，等等，都是这个问题的延伸。

苏格拉底试图建立一套完美无缺的，理性的支配原则。但在他的言语之间，我们能感觉到他的潜意识里有一个至高无上的神。他相信这个神绝对公平、正义。他相信神会安排一个有资格的哲学王来统治人民，而这个哲学王能为人民带来公平和正义。

理想国永远只是乌托邦。现实是，这个世界没有神，没有王，也没有什么所谓的资格。权力只属于渴望得到权力的人。每个人都应该正视自己的这种欲望，该自己的不要推辞，不该自己的也可以努力争取，这样想或许更好。人人都可以参与支配，更重要的是，人人都应该受到同等的约束。

（四）道德

人类的道德存在于社会关系之中。一个绝对孤立的人无所谓道德，也无所谓不道德。假如现在人们把我驱逐出地球，让我一个人在火星孤独地生活，永远不能和任何人有接触，并且所有人都不知道我的存在。这时候如果我依然活着，那么我将像虫子一样，只是为了活而活着。这种极端情况下很多东西都没有意义了，包括道德。

体现道德的主体和某个整体相互作用的时候才有道德存在的意义。这个整体可以是两个朋友，可以是一个家庭，可以是一个民族，可以是一个国家，可以是全世界，还可以说是这个星球。有利于整体的个体行为即体现为道德。

几千年以来，哲学家们都在苦苦思考一个问题：道德是我们与生俱来的呢，还是我们来到这个世界以后外在强加的？有人认为道德是先天就有的，有人认为道德是后天的教育，这就是“性善论”和“性恶论”之争。

图5　云南省沧源岩画（局部临摹）

（原图绘在悬崖石壁上，男人手里拿着盾牌，女人手里牵着孩子，可能表达的是一个完整的家族部落的生活场景。）

为了研究这个问题，美国学者保罗·布卢姆对婴儿进行了大量的实验观察，并把研究过程和结论写成了一本书《善恶之源》。他在书中这样说道：

> 我们的道德生活其实分为两个部分。首先，是我们天生就具备的道德本能，而且其丰富程度令人瞠目结舌：婴儿都是道德动物，生来就拥有进化出来的共情和同情意识；他们还有能力评判他人行为，甚至对正义和公平都有一些初步的了解。然而，我们已经远远超越了婴儿的局限。我们道德意识中的另一个关键部分，是人类历史进程和个人发展过程中逐渐产生的。人之所以为人，很大一部分原因就在于此：道德不单来源于人类的本能，还来源于我们的同情心、想象力和卓越的理性思维能力[①]。

① ［美］布卢姆：《善恶之源》，青涂译，杭州：浙江人民出版社，2015(3)，第208页。

总体上来看布卢姆教授的研究成果支持“性善论”，只是我觉得把婴儿与生俱来的那种意识称为道德意识可能不太准确，毕竟道德这种东西太复杂了，用别的描述方式可能更恰当。

任何事物都是规则的堆叠，道德应该也是如此，在计算机编程领域我们叫算法。道德的算法其实很简单：

他人遵守约定，我也遵守约定。他人对我友好，我也对他人友好。

布卢姆教授的研究表明，婴儿天生就会遵守这两个原则。通常我们谈论的道德含义更复杂，但都绕不开这个。任何绕开这两个原则的道德都是不成立的。随着社会结构越来越复杂，道德也变得越来越复杂，但是最基本的规则始终贯穿其中。

现实中有一部分人，看起来他们是在遵守道德，但是其实他们只是在利用道德。这些人非常狡猾，且非常危险。他们试图劝说别人遵守规则，然后自己找机会利用这种规则。他们让别人觉得自己是友善的、可靠的，然后在别人没有防备的情况下做出伤害别人的行为。当道德需要做出牺牲的时候，他们使用计谋把别人推到自己前面。当道德有利可图的时候，他们则会使用计谋把别人踩在脚底下。在人们看得到的地方，他们比其他任何人都道德；在人们看不到的地方，他们则没有任何原则。

有了道德，才相应地伴生了投机。大多数人都没有表现出投机，因为投机永远只可能是少数人的行为。如果大多数人都能投机，最后就是所有人都无机可投。早在柏拉图时代就很清楚地论述了这个问题。柏拉图似乎在暗示，你我之所以没有作恶，可能只是因为没有“裘格斯之戒[①]”。

有个奇怪的现象，在我们的文化中，投机似乎被视为是一种聪明。擅于投机真的高智商的表现吗？我表示怀疑！这不能解释没有文化的人往往把那些有知识有文化的聪明人骗得团团转的现象。新闻中经常出现类似的

---

① 出自《理想国》里的一个著名隐喻，其大意是：一个叫裘格斯的牧羊人无意中在山洞里发现了一枚可以隐身的戒指。这枚戒指能让他在做坏事的时候不知不觉。自从拥有了这种能力，他从一个老实本分的牧羊人，变成了一个偷窃财宝、勾引王后，还准备谋害国王的人。

报道。

人一旦有机会，大概率会干投机倒把的事情。记得很多年前就有人说过类似的话："人是最擅于投机的生物。在任何可能存在利益纷争的关系中，以及任何有潜在危险的场合下，尽量保持沉默和静止，千万不要有过多的言行，否则往往会有意想不到的麻烦和危险。因为一旦你开口说话，就会暴露出自己的种种问题。也许在你的自我意识中这些不可能是问题，但是对擅于投机的人来说，你任何与众不同的地方都有可能被其利用。"

投机不在于一个人有多聪明，而在于一个人有多自私，多无耻！如果让骗子和被欺骗的人进行一场公平的博弈（如果是无规则博弈，则需要事先约定），那些被欺骗的人未必会输。所以问题在哪里呢？无视规则，利用规则，可以毫无愧疚之心地伤害带着善意和信任的人，那才是一个投机者真正仰仗的能力，那是他们的"裘格斯之戒"。

不同的人自私的程度不一样，形式也各不相同。公交车上不给老人让座自私吗？自私，但这还不算更严重的。窃取丈夫辛苦挣来的血汗钱供养情夫自私吗？自私，但也还不算更严重的。把帮助自己的朋友推向杀人犯自私吗？自私，其实也还不算更严重的。坑杀矿工骗取保险的工头自私吗？自私，但与为了政治目的不惜发动战争的政客比起来，简直不值一提。似乎一个人能自私到什么程度，取决于他有多少自私的机会，以及有多大的实现自私的权力。到底谁的内心更自私？没有人知道。自私的人连自己都不会意识到自己究竟有多自私。自私一眼就能看到，细看却深不见底。

所谓"精致的利己主义者"批判的不是自私，而是投机。事实上大多数人都是纯粹的利己主义者，无所谓"精致""不精致"。

（五）交流

在苹果里长大的虫子永远不知道苹果的味道是甜的。人的意识本来就不是客观公正的。如果没有机会远离家乡，就无法客观地评价自己的家乡，美也不美，不美也美。人如果不离开"楚门的世界"，不了解自己之外的世界是什么样子，就无法真正了解自己，幸福也不幸福，不幸福也幸福。所以我们总是本能地渴望和不同的人交流，确切地说，渴望被别人了解以及了解别人。

1. 好奇心

“李约瑟难题”由研究古代中国科技史的英国学者李约瑟提出，他在15卷《中国科学技术史》中正式提出此问题，主题是：“尽管中国古代对人类科技发展做出了很多重要贡献，但为什么科学和工业革命没有在近代的中国发生呢？”1976年，美国经济学家肯尼思·博尔丁称之为“李约瑟难题”。我认为李约瑟本人是有想法的，不过出于一个学者的谦逊和严谨，没有把话说死而已。

有些难题是因为实在太难才被提出来，比如“庞加莱猜想”“黎曼猜想”等数学难题。而有些所谓难题，只是因为不方便明说而已，比如这个所谓的“李约瑟难题”。你也许会觉得这有什么难的呢？我都可以回答。是的，每个人都可以给出一个答案。你可以认为是气候原因，你也可以认为是地理环境[①]原因，你还可以认为这个问题根本不存在，每个人都觉得“只有我的观点才是最正确的”。或许这些都是原因之一，但是如果不和稀泥的话，一定存在某个决定性因素，那到底是什么呢？

我们可以从和清朝统治者打过交道的英国使团那里窥探一些东西，日记中有一段是这样描写的：

> 其中几位大约八十年前受到康熙帝保护的教士，是有相当学识和勤奋工作的人。他们试图把实用哲学介绍给中国，正是根据他们有关朝廷口味的报道，以及有关他们受到欢迎的讲授，我们才随身携带各种各样、最近发明的昂贵仪器，但我们没有机会展示它们，因为耶稣会士讲解过的每件这类仪器，似乎都被忘得干干净净，或者被视为

① 林肯·佩恩所著作的《海洋与文明》的观点以及衍生出来的类似学说。

毫无价值。无论皇帝本人，还是他身边的人，对这些东西都没有好奇心。此外，现政府的政策不鼓励新鲜事物，尽量防止百姓贬低自己而高抬外国人。丁维迪博士在广州英国商管讲了几次课，做了一些实验，中国大商人一直参加，他们显得非常有兴趣，热烈希望讲下去。如果丁维迪留在广州继续讲课，我敢说，他可以很快招收中国学生而发财。但北京的官员对此没有显出什么兴趣，没有一个人关注水压、光学原理、透视法、电气等等，尽管他们好几个曾看到排气机、电动机器、望远镜、幻灯、戏箱。总之，可以说前来参观球仪、太阳系仪、气压计和圆明园安装的吊烛灯架的大人们，都漠然视之，好像这些都十分寻常，没有什么稀奇，而且他们已知道如何使用[①]。

中国人那个历史时期也写过一些国外的见闻录。1867 年 11 月 21 日，清朝正式组建了近代中国第一支派往欧美的外交使团。团长是美国人蒲安臣（Anson Burlingame），副团长是英国人柏卓安（J.MeL.Brown）与法国人德善（E.De.Champs）。五十岁的满族官员（总办章京）志刚随团出访。志刚竭尽所能把自己的见闻写入了日记，后来整理出版为《初使泰西记》一书。书中不但不为清朝的落后而自卑，反而对西方国家充满了偏见和傲慢。他认为西方之所以这么发达，是因为学习了中国的孔孟思想。他把西方的科学技术称之为“奇技淫巧”，所谓“如果人家有的好东西，我们也能有，何愁国家不会富有，何愁国家不会强大[②]。”

一百年前所有的中国人都是志刚这样狭隘的人吗？显然不是。有见闻

① ［英］乔治·马戛尔尼，［英］约翰·巴罗：《马戛尔尼使团使华观感》，何高济，何毓宁译，北京：商务印书馆，2019。George Macartney, Edited by J.L.Cranmer-Byng ANEMBASSYTOCHINA Longmans, 48 Grosvenor Street, London, 1962。《马戛尔尼勋爵私人日志》据朗文出版社 1962 年版译出版。John Barrow TRAVELSINCHINA (THESECONDEDITION) Prentedby A.Strahan, PrintersStreet, 1806。《巴罗中国行纪》据斯特拉恩出版 1806 年版译出版。

② 《初始泰西记》，长沙：湖南人民出版社，1981，志刚原话：“若使人能者而我亦能之，何忧乎不富，何虑乎不强。”

和学识的人其实大有人在，只不过他们没有发出自己声音的权利。只有志刚这样的有权有势的人能发声。正是这些人误导了当时的统治者，误导了整个清政府。

想品尝熊掌的味道，想知道杨贵妃的胖瘦，想知道秦始皇的陵墓里埋葬了多少金银珠宝，想体验大权在握的感觉，想知道他人是否对自己忠诚……这些都是好奇心，但你发现没有，这些好奇心都是生理层面的东西。不管是志刚、康熙皇帝①还是慈禧太后②，他们对世界的好奇心始终都没出这个范畴。

差不多志刚出访十年以后，清庭派出了中国历史上第一位驻外大使郭嵩焘③。和志刚不同，郭嵩焘到达英国后，非常留意英国的政治体制、教育和科学状况，访问了学校、博物馆、图书馆、报社等，结识了众多专家学者，并以六十岁高龄潜心学习外语。还将考察心得不断寄回国内，提出很多中肯的建议。他盛赞西方的民主政治制度，主张清朝应研究、学习。他将这些整理成书，取名《使西纪程》，寄到总理衙门，不料被当时的国人痛斥其为汉奸、走狗、卖国贼……最后间接导致他丢掉了官职。说了几句真话，落得众叛亲离，最后郁郁而终。让人困惑的是，当时骂他的不只是当时的既得利益集团，还包括平民、商贩，甚至还包括他多年的好友。与

---

① 是人都有好奇心，康熙表现出的那些行为并没有什么大惊小怪的，皇帝的好奇心和普通人并没有什么本质的不同，但在他的这个特殊的位置上，他的好奇心本应该上升到理性的高度，很可惜的是，他看上去并没有。

② 慈禧太后是当时整个清王朝最先体验照相机，汽车，钟表等这些工业产品的人，毫无疑问她也是有好奇心的，但这种好奇心也是生理层面的。

③ 郭嵩焘（1818—1891 年），学名先杞，后改名嵩焘。湖南湘阴城西人。晚清官员，湘军创建者之一，中国首位驻外使节。道光二十七年（1847 年）进士，咸丰四年（1854 年）至咸丰六年（1856 年）佐曾国藩幕。同治元年（1862 年），被授为苏松粮储道，旋迁两淮盐运使。同治二年（1863 年）任广东巡抚，同治五年（1866 年）罢官回籍，在长沙城南书院及思贤讲舍讲学。光绪元年（1875 年），经军机大臣文祥举荐进入总理衙门，不久出任驻英公使，光绪四年（1878 年）兼任驻法使臣，次年迫于压力称病辞归。光绪十七年（1891 年）病逝，终年 73 岁。

《初使泰西记》的待遇不同，直到郭嵩焘去世，《使西纪程》始终未能出版发行。郭嵩焘的存在表明并不是所有中国人都像志刚那样荒唐，只不过这部分人始终被打压。

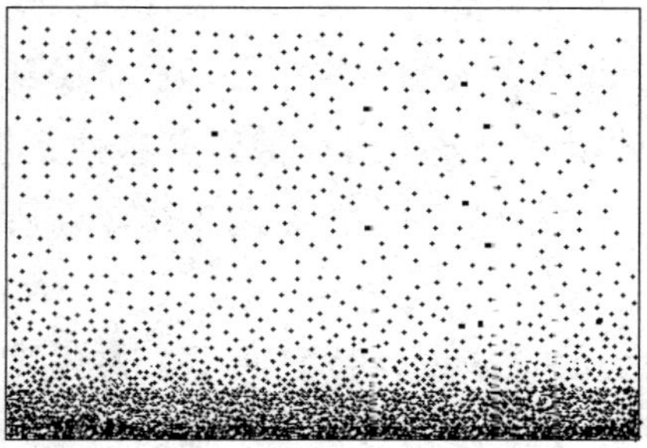

古代西方哲学家的世界

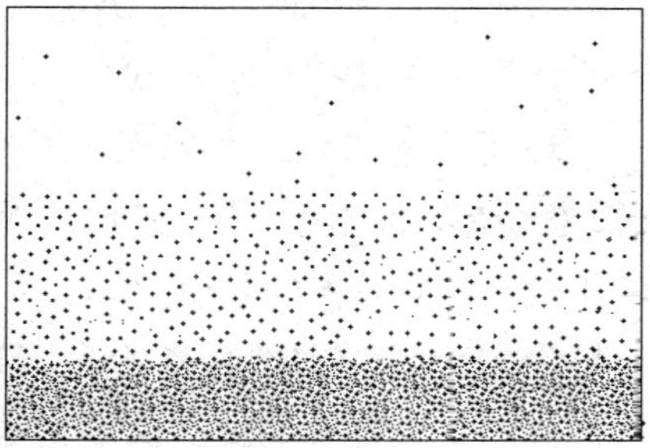

古代中国哲学家的世界

图6　对比示意图

（黑点分布示意被掌握的知识。）

假设每个区域的文明探索到的知识量是一样多的，只是在知识形态的分布上存在差别。

用两张图（图6）表示这两个文明在知识分布上的差别：我们把知识量化成点，方框代表了可以被认知的世界。点稠密区域代表比较深入，空白区域代表不知道。通过这个示意图，肉眼可见的差异体现在以下两个方面：

一是稠密度不够：对于某些知识，我们仅限于了解，没有深入。

二是边界过于明显：探索知识范围存在局限，知识体系中有大量空白。

西方哲学主要是论证，这一点从苏格拉底就能很明显看出来。东方哲学主要是断言，是非分明，尊卑有序，思想止步于家长式的教诲，到现在也没有多大变化。少有人发问，因为多数人都不愿意暴露自己的无知，或者说从根本上就没有“知”的概念。

有人认为一部分人类从劳动中解脱出来，酒足饭饱，实在没事做，才搞出了哲学这种东西。我认为这种看法是不对的。实际上西方哲学很早就存在了，古希腊哲学之所以这么辉煌，归因于他们理性的好奇心。

叙拉古的国王养了阿基米德 30 年，直到国家灭亡也没有从他身上得到对他的统治有价值的东西。那国王为什么要养着这么一个没用的数学家呢？我认为是求知欲！求知欲在当时绝非少数人的特殊癖好。从贫民到国王，大环境就是如此。直到现在西方的很多科技公司还保留着这种文化。“求知是所有人的本性[①]”，这不是现在才提出来的，这是两千多年前所有古希腊人和古罗马人的共识。

把一个大科学家留在身边，用我们的话来说，特有面子。古代东方人和古代西方人都好面子，这毫无疑问，只不过西方人把求知欲当成了面子，而我们似乎更在乎别的东西。

求知欲文化一直在西方延续。企业的管理者本身就有求知欲，也能理解员工的求知欲。大家卖命工作，吃喝拉撒，可能就是为了满足求知欲而已。春秋战国时期，封建主热衷于供养有学问和技能的门客。这些门客的价值并不在于探索新知识，而只是作为政治参谋和军事保镖。对于没有利用价值的知识，这些人完全没有兴趣。养他们的“老板”不理解求知欲，门客也没有动力去探索新知识。

几千年来，我们一直认为这种“知识空白”以及“认识不彻底”是理所当然的。现在的企业文化，本质上也差不了多少。人才就是被资本家利用的工具，物尽其用，效率第一。员工的时间和精力被企业压榨得很彻底，很少有能力去满足纯粹意义上的求知欲。进入现代社会以后，人们的好奇心终于得到了尊重，至少在学术圈是如此，但随之而来的“攀比”又盖过了求知欲。与其说我们在满足求知欲，不如说我们在用求知欲满足自

---

① 苗力田主编,《亚里士多德全集（第七卷）》，北京：中国人民大学出版社，1990 年 9 月 1 日，第 21 页，“求知是所有人的本性。对感觉的喜爱就是证明。人们甚至离开实用而喜爱感觉本身，喜爱视觉尤胜于其他。不仅是在实际活动中，就在停不打算做什么的时候，正如人们所说，和其他相比，我们也更愿意观看。这是由于，它最能使我们识别事物，并解释各种各样的区别。”

己的攀比心，更赤裸一点就是升官发财的工具。搞学术都要勾心斗角，早已失去了求学问道的初心。求知欲最终止于人上人下、你输我赢。

财富和学历可以攀比，但是求知欲这种东西是没法攀比的。我们能拥有的时间和精力有限，认知范围和寻求到的意义也都很有限。当我们被迫思考与已有的认知毫不相关的问题时，会因为无法接续固有的思维体系而表现出认知焦虑。

攀比对求知欲没有好处。当我们为攀比焦虑的时候，已然失去了很多宝贵的时间和精力。没有时间和精力去做的事，自然会有其他人去做。做不好的事，自然会有其他人去完成。把自己有限的认知，包括个人兴趣，局限于特定的范围内。专注于特定的域，在具有连续性的体系中尽量向纵深发展，这才是合理的选择。为了攀比而做自己根本不感兴趣的事情，这违背了人的本性。这样的心态不会为我们提供上升的动力，反而是求知欲的负担。

2. 表达欲

表达很重要。很多东西都要表达出来才能体现其意义。有时候不表达，连自己都不知道自己到底在想什么。我就是一个表达欲非常旺盛的人，否则也不会写下这么多文字。其实我觉得大家的表达欲也都很强，只是实现这种欲望的方式和途径有所不同而已。

有一件往事至今我仍然印象深刻。20 世纪 90 年代的农村没有什么娱乐活动，男人们在农闲的时候很喜欢聚在一起打牌。那时候的农村妇女很朴实，都觉得有义务敦促自家男人努力上进。我们家对面就是这样的三口之家。男主人在村里算是最老实的那一类人，对自己的媳妇和孩子都很好，绝对不是游手好闲之徒。但和其他男人一样，也抵挡不住赌博的诱惑，一有机会就会偷偷溜出去打牌。女人经常追到别人家，拧着男人的耳朵一顿训斥。直到有一次，听说她因为不满男人打牌，直接喝了一瓶农药。那时候我才五六岁。我站在人群中间，看着女主人痛苦地呕吐和呻吟。她望着自己的丈夫，泪流不止。看得出来她并不憎恨自己的丈夫，相反，她很爱他。她也不是真的想死，他们还有一个在襁褓中嗷嗷待哺的孩子。她只是试图用这种方式来表达自己的愤怒。可惜她选错了表达方式，或许她根本就不知道还有别的方式可以表达自己的情绪。或许她醒悟了，但是，一切都已经太晚，她喝下了太多的农药，没多久就死了。

每个人都有表达欲，但如何表达自己呢？这其实是一个非常重要的问题。关于这一点，著名画家陈丹青不止一次地提到过。他对这个时代的观察相当敏锐，往往能一针见血地指出真正的问题所在。

当我们表达思想时候，只能谨慎地表达自己的所思所想，不应该也不能擅自代替别人的立场。每个人都只能代表自己，不能代表其他任何人。在没有被允许的情况下，不应该代表另一个人或者某一群人的感受说话。千万不要贸然替他人自卑，替他人难过。人和人是有边界的。你的感受只能代表你自己。他们的感受，就让他们自己去表达吧。

任何人都不能代替我思考，就像任何人都不能替我戴帽子一样。

——维特根斯坦

我被骂了，本来我没有放在心里。但是身边有人反复跟我说，这太丢脸了，太屈辱了。这时候我的痛苦不是来自事情本身，而是来自这个人给我的暗示。相反，被骂后，我感觉到自己受到了严重的羞辱，我很愤怒。但是旁边的人不这么认为，反而认为我小气。这时候我的痛苦不会因为旁人的“安慰”而减轻，反而会对我造成额外的伤害。

上面的情形都是从他人的角度来思考问题。换位思考是一种很好的思维方法。也许早期的人类就是通过这种方式来认识自己和他人的。但是，换位思考也是有弊端的。当换位思考超越了自己的立场和本分，就会出现一些问题。

盲人走路的时候总是小心翼翼地探试前方。相比之下，正常人没有这样的谨慎，看到什么就是什么，只顾大步往前走。如果把眼睛换成人的心，体会一下两种极端的人：一种人就像盲人一样，不知道自己之外的世界，但也因此小心翼翼。另一种人以为自己什么都看得清清楚楚，总是认为自己是正确的。自以为什么都明白的人才会肆无忌惮地冒犯他人。

换位思考能帮助我们认识自己和他人，但是不应该是代替别人思考，把自己的臆测当成别人的想法。你以为别人应该有什么样的感觉，如果大家可以坦诚的话，实际情况不是那么回事。之所以大家会有一个外在的统一，是因为彼此妥协，内心如何是无法揣度的。

“己所不欲，勿施于人。”这句话很好。把自己喜欢的强加给别人其实也是有问题的。大多数溺爱本质上就是这样的行为。给予对方的，并不是对方最需要的，而是自己认为是好的并且单方面认为对方需要。溺爱的问题并不在于明知对方营养过剩还要给对方“喂鸡汤”，而在于不愿意承认他人需要的不是自己所能理解的。更确切地说，他们粗鲁地用自己的感受代替了别人的感受。溺爱给孩子带来的是扭曲和放纵，溺爱给成年人带来的是憎恨和误解。

（六）自尊心

自然界没有任何一只豹子会因为被其他动物抢走自己的猎物而久久怀恨在心，没有任何一只羚羊会因为自己的幼崽被狼捕杀而去复仇，没有动物会因为被救了一命而像人类那样感恩[①]，没有动物会为弱者受到欺凌而打抱不平……因为动物（非灵掌类）没有人那样的自尊心。自尊心是（灵掌类除外）高等生物才有的特征。

> 大多数人都会极力维持自己的自尊。有研究发现，与享受美食、性爱、与最爱的朋友会面、喝酒或拿到薪水相比，大学生更喜欢提升自己的自尊（Bushman & others，2011）。这似乎有点不可思议，自尊

① 互联网上流传着很多据称是动物感恩的视频，但目前暂时还没有权威的动物学研究认为动物有真正的感恩行为。

远比性爱，比萨和啤酒重要！[①]

考古学家发现人类进化史上曾经出现过很多不同的分支，然而他们无一例外地都灭绝了，只剩下人类这个分支。对于这一现象，科学家们提出过很多猜测。有人认为人类内部的斗争才是导致其他人类亚种灭绝的根本原因[②]。也就是说，那些灭绝的古人类极有可能都是被其进化之树上的亲戚消灭的。凶手可能是人类祖先，也可能是其他人类亚种。而被消灭的原因并非弱小或者不聪明，恰恰相反，他们也是嗜血的掠食生物，也很聪明，也有和我们类似的自尊心。

智慧生物一定会为自己的尊严而战斗到底。在这种残酷的内部斗争中，只有两种结局，要么被灭绝，要么被同化。所以，不管人类有多少亚种，最终必然只有唯一的种族能存在下去。如果那些存在过的人类亚种

图 7　战国青铜器上描绘的战争场面（局部临摹）

① ［美］迈尔斯：《社会心理学》，侯玉波等译，北京：人民邮电出版社，第 11 版，2016（1），第 51 页。

② ［瑞典］斯万特·帕博：《尼安德特人》，夏志译，杭州：浙江教育出版社，2018（12），第 235 页，“欧洲对化石的研究很详细，结果表明，一旦现代人出现在那个区域，尼安德特人立即或不久之后便消失了。同样的情况也发生在世界各地：只要现代人类出现，那里原本的早期人类迟早都消失了。”

（与人类祖先形成生殖隔离）能像猩猩或者猿猴一样躲在森林里吃草、不与人类争执，或者像牲口一样甘愿被套上绳子拴在屋檐下，或许倒还能够幸存。有自尊心的高等智慧生物必然会选择争斗，直到最后被灭绝。如果说人类这一物种有什么不变的本性，那么这就其一。

干掉了进化树上和我们争夺地盘的亲戚后，我们并没有像童话故事的结局一样幸福快乐地生活在一起。事实上，人类同胞之间的争斗有过之而无不及。有人的地方就有斗争。有很多人的地方还会存在有组织的斗争。

设想一下，如果有一天人类的生产力发展到了这样的程度：机器代替了我们所有的体力劳动，能源取之不竭，食物也绝对充足，地球上所有人躺着都能过上富足生活，那么，这个世界还会有战争吗？我认为那时候情况并不会比现在好很多。

自尊心不是实实在在存在的客观实体，这玩意是我们大脑里想象出来的东西，是永远无法真正满足的。即便我们现在所能想象到的所有资源都绝对充足，人们从思想观念上也会想象出更多“稀缺”的东西出来，然后继续为了这些想象出来的东西相互争斗。

所谓正义与邪恶的对立，也是为了尊严而争斗的形式之一。正义与邪恶之间，邪恶与邪恶之间，包括正义与正义之间都会存在，所谓好人之间愈演愈烈的争斗同样没有底线可言。

> 利用对武力的绝对控制来维持公共秩序和制止暴力以促进社会幸福。这可能是中央集权的社会对非中央集权的社会的一个巨大的、未得到正确评价的优势。人类学家以前把族群社会和部落社会理想化了，说它们是温和的没有暴力的社会，因为一些访问的人类学家对一个 25 人的族群经过 3 年的研究，竟没有发现一例谋杀事件。他们当然不会发现：一个由十来个成年人和十来个儿童组成的族群，由于谋杀以外的通常原因，还常常碰到一些无论如何都必然发生的死亡，如果在这些死亡之外，在这十来个成年人之中有一个每隔 3 年杀死另一个成年人，那么这个族群本身就不可能长久存在下去，这一点是很容

易计算出来的。关于族群社会和部落社会的广泛得多的长期积累的资料表明，谋杀是死亡的首要原因。例如，当一位女人类学家在向新几内亚伊亚乌族妇女调查她们的生活史时，我碰巧也在访问伊亚乌人。当一个又一个女人被要求说出她的丈夫时，她会一连说出几个死于非命的丈夫。典型的回答是这样的："我的第一个丈夫被埃洛皮族的袭击者杀死了。我的第二个丈夫被另一个想要我的人杀死了，这个人就成了我的第三个丈夫。这个丈夫又被我的第二个丈夫的兄弟在为他哥哥报仇时杀死了。"此类生活遭遇对于所谓温和的部落民来说竟是家常便饭，因此，随着部落社会的扩大，这种情况就对接受中央权威起了促进作用。

……一个由 20 人组成的族群内部的两个人之间的互动关系只有 190 种（20 人 ×19），而一个由 2000 人组成的族群可能有 199.9 万个两人组合。每一个这样的两人组合就是一个潜在的定时炸弹，说不定在哪一次杀气腾腾的争吵中就会爆炸。族群社会和部落社会的每一次谋杀通常都要引起一宗蓄意报仇的杀人事件，从而开始了又一轮杀人和报仇行为，这样周而复始，永无止境，使社会稳定遭到了破坏①。

直到今天，让大多数人的自尊心都得到平衡仍然是一个难题。每个人的内心都是一头野兽，喂饱的时候很温顺，饥饿的时候会很危险。只不过人们都比较擅于掩饰内心的阴暗面。掩饰改变不了什么。阴暗心理和人的自尊心就是一体两面的东西，在不同环境下的呈现不一样而已。自尊心有多强，阴暗面就有多大。自尊心得到满足的时候，阴暗面就不存在。自尊心得不到满足的时候，阴暗面就会暴露出来。

尊严和自由是部分重叠的概念。当我们表达尊严的时候，会不知不觉包涵一些对自由的诉求，反过来也是如此。如果狗有和人类一样的自尊

① ［美］戴蒙德：《枪炮、病菌与钢铁》，谢延光译，上海：上海译文出版社，2000（8）（2000 年 12 月重印），第 302 页

心，它们极有可能杀掉主人，当然，在它杀掉主人之前一定会先被人类杀掉，有自尊心的狗也不可能在人类的屋檐下生存和繁衍。

为什么人类始终不能驯服猴子当宠物？不是因为猴子太聪明，而是因为它们可能有和人类相类似的自尊心。人类有的嫉妒和仇恨，猴子也可能有。未来的智能机器人如果有和人类一样的自尊心，那么它们对我们来说可能会非常危险，因为它们要的尊严和自由可能是人类给不起的。

（七）同理心

爱源自一种局限，而不是一种完美，这是苏格拉底说的。我是这样理解的：首先能够理解自己的局限，然后能把这种意识投射到其他对象。这样，当看到他人处于困境中的时候，才能感知对方需要自己的帮助，并且基于对自己的理解去帮助别人。

> 由于爱（在苏格拉底的转述中爱是一个介于神和人之间的精灵）是贫乏神与资源神的儿子，所以他命中注定要意志贫困，他也不像我们所相信的那样文雅和俊美，而是相貌丑陋，赤着脚，无家可归，经常睡在露天里、道路旁，没有床褥，总是分有着他母亲的贫困。但另一反面，爱也分有他父亲的禀赋，追求美和善，因为他勇敢豪爽、精力充沛、干劲十足，是一名能干的猎人，也擅长使用各种计谋。他生来就充满欲望，也非常聪明，终生追求智慧，是玩弄巫术骗人的能手。他既不是可朽的又不是不可朽的，因为他可以在一天之内有多种变化，一切进展良好时他生气勃勃、如花似锦，但他也可以马上衰亡，因为他得到的东西一直在很快地消失，然后又凭借他父亲的禀赋而再生。所以爱决不会全处于贫乏状态，也不会完全脱离贫乏状态。还有，爱也处于无知和智慧的中间状态。你必须明白，诸神都不会去寻求真理。他们不期盼智慧，因为他们是聪明的——已经拥有智慧的诸神干吗还要去寻求智慧呢？但是无知的人也会寻求真理或想要变得

聪明。之所以落入这种无望的境有状态，不会去企盼他们从来没有丢失过的美德[①]。

自然界本来没有镜子这种东西，没有任何一个原始的生命可以长期注视自己，生物最开始唯一可以看清的只有自己的同类。局限这种意识其实并非源于自我，而是源于对同类的关注，把自我和其他个体联系起来的能力便是同理心。

不管是猎食动物还是素食动物，都本能地理解疼痛，并且能够在某种程度上理解自己的行为会对其他生命造成伤害。哺乳期的兔子还会攻击天敌来保护后代，但这样的行为并不是同理心。

曾经在新闻和纪录片中看到过很多野生动物陷入困境的画面。比如一头狮子的前腿中被刺入断了的牛角，一只豹子的颈部被扎入豪猪的刺，一只海龟的鼻孔中吸入人类丢弃在海里的塑料垃圾……在我看到的画面中，它们都被有爱心的人类治疗好了。我不禁想，如果它们没有被人类施以援手，会不会被同伴援救？借助同伴的力量，解除痛苦其实不是很难，即便没有手也可以做到。但现实是，它们既不会帮助自己的同类，也不会受到同类的帮助，我认为这并不是因为它们不够聪明。

有视频显示，在猴子、猩猩和大象这样的同类之间会表现出疑似同情心的行为。比如帮助同类舔舐伤口，在同伴死去后表现出疑似悲伤的行为，等等。大象对死去的同伴甚至还有类似纪念死者的仪式。这跟人类的同理心都不能相提并论。人类的同理心起源于共生关系或者群居关系，然后超越了这种关系的局限，延伸到没有任何关系的同类，还会延伸到非同类上。

---

① [古希腊]柏拉图：《柏拉图全集 · 会饮篇》，王晓朝译，北京：人民出版社，2002（1），第245页。

图 8　云南省沧源岩画（临摹）

（一个瘦小的人类看上去正在投喂动物。）

有同理心，才会从根本上理解什么叫帮助。如果生物能够认识到某种局限，就会想办法帮助同伴摆脱困境，虽然开始可能解决得不太好，但一定会想尽办法做到。比如，当同伴被尖刺刺入皮肤的时候，会主动帮助同伴取出尖刺；在同伴遭遇危险的时候，努力把同伴从危险中拯救出来，甚至不惜攻击比自己强大的野兽；在同伴生病的时候，通过巫术或者带有药效的植物为其治疗。这些行为的原始冲动在远古环境下，并不是今天现代人所表现出来的算计（保护别人也在间接保护自己），而应该是最纯粹、最原始的善良。

这里并不是说原始人道德水平更高，也绝无鼓吹莽荒的时代的道德很美好的意思。这种“善”和猎食同类这种在今天看来无比邪恶的行为是并存的。只是我认为那个时代的人类表现出来的“善”更纯粹。这种“善”渐渐发展成为“爱”，是“爱”促进了人类的精神世界向更高的层次进化和发展。

善良的行为和善良的本质并没有必然的关系。我们不能简单地把这理解为性恶论。但很多人宣称自己很爱小动物，其实他们可能并不善良，而是自私，是一种占有欲和控制欲。他们对于自己的宠物施以怜悯和爱，只因为那是被他占有的东西。他们爱的还是自己，对于非自己的多半是冷漠无情。对于野生动物，甚至恨不得抽筋剥皮，刮骨熬汤。这种自我意识下表现出来的“善”可能不同于最初那种拯救了人类命运的那种“善”。

人类的自我意识的觉醒有个过程。这种“善”是自我意识完全觉醒之后的事情，而上面讨论的那种善是在自我觉醒而又没有完全觉醒之前的状态，那种“善”更纯粹。爱是想尽办法帮助同类脱离困境。比如面对狮子追赶的时候，一群猴子可能四散逃离，但一群原始人可能会团结起来和狮子战斗到底。

人类可能宁愿牺牲自己也不让族人受损。想象一下，野兽面对这样一群相互帮助的人类的时候，想猎捕其中任何一个会有多难！而这样一群协同作战的生物作为猎人，对于猎物来说又有多么厉害！以生理条件来看，原本只能是柔弱的猎物的人类，反而成了地球上的顶级猎食者。很多考古证据表明，从远古时代开始，地球上很多哺乳动物都是因为人类的猎捕而灭绝的。

> 基本的事实是，人类有能力共享他们的认知资源，而其他动物却做不到。因此，托马塞洛、克鲁格和拉特纳（1993）把人类的文化学习从形式更为广泛的社会学习中区分出来，定义了三种基本的形式：模仿学习、接受教导学习与合作学习。这三种类型的学习都是文化学习，它们之所以可行是因为有一种非常特殊的社会认知形式，即个体生命体有能力把同物种成员理解为与自己相同的生命个体，把他们理解为有意向、有心智的生命体，就像自己一样。这种理解使得个体能够模拟他人的心智，因此他们就能够不仅是从他人那里学习，而且是通过他人学习。在人类的文化中，这种把他人理解为就像自己一样是

有意向的生命体是关键因素[①]。

整个自然界只有人类懂得爱。动物无法从爱的高度去帮助同伴，也无法在爱的高度得到同类的帮助，所以，它们永远只能受制于各自的局限。人类作为个体是弱者，一只野猪都对付不了，而作为群体，人类是地球上的霸主。从某种程度上来说，这是爱的力量。

爱是人类在与自然的抗争中生存下去的力量，而让人类在内部的竞争中强大起来的力量，则有另外的解释，这就是文化。

二、内隐心理

“当我们在虚名浮誉的烟尘里老去，满头白发的时候，我们想要什么？当生命的火烬将熄，心跳与呼吸即将停止的时候，什么是我们最后的期盼？当坟墓里的身体腐烂成泥，尘归尘，土归土，生命成为毫无知觉的虚无之后，我们在哪里？”据说，这段话来自佛教经文，我一直不知道具体的出处。

有时候我也会思考类似这样的一些问题：假如我死了，身体完好地保存着。人们看到那个完整的躯体的时候，我还是我吗？假如这个躯体恢复了生命特征，但失去所有的记忆，这样的一个我又是谁？我之所以为我的意义何在？

假设在一个没有照相机的时代，你突然想到在离开这个世界之前应该把自己的容貌永久保存起来。于是，你找了全世界最好的画家来实现这个愿望。画家完成肖像后，你一看，画中的人竟然奇丑无比。你恼羞成怒，把画家打了一顿。画家赶紧按照你的吩咐重新画。画成后你再一看，肖像

① ［美］迈克尔·托马塞洛：《人类认知的文化起源》，张敦敏译，北京：中国社会科学出版社，2011（11）。

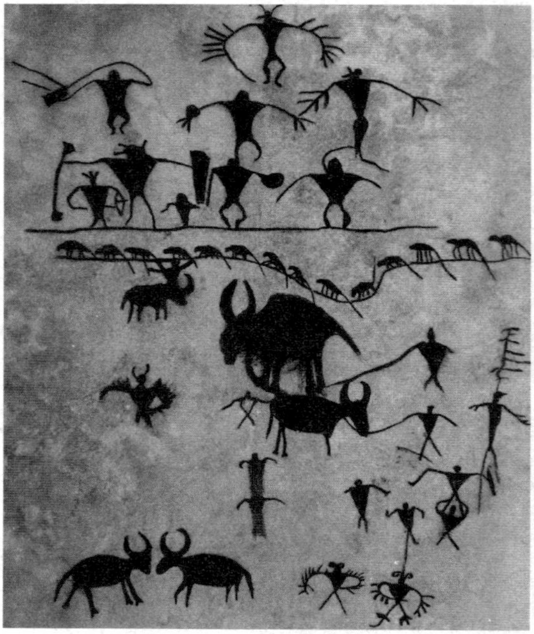

图9　云南省沧源岩画（临摹）
（原始人描绘的舞蹈和装扮体现出一些很特别的心理。）

确实好看了，但明眼人都知道这并不像你自己。你把根本不像自己的肖像挂在大厅里。从此以后，你的子孙后代每天看到的是一个写着你的名字，样子却不像你的人。那么，人们看到的这个人是你自己吗？

你为什么是你自己？

你是你自己，因为你是真实的那个自己。历史中那些被歪曲、被误解了的A并不是真实的那个A，历史中那些欺世盗名、贪天功的B也不是真实的那个B。我们可能以为A会在另一个世界哭，或者以为B在另一个世界笑，其实假如有另一个世界，他们可能并不在乎人们怎么看。山就是那座山，至于看山的人眼里是什么，那是看山人的事。

什么是真实的自己？

对于刚刚认识的人，他在我们眼中所呈现的自我往往并不真实：有出于生存斗争的虚张声势，有出于自我保护的掩饰，还有几乎是不可避免的千奇百怪的偏见以及误解。对于已经熟悉的朋友，了解自然多一些。所有的掩饰，所有的伪装，所有的偏见消失以后，评价必然更切合实际，但也未必真实。

你以为的真实未必是真实，人们都认为的真实也未必就是真实，真实远比我们以为的复杂。到底什么才是真实呢？可能这个问题本身就不真实。有人说对言行不加修饰就是真实，这句话似乎有点道理。但其实，不加修饰也是一种修饰。人每天都在用演技生活。只有当演技拙劣的时候，才会让别人不舒服。其实努力做真实的自己，也不过是在努力表演罢了。

真实是我们自己内在的、私人的事。你是否在做真实的自己，和他人没有任何关系。对这个世界来说，真实的你始终是内隐的。不过对你自己而言，只有真实的自己才能感受到真实的世界。真实的世界有很多美好，不真实的人永远感受不到。

（一）直觉

我们的所有经历和见闻都会形成感觉的基础。喜欢什么、讨厌什么，愿意做什么、不愿意做什么，都是日积月累形成的感受。经历同样的事情，有的人痛苦不堪，有的人觉得无所谓。尽管不同的人感觉存在巨大的差异，但你所感受到的，对你自己而言往往就是正确的，而你之所以是这样，一定有不可忽视的缘由。

直觉是运用感觉的一种综合思维能力。吮吸和咀嚼不需要理性思维，身体会本能地做出一系列复杂的动作。我们做到这些并不需要清楚其中的细节和科学原理，相信自己的直觉就行了。

> 什么是直觉的力量呢？是指不经过推理和分析就能迅速了解事情的能力吗？“直觉管理”的拥护者认为，我们应该转向直觉。他们认为评价别人的时候，我们应该借助右脑的非逻辑智慧。当我们要聘用或者解雇某人，或者进行一项投资时，我们应该倾听我们的预感。在做出判断的过程中，我们应该相信自己内心的力量[①]。

我们的所有经历和见闻都会形成感觉的基础。喜欢什么、讨厌什么，

① ［美］迈尔斯：《社会心理学》，侯玉波等译，北京：人民邮电出版社，第11版，2016（1），第85页。

愿意做什么、不愿意做什么，都是日积月累形成的感受。经历同样的事情，有的人痛苦不堪，有的人觉得无所谓。尽管不同的人感觉存在巨大的差异，但你所感受到的，对你自己而言往往就是正确的，而你之所以是这样，一定有不可忽视的缘由。

直觉在我们的学习、工作和生活中都扮演着重要的角色。比如，当我们从高处跌落的时候，我们会本能地用手护住自己的头。我们的理性并不知道大脑是我们整个身体最重要、最需要保护的器官，但我们的直觉能让我们做出正确的保护措施。正常情况下，直觉害怕的东西往往都是需要警惕的，忽视它往往会引起麻烦。如果直觉不正常，连基本的生存都会存在困难。只有理解自己的感受，顺应自己的直觉，才能从直觉的力量中受益。

不能信任自己的直觉是一种心理疾病。这种疾病呈现出各种各样的表象。有可能是极度没有自信，有可能是行为刻板，还可能是反应迟钝等。

大学期间我和同学一起去实验室。到达一楼大厅时，面临一个选择，是乘电梯还是走楼梯去呢？我们很果断地选择走楼梯，因为他给出的理由让我很佩服。从那以后我们都习惯走楼梯去实验室，就像信条一样。几个月以后，我跟另一个同学站在同样的地方，我们很果断地选择乘电梯，因为他说了一个理由也让我非常赞同。从那以后我改变了走楼梯去实验室的习惯。后来有一次，两个同学都不在我身边。我独自来到一楼大厅。刚准备乘电梯，忽然觉得走楼梯是更好的选择。然而当我走到楼梯口，又忽然觉得乘电梯更好。到底该怎么办呢？那一刻，我似乎突然失去了自我，成了一个不会独立思考的人！

这件事我反复思考了很多年。其实那时候的我不是被同学的道理所折服，只是被同学的强势所左右罢了。现实是，我们的思想的确总是容易被强势的人所左右。处于弱势的人总是遭到排斥和蔑视，有时候甚至自己也会排斥自己。其实这种情况大部分原因都是思想懒惰造成的。能不用自己思考的时候，我们通常就不会自己思考。直觉能力也需要培养才能起作用。如果始终不重视自己的感受，忽视自己的直觉，个人意志会慢慢退化，人就是这样慢慢丧失自我的。

这个原理可以解释很多社会心理学现象。有人说沉迷哲学可能会让人发疯，我想这可能是真的。在哲学体系里进行思想重铸后，往往不能适应现实。因为我们自以为更理性，其实可能只是脱离了直觉的庇护，进入对他人有利而对自己不利的“符号环境[①]”。

（二）意识

我在行驶的地铁上闭着眼睛打盹，大脑里时不时地闪现列车在城市中穿梭的场景：广场、树木、花台、建筑，还有远处起伏的山脊，像电影胶片一样从车窗闪过。列车轻微的颤动让我感到自己正离目的地越来越近。

当我从昏昏沉沉中猛然醒来的时候，发现列车似乎正朝与我的感觉相反的方向行驶。列车的方向反了吗？我惊讶地站起来，探头查看车窗外的建筑。原来是我的感觉错了！我根据眼前的画面重新确认了自己的方向和位置，艰难地回到了正常的方位意识中。这个意识转变的过程非常奇妙，就好像整个世界在我的头脑中发生了颠倒。纠正方向感的过程中，我并没有真正明白什么，只是根据眼前的现实重新构建了一个“世界”。实际上这个“世界”已经不同于我之前头脑中的“世界”了。这引起我对意识的思考。

意识是什么？

弗洛伊德认为意识可以分为两部分。一部分是与直接感知有关的心理，它包括个人现在意识到的，以及现在虽然没有意识到，但是可以想起来的部分。另一部分是不能被本人意识到的心理，它包括个人的原始的盲目冲动、各种本能以及出生后和本能有关的欲望，也就是我们常说的潜意识。

---

① ［美］波兹曼：《娱乐至死》，章艳译，桂林：广西师范大学出版社，2004（5），第 34 页。

1. 意识

在穿越剧流行的年代，我们经常会看到这样的电影桥段：一个人从古代穿越到现代社会，突然看到电视机播放的画面，惊讶地呼喊“里面有人”。假设古人真的穿越到现代，我认为情况不是这样的。掌握了语言的古代人类应该已经建立起了对平面图像的认知。几万年前人类就能在岩洞中画画了，他们能分辨平面结构和现实世界。他们最多会惊讶于“它会动”。若是中世纪时期的古人，甚至不会觉得电视机很奇怪，因为他们很可能看过皮影戏之类的东西，而电视在他们看来也不过是一种更高级的机器罢了，这种认知其实是正确的，电视机的确可以被看成“比皮影戏更高级一点的机器”。如果非要找一个可能认为“电视机背后有人”的人，这样的人会在人类历史的哪个时期呢？这是很有趣的问题。

占卜、实验、绘画、劳动，人类这四种看似普通的行为其实都不简单。黑猩猩是自然界最聪明的灵长类动物，但是黑猩猩没有占卜和实验的行为（理性思考），不会在岩石上绘制岩画（抽象表达），也不会劳动生产（验证推理），其他动物更不会有。今天所有我们认为自然而然的行为，都是因为意识在连续不断地传承和发展。智商是非常狭隘的概念，只是意识发展的副产物之一。智商与意识的关系就像汽车的仪表盘与汽车发动机。

意识不是大脑爆发出来的智力，而是一种对所有形式的知识和经验的抽象汇总。不是个人对这个世界的思考，而是文化延伸到个人的心理构建。人类目前头脑中所拥有的一切意识都是如此。

2. 潜意识

潜意识是本人觉察不到的心理活动。在弗洛伊德的心理学理论中，潜意识被提到了前所未有的高度。我们冥冥中都被某些潜意识左右着。我们自己能够感受到的心理活动其实只是浮在海面的冰块，而潜意识才是沉在水面下的巨大冰山。

（1）潜意识对智力的影响

环境会直接塑造潜意识，而潜意识会影响人智力水平的呈现。这里的潜意识主要是对所接收到的信息的信任度（自主选择的而不是被动服从）。这里的智力主要指学习能力或者接受能力。我认为，接受能力差不一定代表智力低下，可能只是大脑习惯性地排斥外界信息。如果一个人在明朗的环境中成长，外界信息被信任程度比较高，接受能力也会比较强。如果在不明朗的环境中成长，外界信息被信任程度就比较低，接受能力相对可能会很弱。这种能力会因为环境的改善以及自我调节而有所提升。

（2）潜意识对命运的影响

类似于坚信一定会怎么样，或者一定不会怎么样，潜意识会在无形中影响我们的一生。坚持一些东西其实并不难，只要我们活着，就会有意或者无意地坚持着某些东西。只是很多人从出生到死亡都看不清自己坚持的到底是什么。去理解深植于大脑深处的坚持，当你真正明白过来，或许就是对自己的救赎。哲学就是在探讨人类大脑中的潜意识，它能帮助我们更清醒地认识自己。

（3）特殊的潜意识——精神依赖

生物链中存在普遍的相互依赖的关系，但是这并不意味着某些物种最开始就必须依赖对方才能生存下去。生物是在相互适应的过程中形成依赖的。它所依赖的东西不一定对它有利，但它会慢慢适应这种不利，直到最后消除这种不利影响，而代价是改变自己。

已经形成的世界，一切都是有意义的。不管生命还是非生命，不管植物还是动物，更不用说不同的人群，大家彼此在漫长的岁月中相互适应，相互融合，成为一个整体。我们之所以是我们自己，也是因为这样一个过程。你我都可能是在一个误差或者错误中诞生的。但人是有自由意志的高等生物。我们制造错误，我们也纠正错误。我们毁灭事物，我们也创造事物。我们能成为现在的自己，也能慢慢改变现在的自己。

（三）伪装

很多年以前，我参加了一个聚会。所有人都在尽情玩耍的时候，我无意中在阴暗的角落里瞥见了一本满是灰尘的《沉思录》。我被书中的思想吸引，捧在手中就迈不开腿了，这是众目睽睽之下发生的事情。从此以后我在同事中落下了装模作样的坏名声，而真正严重的问题在于，我能意识到这种事情，也很在乎这种事情。这种感觉伴随我很多年了。有时候我知道自己就是在装模作样，但有时候也不是，我分不清究竟“装”是怎么回事。

最近一个朋友到我家做客。我们聊着聊着，我突然起身想找本书来翻翻。朋友不无嘲讽地说：“别装了，就我们两个人，装给谁看呢？”这让我很无语。他是一个坦率的人，心里想什么就会说什么，这也是我们能成为朋友的原因。我愣住了：我是不是在装呢？我也不知道。

多数时候我都在为“让别人不觉得我在装”而“装”。表面看起来不再装模作样了，其实我心里清楚，我只不过比以前更会装了而已。

1. 为谦卑而伪装

如果人的内与外[①]的形象存在反差，那么哪一面才是真实的呢？过去人们总以为外在的就是伪装的，内在的才是真实的。事实不一定如此！

有的人一生始终以自己的“缺失性需求[②]”为重心，也有的人以“成长

---

① 这里的“外”主要是指面对公众或者比较正式的场合，“内”主要是指除此之外的比较私密的场合。

② 根据亚伯拉罕·马斯洛的需求层次理论，生理需求和安全需求被划分为缺失性需求。

性需求[①]”为重心，不同的人价值观[②]可能是不同的。不管一个人有怎样的追求，通常都会融入世俗生活中，一般不会因为自己的价值观和周围人不同而表现得和周围的人格格不入。“入兽不乱群，入鸟不乱行[③]”，这句话出自庄子之口，大多数人都会默认遵守。所以尽管我们差异巨大，在生活中看起来可能并没有差别。

如果一个人的生活重心始终在追求更高层次的东西，他会有一种自我认知——那个高尚的人格才是真实的自我。相应的，如果一个人没有这样的追求，一辈子都以满足自己的生理需求为重，那么他的一切看起来像是高层次的追求都是一种表演罢了。自然，对于这样一个人来说，自私自利才是真实的，外在的一切高尚的言行都是伪装。有时候他们会推己及人[④]，认为其他人的高尚也都是伪装出来的。

一个人在公开场合表现得庄重威严，但是在你面前却唯唯诺诺，这时候你可能就会想：他的强大是不是装出来的？自己是不是比他更强呢？未必。对你谦卑顺从的人不一定比你弱小，看起来猥琐的人实际上未必没有你正派。强者不一定总是高高在上。只不过想和你亲近，愿意和你平等相处，才会表现得和你一样平庸。不要拿别人的谦卑来助长自己卑劣的自信。这种谦卑是一个人的好品质，能理解这种谦卑是一个人的智慧。

人之所以伪装，有时候这种伪装是无意识的行为。对所谓的秘闻、野史和小道消息这类信息一定要谨慎看待。不要以为在某个人身边生活的人看到的“秘闻”就是真实的，不要以为看到过苏格拉底本人的人最了解苏

---

① 根据亚伯拉罕·马斯洛的需求层次理论，爱、安全、归属、荣誉、自尊等被划分为成长性需求。

② [美]亚伯拉罕·哈罗德·马斯洛：《动机与人格》，颜雅琴译，北京：台海出版社，第71页，“对旧的满足物和目标产生相对独立的一定程度上的轻视，同时，又依赖于迄今为止一直被忽略、不被需要或偶尔被需要的新的满足物和目标。这种新旧交替的现象又包含了许多第三方面的后果。这样一来，兴趣会发生变化：一些现象开始变得有趣，而旧的现象则变得乏味，甚至令人厌恶。这就相当于人的价值观发生了变化。”

③ 《庄子·山木》，原文：入兽不乱群，入鸟不乱行。鸟兽不恶，而况人乎。

④ 在本书的理论体系中，这种心理是一种越界心理，后面会有详细的论述。

格拉底，不要以为出过国的人就一定了解外国文化，也不要以为亲身经历过某些事情的人所讲述的故事就一定是真实的。

2. 为自嘲而伪装

社会永远不可能真正“人人平等”，但我们始终都希望平等。强者嘲笑自己，是为了淡化难以避免的不平等。正义扶弱不扶强，也是为了让弱者有更多的机会和强者平等相处。

在一个地位比你高的人面前吹一下牛无可厚非，但是在一个各方面本来就比你卑微的人面前炫耀就有点 low 了。人与人相处应该是平等的。在交往的过程中，我们通过双方的努力淡化不平等，而不是刻意把差距拉大。

没有必要贬低自己来让他人感到平衡，但位高者适当回避某些让人感觉不平等的东西是一个人的教养。自嘲就是在传达一种愿意与人平等相处的愿望。看起来像是在贬低自己，实际只会让自己更受人尊重。

3. 为炫耀而伪装

高尚的人从来不认为自己高尚，有理想的人很少袒露自己的理想，有情怀的人从来不卖弄自己的情怀，真心求学问道的人不会沉迷于比别人懂得多的优越感。他们的谦卑不是伪装出来的，可以说几乎无限接近于一种真实的自卑。学识越渊博，反而越觉得自己无知，内心满是对这个世界的敬畏。

名利场的人靠“资格”和“牌面”活着，所以他们不得不炫耀。但炫耀也要分低级炫耀和高级炫耀。低级的炫耀是：花不完的钱，通天的权力，高智商，有才华，盛世美颜。高级的炫耀会伪装自己，这种伪装不是真的伪装，而是刻意寻求某种藏不住的优越感：有花不完的钱却不爱钱，有天大的权力而又不屑于使用权力，有超高的智商只是假装平庸，有绝世才华只是不屑于显露才华，有盛世美颜还比普通人优秀。

战争是秩序崩塌之后的混乱，没有共同的理念，也没有共同的信仰。

相互之间没有共识，没有任何信任。想得到什么不能靠平等交换，只能使用暴力。战争平息后尚且可以重建新的秩序，但名利场，永远都是混乱之地。

（四）掩饰

这个世界上最看不清自己的那个人可能恰恰是自己。内心很难自我觉察，就像人不能看到自己的后脑勺一样。通常除了哲学家以外，平常人也不会刻意去思考诸如“我是谁”这类问题。

人们总是执念于掌握“本源”。心理在过去被认为是行为的本源，但我们所谓的内心都在掩饰，并不真实。它不像电视剧里低沉的旁白一样条理清晰，娓娓道来。它更像是一个骗子，只会让人迷惑不解。

大多数的“谈心”都没有什么实际意义。心理只能作为行为后的解释，有时候就连作为解释都像烟雾一样缥缈。你知道那个人在装睡，但是你就是叫不醒。那个人知道你知道他在装睡，但他就是醒不来。著名的法国心理短片《调音师》讲的就是这个问题。沉迷于伪装的人哪怕被所有人拆穿，哪怕被枪顶着后脑勺，还是醒不来。如果心理是一种骗术，那么行骗的人自己应该清楚这种骗术吧？不，事实上，大多时候我们自己都不知道自己在想什么。现实中的“调音师”并不知道自己在想什么。

> 一旦有适当的利润，资本家就胆大起来。如果有 10% 的利润，他就保证到处被使用；有 20% 的利润，他就活跃起来；有 50% 的利润，他就铤而走险；为了 100% 的利润，他就敢践踏一切人间法律；有了 300% 的利润，他就敢犯任何罪行，甚至冒绞首的危险。
>
> ——卡尔·马克思

多年以后，当我再看到马克思的这段经典名言，想到的不是资本，而是心理。把这段话中的“资本家”替换为“普通人”照样成立。再把这段话中的“利润”替换为别的欲望也是成立的。

心理是权衡风险和收益的产物，确切地说，就是掩饰。费尽心思想出来的缘由，往往都不是真正的缘由。贫穷可以成为偷盗、抢劫和贪污受贿的借口，童年不幸可以是残暴的借口，被冷落可以是造谣中伤的借口，自尊心受到打击可以成为伤害他人的借口，感情受挫可以成为欺骗的借口……这些都是不可信的。人要做坏事，任何事情都可以当成借口。

> 假设一个人患有偏头痛。头痛病对他很有用，特别是在他需要的关键时刻会立刻头痛起来。有了头痛病，他可以回避许多人生难题。一到他不得不接触陌生人或做决定时，头就痛了。同时，头痛病有助于他对办公室的同事、家里的妻子和其他人耍横，不讲理。我们怎么能指望他放弃如此有效的工具呢？在他看来，头痛给他带来的痛苦恰恰是一笔明智的投资，它回报给他想要的一切。怪不得我们一说他头痛有生命危险，头反倒不痛了，就如同患战场恐惧症的士兵受到电击或是受到模拟军事演习的惊吓，病就好了。也许药物治疗也可以缓解他的病症，并且使他不能再轻易利用自己选择的病症达到目的了。但是只要他的目的不变，即便他放弃利用这种病症，也一定会虚招另外一种病症。治愈了头痛，他还会换上失眠症或其他某种新病症。只要他的目的不变，他就还会继续这么干下去[①]。

1. 用道歉逃避责任

很多年前，互联网上流传着这样的整蛊视频：摄影师把平板电脑放在车后座，制造一个粗心司机把车停在路边，离开后忘记关车窗的假象。实际上，这个平板电脑绑着可以遥控放电的金属片。摄影师躲在远处观察，一旦有人伸手去拿平板电脑就按下能让平板电脑放电的遥控器。摄影机拍

---

① ［奥］阿德勒：《自卑与超越》，顾天天译，重庆：重庆出版社，2011（8），第 40 页。

下了很多想偷走平板电脑的人被电击的滑稽模样。

视频显示，当摄影师跑过去当面制止，偷窃者表现出来的情绪不是羞愧，而是愤怒。他们根本不承认自己的偷窃行为，甚至觉得自己被冤枉而威胁摄影师。当摄影师拿出录像证据的时候，他们才悻悻离去。仅从表情来看，根本没有办法区分他们是真觉得自己被冤枉，还是在用愤怒掩饰自己的胆怯。

最经典的一幕发生在视频末尾。有一个矮胖的中年男子被抓到后，耸了耸肩，低头对摄影师说："sorry"。说那句话的时候，他的脸是红的。摄影师没有为难他，只是拍了拍他的肩膀说这只是一个恶作剧。作为观众，其实我也选择"原谅"他。敢承担自己的错误的人是值得尊重的。尤其是在视频里其他几个人的对比之下，他显得非常真诚，甚至有点可爱。很多年以后我都还记得视频里的那一幕。

道歉的意义是承担错误的责任。能用心道歉的人，同时也是会用心反省自己的人。就像那个矮胖的中年男子，是可以被原谅的。

但是，道歉绝不是用道歉的话来逃避责任。很不幸，很多人对道歉的理解就是这样，似乎道歉仅仅是一句道歉的话。内心有担当，即便口头上不道歉也会得到原谅。这些人恰恰相反：只有口头的道歉，内心却没有真正的担当。在他们眼里，道歉只是逃避责任的工具，感谢也是如此。这种错误意识很容易传递到孩子身上。比如自家孩子冒犯了别人，就逼着孩子说一句"对不起"了事，看似有教养，其实就是纵容孩子不负责任的恶习。

2015 年 10 月，中国四川绵阳的夜色中，陌生男子突然从一个从老妇人手中夺走她 5 岁的孙女。老妇人呼救后，旁边的热心市民黄先生追上去逼停了那名抢走女童的男子。黄先生质问男子是不是"抢孩子"。男子回复："我抢孩子关你啥事？"黄先生气愤至极，给了男子一拳。12 秒后，那名男子倒地，随后围上来一群人对这名男子拳打脚踢。抢回孩子以后，那名老妇人跪在黄先生面前表示感谢。事情原本应该这样圆满结束，但是后续的事情却让人意想不到。警察赶来以后，发现这个抢孩子的男子已经死了。经过调查，这个死亡的男子不是“罪犯”，而是孩子亲生母亲（已经离婚）的男友，据称抢走孩子的目的是“要回”自己的女儿。经过法医鉴定，这名男子是死于头部重创引起的心脏病。黄先生坦诚自己打了那男子一拳，所以检察机关判定黄先生对男子的死亡有经济赔偿责任。下面才是我们要关注的重点。由于黄先生是一个平民而且是个残疾人，经济赔偿能力不足，法院判决之后，他曾试图求助于老妇人一家，结果遭到老妇人无情拒绝。据说，老妇人在感恩的一跪之后，从此对深陷困境的黄先生一家不闻不问。（资料来源于中央电视台《今日说法》）

2. 用善良逃避竞争

多数困境是愚昧和懒惰造成的，与善良毫无关系。有些人总是把善良打造成逃避现实的盾牌。像烂好人一样，有时其实是为了让别人加倍偿还。人们想把所有人都变成所谓的朋友，有时其实是为了逃避竞争。

应用 DSM-IV-TR 标准诊断为回避型人格障碍者有以下关键冲突：他们喜欢与他人亲近，与一些和自身智力和职业潜能相等的人建立亲密关系，同时他们又担心受到伤害、被抛弃和不成功。他们的策略（与依赖型人格相比）是退缩——首先避免被卷入[①]。

3. 用诚实掩盖愚蠢

对于一个愚蠢的人来说，诚实只会给他带来麻烦，所以他总是抱怨自

① [美]Aaron T.Beck, ArthurFreeman, Denise D.Davis 等著：《人格障碍的认知治疗》，翟书涛等译，北京：中国轻工业出版社，2004（10），第 12 页。

己太诚实。其实相对于诚实，他更应该抱怨的是自己的愚蠢。

4. 用沉默掩盖无知

从前有个富翁，他的手腕上有一块镶满钻石的金手表。为了避免过于浮夸，有时候他会用一块布把自己的手腕遮上。后来，越来越多的人都开始戴这样的布，包括那些本来就没有金手表的穷人。有时候沉默就是这样一块布。它成全了一些人的谦逊，也掩盖了一些人的无知。

对于某些人来说，沉默可以用来掩饰自己，同时又可以用来炫耀自己。它暗示自己深藏不露，同时也暗示自己拥有一切。

为了保护自己而稍做掩饰并没有错。这种行为很多时候对自己而言确实有益，所以“沉默是金”。但对他人而言，沉默并不意味着什么好处，根本不是什么值得称赞的行为。想被别人称赞，起码要能讲出自己的观点。想让别人认同，至少要能光明正大地以理服人。不要试图用假装沉默来赢得好感，沉默不一定得到尊重。

5. 用谦卑掩盖平庸

人都有适合自己的舞台，小到一个家庭，大到一个国家。在一个小舞台上，他可以表现得很完美，但把一件事情做得完美与是否是一个完美的人是两码事。一件事情做得完美是因为在这件事情上天时、地利、人和，如果换一个时间、换一个场景呢？所以你可能会发现这样一个现象：平庸的人在某些情况下表现更为出色。他们可能确实很出色，但仅局限于此时此地、此情此景，没有办法推而广之。

有些人的谦卑是美德，有些人的谦卑显得可笑。前者的谦卑是告诉别人：我不怕你，真要我站出来比未必会输。后者的谦卑是告诉别人：你要怕我，只要我肯站出来肯定会打败你。被鲁迅嘲讽的阿 Q 就是这样。

6. 用无知掩盖恶行

有个人给你一把枪，让你往远处的一个靶子射击，你照做了。你不知道靶子后面有个人。因为这个鲁莽的决定，靶子后面的人被不知情的你杀死了。在这件事情上，你负有什么样的道德责任呢？

行动之前，你原本可以说不，但你没有。如果这件事情是罪恶的，那么这时候无知者也应有罪。生活中很多人总在不知不觉中充当恶人的走狗，却一直在用“无知者无罪”来为自己开脱责任。无知者也应该为自己的恶行承担责任。如果人们明白这一点，在做有可能伤害别人的事情时，至少会三思而后行。

7. 道德成本转移

有个农夫经常到泥泞的地里干活，他有一副手套，却没有能防滑的靴子。有个园丁经常在院子里修剪带刺的玫瑰，他有一双能防滑的靴子，却没有能防刺的手套。有个贵妇人，她什么都没有。这一天，贵妇人从农夫那里要走了农夫的手套，说要帮助园丁。考虑到是帮助别人，而且手套看上去也没什么用，农夫慷慨地答应了。园丁得到了防刺的手套，感激涕零，于是把防滑的靴子送给贵妇人。贵妇人摇了摇头，指了指园丁手上戴着的金戒指。园丁于是把金戒指送给了贵妇人。贵妇人帮助了园丁，园丁也报答了贵妇人，看起来似乎很美好。这种看似双赢的局面掩盖了一个事实：是农夫为这个所谓双赢得局面付出了代价。

这个世界确实不可能绝对公平，不可能保证付出一定会得到等价的回报，但掠夺终究是掠夺。在复杂的多边关系中，有人享受掠夺的欢愉，必然有人承受被掠夺的痛苦。作为既得利益者，不仅会设置对后来者不利的壁垒，还会想办法转移掠夺他人的道德成本。

刚进社会不久，我和另外几个新同事谈起公司的老总，大家的评价是“没有架子”，“对员工很关心”。坐在旁边的老员工很不屑地看了我们一眼，始终一言不发。后来这个老员工私下跟我讲了这样一个故事。说有个虔诚的居士养了一只鸡，眼看鸡长大了，居士让仆人把鸡抓起来。居士喂了鸡一把米，一边抚摸着鸡，一边说：“你看，喂你的人是我，杀你的人是他。”后来工作了一段时间，没有架子的老总始终和蔼可亲，但有架子的项目主管对我们却始终像对牛马一样进行压榨。再想想那个故事，我全都明白了。

我们看到的都是自己的得失，而总是忽视他人的苦难。我们看不到自己的恶，总是有意或无意地把掠夺行为洗白成高尚的行为。这本书的开始就讲过，自私是人类最难以改变的本性，你我都是如此。没有人不是自私的。很多看似公平的回报，其实只是罪恶被镀上了一层虚假的道德外衣。

森林里的动物千奇百怪，社会中的人形形色色。野兽潜伏在暗影里猎杀，人类在面具后面相互竞争。生存是残酷的。我们都在不知不觉中扮演着奴役或被奴役，剥削或被剥削，利用或被利用的角色，只是没有看清楚自己的本来面目，又或者不过选择无知罢了。

（五）偏见

任何能被称之为“偏见”的思想，都是没有主观恶意的。如果一个人心存恶意，并对你进行恶意的攻击，这根本不是偏见，就是纯粹的敌意。面对敌意，只能与之战斗，直到打败敌人为止。如果是偏见，我们则有必要去思考偏见是怎么产生的，尽量消除偏见。

根据社会心理学家迈尔斯的描述，偏见的本质是“对一个群体及其成员负面的预先判断[①]”。偏见可以从不平等的社会地位，不公正的社会制度，缺乏独立思考的从众行为，内群体偏差等方面进行深入解读，但这里从心理预设和认识局限两个角度加以讨论。

我所理解的偏见有两种：一种是主观心理预设；另一种是客观的认知局限。

1. 心理预设

很多偏见其实只是对事物的主观心理预设，类似的心理预设有它存在

① ［美］迈尔斯“《社会心理学》，侯玉波等译，北京：人民邮电出版社，第 11 版，2016（1），第 304 页。

的价值和意义。

有科学研究表明，我们的大脑感知到的世界并不是和真实的世界完全同步的。我们所感知的世界，其实是大脑中已经存在的对这个世界的描述，加上外部环境刺激的综合结果。也就是说，我们在发现这个世界之前，已经有了对周围一切的预设。

我们的学习和认知都是基于已有的认识，然后一点点修改、增加、完善。如果没有一些基本的心理预设，就不会存在这种认知迭代。并不是所有的偏见都有必要改变。性取向就是一种偏见，但只要不用自己的偏见冒昧地对别人的偏见横加干涉，偏见是没问题的。

实际上，偏见是让我们能略微提升决策效率的一种思维习惯。如果你是一个比较繁忙的办公室人员，你会发现这样一个有趣的现象：放在电脑桌面的文件总是越积越多，直到占满整个桌面，再也没有多余的地方了，你才会注意到这个事情，然后去清理一下。过了一段时间，桌面文件又满了，然后你才会再一次清理，如此周而复始。这些文件总是在短时间内被频繁使用，而你不会在电脑上去建一个文件夹来归类保存。这样做虽然更严谨、更规范，但其实这样做也降低了办公效率。因为当你工作繁忙的时候，重复进入电脑中查找文件的动作真的会浪费时间。大脑会本能地选择一种最高效的工作方式，你越是工作繁忙的时候，越是自然而然地把文件直接放在桌面上。这样做能减少你从电脑中检索文件的重复工作，从而能略微提高工作效率。

> 现在科学家与哲学家已经达成了共识：科学家并非是全然客观的。科学家并非仅仅是阅读自然这本书。更确切地说，他们是按照自己的心理分类来解释自然。同样，在日常生活中，我们也是通过自己的先入之见来观察这个世界。是否会把空中移动的光点看成飞碟，或者在馅饼上看到一张脸，这取决于我们的直觉定势。在阅读这些文字时，你并没有意识到你同时也在看着自己的鼻子。如果大脑没有预先设定你将直觉到的某个物体，它便把这个物体阻隔在你的意识之外。

> 我们对现实的知觉会被我们的预期所左右，这种倾向是人类大脑的一个基本事实[①]。

问题是，一个有偏见的人很难证明自己是有偏见的，错误的认知一旦产生就极难自我纠正。这种心理预设很容易误导自己，并且这种误导很难自知，也很难改变。我们经常设想某件事情会如何发展，潜意识里把这种设想认定为一种事实。随着事态的发展，事情明明已经发生了逆转，却依然沉浸在原有的执念中。思维天然有连贯性，人多半会至死不渝维护自己当初预设的立场。

正确评价他人需要智慧，不是所有人都能做得到。愚蠢的人没有看清事实的能力，又极其自负地认为世界是简单的，于是自作聪明地将对人的评价简单归结到种族、信仰、性别、身份、地位、身高、性别等这些容易看到的地方，以简单粗暴的偏见代替严肃认真的思考。

（1）标签偏见

常见的“识人道理”其实就是对他人贴标签。贴标签的好处可能是帮助部分社会经历欠缺的年轻人少走点弯路。缺点很明显，凡事先贴标签，容易让人没法就事论事地看问题。

有些人会因为某些小事给你一个好印象，你就把他归到喜欢的人里面。有些人可能会因为一件小事让你不舒服，于是你就把他归到不喜欢的人里面。如果你没有糊涂到把后面一种人彻底从你生活中清除出去的话，将来有一天你很有可能会惊讶地发现，往往在关键的时候愿意为你挺身而出的，不是你喜欢的那类人，而是你不喜欢的那类人。这样的事情经历多了，你才会慢慢醒悟过来，贴标签的习惯实在不妥。

比如乱扔垃圾这件事，注意，我指的是这种行为而不是这种习惯。从这个行为我们能看出什么呢？事实上，我们只能看出这种行为不对。仅仅

---

① [美]迈尔斯：《社会心理学》，侯玉波等译，北京：人民邮电出版社，第11版，2016（1），第11页。

通过这件事给人家一个“素质低下”的标签非常不合适。

（2）近邻偏见

美国社会学家欧文·戈夫曼在其著作《公共场所的行为：聚会的社会组织》一书中分析了人们在公共场所的行为。相比“故意盯着对方”和“故意忽视对方”，更妥当的是所谓“礼貌性忽视”，即：不回避对方的存在，但为了避免眼神接触，在行为上忽视对方。这是人类诸多行为中最有趣且值得深思的细节。

被动进入陌生环境的时候，熟悉的人都喜欢扎堆。比如每所大学里来自同一个国家的学生都喜欢组成一个封闭的小团体。在异国他乡，老乡都喜欢扎堆生活。“老乡见老乡，两眼泪汪汪。”但人们真的是喜欢和熟悉的人在一起吗？未必。有时候人们恰恰更排斥与自己熟悉的人。如果留学生小团体的人回到自己的国家，很可能不大愿意再像以前那么亲密，甚至可能会刻意避免再见到彼此。

假如有一天某个朝夕相见的邻居突然成了一个千万人敬仰的大英雄，你的第一反应是不是“他也配”？轻贱临近的事物，对遥远和未知的事物抱以不切实际的热情和幻想，这是普遍存在的偏见心理。人们常说“远香近臭”，就是这个意思。这在很多人身上体现得非常明显。他们不了解你的时候对你毕恭毕敬，一旦了解够了，马上就露出轻贱和傲慢的情绪。对人如此，对事物如此，对文化也是如此。

就像睡梦中见到的某个人，在意识中很清晰，但无法描述清楚。熟悉的眼神撞在一起，那种内心深处好似被窥探的感觉，可能会让人不安。那仅仅是因为安全感被冒犯吗？事实上人们对那些完全不会对自己构成任何威胁的人，即便那个人在千里之外，即便知道彼此根本不可能有任何交集，也可能会有种不安全感。到底是真的存在某种威胁，还是这种心理本身有问题？

人类在原始时期总是通过不断地分化来进行殖民扩张的，也许从生理层面就决定了我们彼此熟悉之后会产生互斥感。当发展空间越来越有限的时候，这种本来若隐若现的情绪就容易上升到厌恶，加上资源竞争的因素，这种心理逐渐演化为恶劣的近邻关系。

大多数人对自己的期望与别人对自己的印象不同，而且人们总是希望自己在新的环境里能突破和改变。但是某些熟悉自己的人往往并不认同这种改变。他们不会认为你真的改变了，而会认为你的改变是装出来的。我的父母总是偏执地认为很了解我，自以为是地认为知道我的一切心思。他们总会不断挑战我的底线。即便我明明从态度、行为和语言上都很清楚地表达了“我抗议”，他们仍然会认为我是装的。我所有不符合他们既定认识的行为和思想都是我装出来的，只有他们眼里的那个我才是最真实的。也许他们是对的，有时候我自己都不知道真实的我是什么样子。但有一点我很清楚，我需要成长，我需要今天的自己与昨天的自己相比有所改变。某些人似乎不喜欢改变，这种矛盾是无法调解的。在他们渐渐老去的时候，我和他们的亲情也在不可挽回地疏远……面对这种状况，我真的无能为力。如果不主动选择远离，我们的关系只会更糟！连父母和孩子之间都受到猜忌的困扰，何况普通人之间。

（3）选择偏见

你对其他人必然有自己既定的评判。如果你认为跟她合不来，自然就不怎么花心思深入去了解；如果你初步判断她是你喜欢的类型，自然会更多地去了解她，这样的策略自然有其价值。实际上，主动选择的东西出问题以后，人们通常会倾向于去掩饰问题；而被拒绝的东西，人们首先想到的总是去挑毛病。人际交往也有类似的规律。与那些被动交往的朋友相比，我们对那些自己主动亲近的朋友往往更友好。两者未必有什么不同，但是人们就是更愿意接受自己主动选择的人。这种对待自己主动选择的东西和被动接受的东西的态度差异所体现的偏见，我称之为选择偏见。

现在很多心理学研究也越来越清楚地表明这样一个事实：如果人们预设一个立场，会很容易从别人那里诱导出他们所预设的结论，从而进一步强化自己的偏见。

这个社会总有很多聪明的人，他们对这些规律已经掌握得很透彻了。

在情感中，某些人能运用人的这个特点达到目的。所谓的套路其实都是假象，真正的撒手锏还是各种吸引注意力的手段。这些手段真正厉害之处就在于，它能让人感觉是自己在选择别人而不是别人在选择自己（其实早被当成猎物）。一旦开始，就欲罢不能。

在营销中，最聪明的商人已经不再只对自己的商品夸夸其谈。他们不直接宣传商品，而是讲理念，讲情怀，讲所谓正能量，在不知不觉中转移注意力，让消费者感觉自己的消费是时尚的，甚至是光荣的、正义的，产生不得不消费的冲动。

（4）身份偏见

种族歧视是一个不容小觑的社会问题，但其实歧视现象远比我们想象的更广泛。广泛到让我怀疑歧视本身可能就是一种正常的社会现象。也许没有人能改变什么，但是，当歧视影响到切身利益的时候，区分什么是歧视就非常有必要了。

有些话从一个身份卑微的人嘴里说出来，哪怕优美如诗，人们往往并不会觉得有什么情调，反而陡增了几分装模作样的厌恶。当然我们不会轻易使用“歧视”这么严肃的词语，我们用的是“偏见”，其实就是一回事。同样的话，从一个有身份、有地位的人嘴里说出来，人们往往会流露出钦佩的表情。

当你有求于别人或者别人有求于你的时候，你的身份会决定很多东西。人们会根据你的身份来评判你配得到什么。你们的交集越深，这种评判越明显。即使是一个虚假的身份对你也是极有利的。但是，当你们之间相互都变得透明的时候，你便没有了供人幻想的空间，那个身份就不起作用了。

那么多人喜欢炫耀“我的一个朋友”，可能只是为了获得一种超越自己的“身份”。

2. 认知局限

人的一生可以挥霍的精力是有限的，拥有的时间是有限的，占有的物理空间也是有限的，这些都决定了我们只能看到有限的东西。我们的认知都是有局限的。

（1）维度局限

硬币可以轻易在手中翻转，但是银河系不能。地球处于银河系大圆盘的稠密星云中，和银河系共同构成一个近似的二维平面。这种位置决定了我们肉眼只能看到银河系的横截面，近乎一条线，不会、也不可能绕到这个圆盘正上方来观察银河系的全貌，但是我们还是能够通过推理和想象描绘出它正面的形状。

我们不能直接观察到事物的全貌，但我们没有受制于这种局限，我们有"另一面"的意识，这是我们的天性。我们能够多视角思考问题，懂得和别人合作以取长补短。我们还能运用自己的同理心理解别人的处境。哥白尼的伟大之处在于他最先突破了视角上的自我局限，康德延续了他的这种思想才有了哲学上的突破。

事物本来是一个整体，但因为人的思维是片面的，需要从多种视角来观察和分析，所以才有了"维度"这个概念。一个维度就是理解事物的一个角度。生理构造决定了我们只能看到有限的维度，但是我们可以把看不到的维度收集起来，综合分析和判断。综合这些维度的时候，如果大脑表现得不够好，就会对事物产生片面的认识。

评判的本质就是比较，比较的前提是能够量化差异，量化差异的前提是必须全部处在单一维度上，这非常重要。第一步是分别抽取出事物单维度的数据，然后一个维度、一个维度地分别比较。不能将多个维度混淆在一起，不管这些维度之间有多大的相关性。在最后综合这些维度之前，不能在主观上把这些维度混淆，这是假的综合思维。假的综合思维还不如片面的思维。

综合这些维度的时候，你可以分别给出不一样的权重。给出权重的依据是根据事物的主要矛盾。比如，如果你是一个女上司，虽然你也喜欢帅哥，但是从你的工作职责来说，你对下属的评判需要参考的主要维度应该是工作能力，或者只能是工作能力。如果你因为某个员工长得丑就对其工作能力打折扣，不管这种偏心占多少比例，那就是偏见。

（2）样本局限

人类总是通过有限的事物来认识无限的事物，这些被我们最先直接认识到的有限的事物，在统计学上叫样本。样本的数量越少，得出客观结论的可能性越小，小到一定程度就完全不可靠了。

我们所能接触到的人越少，思想可能越狭隘，对也对得片面，错也错得离谱。越局限在小圈子中，越容易被这个小圈子左右。如果你把某个人或者某几个人当成了全世界，他们的自私、冷漠就会映射到你身上，你会不知不觉变得跟他们一样。当你偶然遇到一个无私的人，你感觉难以置信，但是其实这个世界上真的存在很多无私的人，只不过你没有接触。

你了解的世界只能是一个片面和狭隘的世界，这样，你便永远只能做一个片面和狭隘的人。大多数人能接触到的世界很小，很难知道什么是对错，只是在模仿别人而已。父母，亲人，朋友，电影明星……我们最初认识这个世界就是从这些人开始的。他们中的一些人无意之中会成为我们的参照物。参照物变丑了，参照的人也会跟着变丑。参照物堕落了，参照的人也会跟着堕落。

理性思维很重要的作用就是客观地分析我们参照的那些人和事，让自己的人生不再仅仅是被动和盲从。

有些样本在大格局上能引导你朝向光明，小事情上却不能帮你走捷径；有些样本在小事情上让你得利，根本问题上却会误导你深陷泥潭。如果有人告诉你这个世界就是一个大大的悲剧，他可能并没有骗你。这个世界本来就不均匀，每个人的世界都不一样。小环境和大环境是隔离的，本来就有天壤之别。从一个泥潭跳到另一个泥潭，自然更加坚信这个世界就是泥潭的世界，而他以后的人生可能都在泥潭中度过。他所说的对他来说就是对的，但对你而言却不一定是对的。×× 重不重要？×× 值不值得？不同的人有不同的答案，而他们可能都没错。在问这样的问题之前，想想自己是什么人，想想自己的处境，那才是真正重要的。

在样本偏见模式下，学习不仅无益，反而可能是有害的。事物往往具有多面性，不同的维度上呈现不同的事实。对于某些偏执的人来说，摸到大象的尾巴就咬定是蛇，这种认知其实还不如无知。

三、外显心理

当我们有意识地想某些问题，尽管可能是某种暗示，但我们知道自己在想着什么事情，这就是一种外显心理。在这种心理模式下，我们能分辨自己和他人，心在自我之外。

（一）心理暗示

理解同类的暗示是人与生俱来的本能。比如你掉进了一个爬不出来的洞穴，这时候从洞口的边缘伸出一只手，你立刻就能明白，这只手是在帮助你，抓住这只手就能脱离困境。在理解暗示的基础之上，才会得到他人的帮助。如果是动物掉进这个坑里，无论来救援的人如何表达善意，它们始终都不会配合，甚至还会对援救人员发起攻击。

对暗示的接受和处理能力在不同的人身上表现出很大的差异。擅于领会别人的暗示通常意味着学习和模仿能力很强，这是一种生存优势。但不擅于领会暗示也并不全是坏事，因为暗示也有善意和恶意之分。从只能接受到懂得拒绝，中间有个过程，这就是人的心智从幼稚到成熟的标志。在成年人的世界，如果不能分辨各种暗示，就很容易受到恶意的控制和利用。能领悟他人的暗示并不意味着会顺从他人的控制。正常情况下，成年人能够根据实际情况做出对自己有益的选择，但有些心理出现问题的人没有这种能力。

难以领悟他人的暗示有很多原因。可能是精神上的疾病，这种情况医学上有很多病例。也可能是因为环境闭塞导致的心智问题，这也是很常见的心理问题。也许这些心理问题都是不可逆的。正如我上面所说，在理解自己并顺应自己的天性的情况下，不能理解他人的暗示也并不全是坏事。

这种人甚至可能活得比普通人更自我，更自由。

然而，如果不认可自己的这种与众不同的天性，努力变得“善解人意”。或者因为害怕遭到排挤而假装能够领悟他人的暗示，这往往才是危险的。这样的人很容易抑郁！

1. 情景暗示

梦境就是暗示所驱动的情景话剧。梦里的一切都由做梦的人内在的主观意志操控，做梦的人还是会感觉像经历了外在的客观现实一样。在梦里，实际上是思维在创造剧情，但心理暗示却让我们感觉好像是情景在引导自己的心理。

什么时候笑，什么时候哭，什么时候愤怒，什么时候紧张，其实都是情景暗示，而你的意志在梦境中被这些暗示左右。催眠术的本质其实就是一种情景暗示。

越是容易被暗示的人，做的梦越是逼真。那些不容易被暗示的人不会经常做梦，即便有也是支离破碎，最多只是情景重现，不会有太多情绪的参与，也不经常出现没有发生过的剧情。

容易受到情景暗示的人除了经常做梦以外，还会倾向于顺着暗示去思考。某些事情其实并没有让你感动，因为你被暗示感动，所以才做出感动的样子。某些事情你完全不明白，因为它暗示你不明白会被人看不起，所以你越是不明白，反而越是假装轻而易举搞懂了的样子。某些选择并不是你可以轻易决定的，因为它会暗示你犹豫就意味着愚蠢，所以你总是不经思考就做出选择。某些东西并不是你想要的，但它会暗示你，别人都拥有的你也应该拥有，所以你才被困在自己并不需要也不喜欢的东西上。

容易进入情景暗示圈套的人通常是高敏感的人。他们通常不擅于拒绝，不太会保护自己的利益。他们总是不知不觉站在他人的立场，为他人考虑而忽略了自己，以君子之心度人。殊不知正是因为这一点被人利用。

当你意识到自己是一个心肠太软的人，最好让自己保持表面清高冷酷的姿态。虽然你并不是这样，但只有这样才能保护好自己。你看，世人的

“内心”和“外在”往往可能是反的。挖空心思让自己看起来有某些东西，可能恰恰是缺少这些东西。废寝忘食研究厚黑学的人有可能是脸皮薄、心肠软的“懦夫”。

2. 权威暗示

瓦解你的原则，颠覆你的认知，让你的认识建立在他人刻意构建的意识基础之上，再加上一些恐吓，很快就能把你玩弄于股掌之间。这就是权威暗示，俗称“洗脑”。任何时代最容易煽动人心的言论都不是娓娓道来的事实和观点，而是压迫性的、特别是颠覆性的评判。我们对于这些东西总是表现得不够谨慎，这是所有人共同的弱点。

每个人都有自己的一些原则，虽然这些原则可能存在一些问题，需要不断改进和完善，但这并不意味着这些原则应该被立刻抛弃，或者就应该听命于他人。我的意思不是劝人做一味否定权威的“杠精”，让大家刻意去反权威。无论多聪明的人都可能犯错，做人一定要有这种清醒。慢慢去探索，慢慢去发现，慢慢改变自己，不要指望自己一夜之间就变成自己希望成为的样子。

坚持自己的原则，用自己的态度过完自己的一生。成为一个坚强的人，为自己的一切思想和行为承担责任。一个人总想逃避责任，才需要一个权威。因为一旦失败，他便可以把那个权威当成自己的挡箭牌，这往往是权威暗示存在的心理基础。

强迫赴宴，强迫饮酒，强迫留宿，强迫婚姻，等等。如果仅仅只是一种强迫，让人屈服的可能性往往不大，但如果加上心理暗示，就很难抗拒了。所以在强迫这种事情发生的同时，往往还会伴随着贬斥、暗示、恐吓、羞辱，等等，这些都是恶意的暗示，千万不能轻易顺从。

拍摄于 2003 年的美国电影《神秘悬河》中有一个不到一分钟的镜头：警察在调查被害者家属吉米的时候，吉米傲慢地问警察破案需要多长时间。这种说话的方式在大部分人看来似乎再平常不过了。但是桀骜不驯的警察惠特尼可不这么想，他立刻站出来质问吉米是不是在威胁他们，随后两人针锋相对，对白非常精彩。虽然惠特尼这个角色在电影中只是一个配角，戏份很少，而这个细节好像跟整部电影的主要线索毫无关系，但在我看来，那段对话其实是整部电影真正的高潮。这个镜头照应了电影的开头：三个小孩儿在街边未干的水泥地上搞了点小破坏，一个自称警察的人暗示他们必须为此受到惩罚。受到暗示的那个孩子遭了殃，预示了他悲惨的命运。劳伦斯扮演的警察惠特尼代表那种擅长分辨善恶的人，他的强悍其实是在教导人们如何在暗示中保护自己。

3. 立场暗示

假设这样一个场景：A，B，C，三者构成一个小团体。有一天 B 在非公开场合对 A 发表了对 C 的评判。那么，不管 B 的言论是主观还是客观，也不管本意是消极的还是积极的，只要他的言论对 C 构成评判，都存在立场暗示。这种暗示让人倾向于理解当前这个人的态度，而忽略对其进行合理的质疑。某些人经常喜欢在朋友面前谈论个人恩怨，不管听者自认为多公正，多多少少都会偏心于以第一人称叙述的一方。思辨能力很弱的人会轻而易举地被拉到第一人称的立场上，不知不觉充当坏人的帮凶。

立场暗示不会强制你做任何事情，但它会让你不知不觉地站在奇怪的立场，按照他人设定的方式和逻辑来思考。这是一种隐晦的暗示，你甚至都感觉不到有人在操纵你。这种暗示最极端的情况就是主角光环。在电视或者电影中，无论角色是正派还是反派，只要有主角光环，观众带入自己的视角，基本都会本能地从这个角色的立场去考虑问题。哪怕主角在行凶杀人，也会在潜意识里希望他能得逞。不只是电影，某些刊物的文章，某些新闻报道，包括网络上的评论，甚至某些来自亲人、朋友的观点都存在类似的问题。

立场暗示可能有更深的心理学原理。我无法直接描述这种原理，但我认为这和印随效应有很大的关联性。印随效应最开始是指卵生动物刚睁开眼睛的时候，会把最先看到的动物当成自己的妈妈。人的认知模式也有类似的习性，尽管不像才睁开眼睛的鸟儿那样明显。我们会本能地接受最先知道的某些观点，对以后才接触到的不同观点潜意识地产生排斥情绪。或者去习惯最开始接触的事物，对以后才接触到的同类事物产生不自觉的排斥感。就像人们总是觉得初恋是最美好的一样。

我们不需要去改变这种认知模式。首先是很难改变，不管我们是否意识到了它的存在，它都会在我们的生活中悄悄发挥作用。另外刻意改变有可能会发生意料之外的连锁负面效应。这种认知模式既然存在，可能也有它存在的客观原因。

4. 紧迫感暗示

当我们迫切地想达到某些目的，或者急切地想做成某些事情的时侯，会由内而外地产生某些紧迫感。这样的紧迫感很正常。人们很多时候都需要这样的紧迫感。如果缺乏这种紧迫感，往往容易变得懒散。

还有一种紧迫感是由外而内产生的。它虽然不会逼迫你怎样，但它会让你感觉必须在短时间内做出决定。决策时间短，往往意味着考虑问题不够周全，而且没有时间去收集足够的信息来权衡利弊。选择对任何人来说都不是一件容易的事，我们的很多精力都用在这上面。对你施加选择紧迫感，同时又故意不给你充分考虑的时间的事情，往往是有目的的。

商贩最擅长使用这种计谋。他们会营造一种不尽快购买就再也买不到的氛围。我们通常也叫“饥饿营销”。售楼员经常使用的一个套路是：这种户型已经不多了，很多人排队等着买，再不出手就没机会了。等你交了订金之后才发现，原来这些房子基本都是卖不出去的，但这时候你已经失去了选择的自由，因为这时候她才会告诉你：订金是不能退的！

除了商贩，很多人都在有意或无意地使用这样的计谋。越仓促越容易犯错，越是被逼迫越容易被欺骗。如果你无论做什么事情都有种莫名其妙的紧迫感，特别是做重要决定的时候受到紧迫感的干扰，一定要注意了，前面往往就是陷阱。

5. 饥饿感暗示

需求是可以创造出来的，即便你原本没有这种需求。比需求感更强烈的是饥饿感。你可能需要某些东西，但是还远没有达到饥饿的程度，而一些暗示可以激发你产生饥饿感，让你欲罢不能。真正可怕的地方在于，你可能分辨不清楚这种感觉到底是自己内心的，还是外在强加的。

在饥饿感中，你很容易受到恶意控制。你原本不需要购买某件商品，它却会让你感觉不得不购买；原本你没必要在一份糟糕的工作上耗费一辈子，可是它会让你觉得失去了这份工作就会换来失败的人生；原本你不需要去讨好别人，可是它会让你觉得你必须去讨好他；原本你没有必要顺从别人，可是它会让你觉得你不顺从就会遭到严重的报复；原本你可以结束某段关系，可是它却会让你感觉你离开他就活不下去。

控制欲很强的人一般都会玩弄别人的“饥饿感”。在这样的人面前暴露自己单方面的“需求”是不明智的行为。一旦产生“饥饿感”，它将可能是你头上一个难以解开的魔咒。

在两性关系中，处于被动地位的人往往有种优越感，很容易向对方提出各种要求。仔细分析一下这些年出现的虚拟社交丑闻，你会发现这么一个现实：那些骗财骗色的人都是假装成富二代才得逞的。他们本来一无所有，却能制造自己什么都有、无所不能的假象。骗子真正厉害的地方在于引诱猎物主动接近他，而不是他的花言巧语。一旦对方相信了，他们就会趁热打铁提出各种要求，而且往往令对方难以拒绝。这种关系中暗藏某种逻辑：天下没有白吃的午餐，想得到你想要的，就要先投资。

生活中那些有钱的人谈恋爱其实是不怎么花钱的。反而是没钱的穷人需要投入大量的金钱到两性关系中，因为他们给对方的感觉是：我需要你，我要想尽办法来讨好你。漂亮的女人就是利用这一点来收割的。其实她们在资源丰富的男人那里不太容易捞到好处，反而容易成为被别人收割的对象。被饥饿感暗示的一方，一定处于劣势和被动。

6. 因果暗示

不知道你有没有这样的体验：越是面对那些你用心付出过的人，反而越没有勇气拒绝他们的要求。你明明知道是你为对方付出了更多，但诡异的是，恰恰因为如此，你才更难以抗拒对方更多的要求。

那些你没怎么付出过的人，对你提出哪怕一点点要求，反而很容易被你拒绝。你也许会说，正因为认可对方，所以才愿意一直付出；正因为不怎么喜欢对方，当然不会轻易满足他的要求。这种因素的确存在，但是，这种表面的因果遮蔽了另一个事实：你可能是一个情感勒索的受害者。

情感勒索的本质就是一种因果报应的暗示：要先付出才会得到报答，别人对你不好只是因为你对别人还不够好。“你要好好对我，我满足了以后才会好好对你。”因果报应思想深植人类的文化基因，很多人都是情感勒索的受害者。我甚至可以这样说，任何宗教本质上都是在利用人类的这个弱点进行催眠和勒索。宗教劝人忍耐剥削和压迫，无穷无尽地忍耐才能升入天堂或者来世享受荣华富贵。把人的一切付出都放在今世，而把应有的一切回报都放在虚无缥缈的来世。

空气是宝贵的，但是它不需要用钱来买。情感是便宜的，却是无价的。如果你喜欢某个人，那就用你的方式和恰当的程度去喜欢就行了。花钱也是一种方式，但只是之一。你有你的自由，也有你的分寸。你可以有任何期待，但不应该以公平为由去要求别人回报。别人是否会喜欢你以及怎样的程度喜欢你，那是另外的事，与你付出的初衷不应该有关系。最终你们有怎样的关系是自然而然的结果，并没有什么公平或不公平的。这也意味着，感情不需要用什么来交换。

7. 道德暗示

人们痛恨道德绑架，但仔细想想，道德本来就伴随着“绑架”。比如有人不遵守道德，就会有人通过各种手段强迫他去遵守道德。道德绑架是不是有问题，要考察绑架的合理性。有些绑架不合理，有些绑架其实是合理的，真真假假混淆在一起很容易让人迷糊。

有个情感类的综艺节目上发生了这么一件事：一个母亲抛弃了女儿。后来女儿长大成人了，母亲想通过节目请求女儿的原谅。这个女孩儿不愿意原谅母亲。然后几个节目主持人对这个女儿一顿道德训斥。这个女孩儿只得拥抱生母，然后一起走下了舞台。这就是明显的道德绑架。然而，也不是所有的道德绑架都是糟糕的。

事实上，我们每个人都是被道德绑架了的。在公交车上，也许你并不想给抱着小孩儿的妇女和老人让座，但是你害怕受到周围人的指责，所以也会让出座位，这样的绑架没什么不好。一个明星立下某种人设，人们因为这个人设而被吸引，这种人设的绑架就无可指责了。接受了人设的某些好处，就需要为人设付出某些代价。

道德暗示是暗示他人做什么或者不能做什么，有时候甚至也可能是自己对自己的暗示。道德暗示只对有道德的人起作用，对没有道德的人来说无效。但问题就在这里，有时候这种暗示会制造一种不公平，导致受到道德暗示的人牺牲自己的利益来服务没有道德的人。

公司空出一个有实权的管理岗位，很多人都想争取，你也有这种想法。这时候你的领导找你谈话，他并没有让你放弃竞争这个岗位，而是首先肯定了你的工作，说你如果离开了现在的工作岗位，其他人就会受到不好的影响。并且说你是一个勤奋踏实的好员工，好员工不贪图名利，总是想着为大家奉献。你想了想，觉得争名夺利不符合自己的道德感，所以放弃了竞争这个岗位。然后，另一个比你懒、比你资历浅但比你脸皮厚的人得到了那个岗位，这就是道德暗示的一种结果。

你的男友或者丈夫好逸恶劳，脾气暴躁，还在外面乱搞。你很想拥有更好的生活，但是你的朋友劝你，当初他为了追求你也付出了很多，他曾经也是一个好男人，作为一个女人就要忍辱负重，把自己做到最好他就会浪子回头。想到当初他对你的好，想到当初不离不弃的承诺，你放弃了离开他的想法，继续忍辱负重，忍受着痛苦的煎熬，这也是一种道德暗示的结果。

道德暗示也并不是一件坏事，但是对于那些道德感比较高的人来说，有时候需要暂时忽略道德感。警惕利益关联者的绑架。可以的情况下，要抵抗自己在压力下做出选择，尤其要警惕利益关联者施加的压力。朋友有失分寸地给你戴“讲义气”“好人”“够哥们儿”的高帽子，最好不要接受，那是绑架，会让你失去进退的自由。

8. 感恩暗示

把感激之情仅仅用于对你好的人，这不是感恩。有人帮助过你，你应该感谢他，但请谨慎使用“感恩”这个词语。感恩是一种宽广的仁义道德，与投桃报李的交易不一样。因为被善良地对待过，所以对其他人善良，这才是感恩。

混淆“感恩”和“报恩”坑惨了一些人。一个人接受别人的恩惠就很容易变得顺从。一旦牵涉利益的时候，你失去的道义主动权将变成很现实的利益诉求。你很难为自己辩解或开脱，你会在其中处于被动地位。有一天你可能会发现，即便你心里知道这是诡计也不得不顺从，因为你一旦接受这种暗示就很难挣脱。腐败案件大多肇始于此。

也许你认为不擅于拒绝的人都喜欢贪小便宜，其实不一定如此。贪便宜的人其实往往不容易吃亏。真正容易吃亏的是自己原本并不贪便宜却容易被感恩暗示的人。名利场上，人情是一张狡猾的牌，小恩小惠有时候只是一种斗争的手段而已。出于某些原因，你可能不得不接受，但不要被“知恩图报”困扰，也不要恭维这样的小恩小惠，即便是假惺惺的言辞也不要有，否则你可能会陷入危险的困境。在西方的法律体系中，行贿是重罪，正是包含这一道理在内的。

真正在感恩的人，其实可能根本没有意识到自己在感恩，甚至可能不知道什么叫感恩。把感恩当成赞歌唱出来，明示、暗示别人感恩的人，往往都别有用心。

（二）自我反思

动物意识到的世界应该就只有一个，就是那个唯一的、可以被它们感知的实实在在的世界。人的头脑里也只能感受到这样一个世界，但和动物不同，人类还能意识到另外一个世界的存在。

图 10　庄子想象图

一个是能感知到的，实实在在的世界，我们暂且称之为“感知内的世界”；另一个是虽然不能被感知但是可以被意识到的“感知外的世界”。就好像周围存在一堵看不见的墙，把自我和感知以外的东西隔离开。相对动物而言，这种感知之外的存在意识是人类所特有的。

“定乎内外之分，辩乎荣辱之境”是庄子的智慧。“我唯一知道的就是我一无所知”是苏格拉底的智慧。两位先贤生活环境不同，智慧竟然惊人的相似，这就是世界观，或者如我所说的内外的观念。

内外的观念直接影响人的认知模式和认知能力。每当我们到达一个新的地方，新的认知很快就会成了我们内在的一部分。然而，外面的世界永远都是外面的世界。山的外面有更多的山，宇宙的外面是另外的宇宙。

诗人的伟大在于他们比普通人想得更远，但诗人也走不出自己。所以诗人把自己的幻想说成是“远在远方的风比远方更远[①]”，诗人把自己的远行说成是“我把远方的远归还草原”。每一个内在的自我对外在的世界都存在幻想。墙这边的人在幻想墙那边的世界，墙另一边的人也在幻想墙这边的世界。对没有看到、没有体验过的东西充满幻想是人的天性。好奇就可以去更远的地方走走、看看、试试，这是我们生而为人的权利。刻意去抹杀这种天性并不会让我们得到什么好处，反而导致自己容易被自己的感官所骗，从而使认知受到很大局限。

我们的感官意识里总是存在这种感官错觉：“自己的世界”非常完美或者非常不完美，“自己之外的世界”是与这个世界相对的另一个极端。对外在的东西要么进行攻击，要么盲目崇拜。

推理、想象、同理心，这些都是我们的优点，它让我们能够建立文明，登上月球，探索更大的世界。但是，当我们对自己的这些能力过于自信，失去应有的谦卑的时候，这种自信会造成很大的麻烦。

其实人的智慧都差不多。只不过有些人勤快，不断思考，能不断成长和进步。有些人只知道最简单的东西，认知止于最简单的表象。那些极端的、哗众取宠的、耸人听闻的、煽动情绪的东西就是最简单的。像视力表第一排上的符号 E，他们看到那个 E 就自以为什么都知道了。

能阻止我们犯下这些错误的只有我们内心的谦卑，而我们内心的谦卑来源于一种重要的心理——反思。通过反思，人能最大程度地摆脱自我局限。它让我们不再盲目地相信自己，从而让我们谨言慎行；它让我们产生探索未知的兴趣，从而让我们有了无穷无尽的创造力；它让我们承认比自己更优秀的人，从而让我们真诚地接纳崇高的思想。

反思两个字经常被提及，但是我认为大多数人对反思的理解可能有偏颇。或许谦虚一点说，我所说的反思和多数人所理解的反思有所不同。反

① 海子：《九月》，北京：人民文学出版社，1999 年。原诗：目击众神死亡的草原上野花一片，远在远方的风比远方更远。我的琴声呜咽，泪水全无，我把这远方的远归还草原。一个叫木头，一个叫马尾，我的琴声呜咽，泪水全无。远方只有在死亡中凝聚野花一片，明月如镜高悬草原映照千年岁月，我的琴声呜咽，泪水全无。只身打马过草原。

思前面有两个字被省略掉了，这两个字是：自我。如果可以再加一个限定语，那就是：自主。所以这里提到的所谓反思的完整形式其实是：自我自主反思。它强调了反思是一种自主、自觉的心理。如果去掉前面的限定，所谓的反思就不在我所讨论的范畴了。

人在运用语言的过程中，不仅学会了表达思想和意图，也学会了欺骗。很多事实表明，真正的问题往往不自知，这时候反思也没有意义。明明不可能真正知道，却自以为知道了，那就是自欺欺人。

有效的反思需要借助外界的反馈作为支点，前提是开放和包容。如此一来，我们脆弱的灵魂就不得不面临来自外界的挑战。缺乏自我反思的人几乎不可能发现并改正自身存在的错误，而一旦自我反思，又容易陷入自我怀疑的心理旋涡。“自我怀疑”和“自我反思”是互为利弊的两个问题，人的思想经常在这两者之间挣扎彷徨。

你也许会说：适度反思就好啦！我认为这不过是最正确的废话。适度是行为的结果，不是行为本身。关于这个问题，庄子在他的著作中表达了很多有趣的思想。相比于纠结如何“适度”，用心体会一下庄子的智慧或许是个更好的选择。

越有良心的人越容易受良心的谴责，对生活越是充满激情的人越容易有挫败感。反思也是如此。经常反思自己的人相对来说更容易感到困惑。人伤心到极致的时候，胸口会感到钻心的疼痛，这种事情经历一次足以让人终生难忘，如果长时间处于自我怀疑中，人生会非常痛苦。

《庄子·外篇·达生》中，列子问关尹：“至人潜行不窒，蹈火不热，行乎万物之上而不栗。请问何以至于此？”。列子说的可不是什么在水中不怕窒息，在火中不怕热的神功。没事潜水里做啥？在火堆上跳舞又是为哪般？其实这是一个比喻，说的是人的内心面对外部环境的时候面临的困境。人心都是很脆弱的，古人也不例外。这个问题用我们现在的话来说就是：怎样让自己的内心更强大？

庄子接着用了一个类比：喝醉酒的人从马车上摔下来，虽然难免受伤，但是相比正常人，反而不容易死。庄子认为那是因为喝醉酒的人“乘亦不知也，坠亦不知也，死生惊惧不入乎其胸中。”喝醉酒的人不容易摔死？如果两千年前有严谨的科学调查，我估计大概率不支持这个结论，不过那不重要。庄子讲的故事多半都是编的，象征意义大于实际意义。所谓从马车上摔下来，可以理解为一种比喻，相当于心理上的挫折。这种挫折在思虑较多的人身上体现得尤为明显。如果能这么理解，那么庄子的这个类比就很有意思了。

人内心的很多痛苦源于太在乎他人的眼光，而过分在乎他人眼光的根源其实还是太在乎自己，只有忘我才能切断痛苦的根源。而我们之所以会猜忌，也主要是因为自己原本的想法不纯粹，这种不纯粹不一定是坏的想法，但会让我们处于过度思虑的状态。

太关注自己的荣辱得失，太在乎他人如何看待自己，就像死生惊惧侵入胸中。酒精能麻痹人的感官，让人暂时忘记一些东西，反而能保护自己。庄子想说的可能是：普通人能通过喝醉进入一种短暂的“乘亦不知也，坠亦不知也”的状态，而智慧的人不用喝酒也能在某种程度上做到。就像电影《东邪西毒》里的黄药师，突然忘掉了一些不想再回忆起的往事。所以面对拿着剑要杀他的情人的时候，眼睛都不眨一下。电影中，他抚摸着伤口放声大笑，没有爱，也没有恨。其实所谓喝了就能忘记过去的醉生梦死酒是一个玩笑，只是他能做到说忘就忘，就跟真的一样。

“潜行不窒，蹈火不热，行乎万物之上而不栗”，“窒”“热”“栗”这些都是自我的。很明显，庄子的“无我”建立在自我和外界的联系基础之上，是入世的思想，不是自我封闭。既要在火堆上跳舞，又不想被烫到。就像我们既要通过他人的言行来反思自己，同时又不能被他人影响而陷入自我怀疑的漩涡。关注周围的人的反馈无疑是对的，但与此同时还要学会保护自己的内心。

第二章

心理之外

图 11　江苏连云港将军崖岩刻（局部）

（岩画描绘在坚硬的花岗岩上，凿刻或打磨而成，距今已经有一万多年的历史。这些线条似乎表达了某些思想，神秘莫测，难以琢磨，被称为东方天书。）

鳄鱼有让人胆寒的牙齿，鸟儿有飞翔的翅膀，灰熊有尖刀一样的利爪，猴子有攀爬的神力，这些都是动物与生俱来的天赋。人不用稀罕这样的天赋。对我们来说，工具才是强大的武器。但是要能使用工具，首先要有运用工具的思想，所以，思想才是这个星球上最强大的天赋。

一、习性

古希腊哲学家苏格拉底认为人的秉性是先天决定的，只不过他的“先天论”和我们所理解的“先天论”有所不同。现在的人们自认为懂点遗传学科学，更深信“龙生龙，凤生凤，老鼠生儿会打洞”这样的先天遗传论。但苏格拉底的“先天论”并不是指先天遗传，而是天性。天性不等于遗传论。抛开这种差异，“先天论”的重点都在于人格有好坏之分。就“先天论”本生而言，我来看看苏格拉底他怎么说。

> 虽然在这城邦里他们彼此都是兄弟，但是老天铸造他们的时候，在有些人的身上加入了黄金，这些人因而是最可贵的，有资格做统治者。在有的人身上加入了白银，他们适合做辅助者（军人）。在农民以及其他技工身上加入了铁和铜。但又由于他们大家都有亲缘关系，虽则什么样的父亲生什么样的儿子，有时不免金父生银子，银父生金子等等，错综变化，不一而足。所以上天给统治者最重要的命令就是要他们做后代的好护卫者，要他们极端注意在后代灵魂深处金属的混合情况。如果他们的孩子心灵里混入了一些废铜烂铁，他们决不能稍存姑息，应当把他们下放到与其素质适合的位置上去，安置于农民工人之间；如果农民工人的后辈中间意外地发现其天赋中有金或银者，他们就要重视他，把他提升到护卫者或辅助者岗位上去。须知，神谕曾经说过“铜铁当道，国破家亡”[①]。

① ［古希腊］柏拉图：《理想国》，张竹明译，南京：译林出版社，2012（7）（2016年4月重印），第116页。

随着现代心理学的发展，人们越来越发现“先天论”存在很多的问题。也就是说天性虽然有一定程度的决定作用，但后天的养成也很重要。现在人们普遍相信人格是人性适应环境的结果，并且因环境的不同人格可以被不断塑造。习惯成自然，于是内化为一种人格。

如果说人性是空气，那么人格就是气球。人格是人性在特定环境中的具体呈现。人格的形成基于由内而外的试探，得一寸就会进一尺。另一方面，人格的形成也依赖于诱导，这一寸就是客观环境的诱导。与苏格拉底的“先天论”相比，现代心理学家的“天性与教养共同作用[①]”显得更有道理。

> 随着个体从婴儿、童年成长到青少年，随着个体与物理环境和其他个体的相互作用，在个体出生相当长一段时间之后，那些基因协助下设置再脑干和下丘脑的具体结构和细节逐渐成为脑里的残存物。对于现代进化脑区来说，很有可能基因组帮助设置了一个大致的系统和回路的安排，而非精确的安排。那么，系统和回路的精确安排是如何产生的？它的产生源于环境因素的影响，源于与生物调节有关的先天精确设置的那些回路的补充和约束下的环境因素的影响[②]。

人的行为会通过外界形成各种反馈，就像湖面动荡的涟漪，有的来自昨天，有的来自遥远的年代，层层叠叠汇聚形成的一个独特的形态，就是自我意识。意识被动形成，但人格是主动构建的。人格是环境塑造的，但同时人格也是自主选择的结果。由此来看，苏格拉底的“先天论”其实并没有错，至少说构建特定人格背后那个特定的自我是先天的。不管选择的动机是生存策略还是先天遗传，都是平等的选择。人格之所以难以改变，

① ［美］迈尔斯：《社会心理学》第 11 版，侯玉波等译，北京：人民邮电出版社，2016（1），第 8 页，“任何一个上过心理学导论课程的人都知道，人类是天性与教养共同作用的产物。”

② ［美］达马西奥：《笛卡尔的错误：情绪、推理和人脑》，毛彩凤译，北京：教育科学出版社，2007（6），第 90 页。

在于它是一种自主行为。在人格形成的过程中，自主的成分越大，越不容易改变，而被迫的成分越大，越不稳定。

庄子在《逍遥游》中说："乘天地之正，而御六气之变，以游无穷，彼且恶乎待哉？"庄子把人生看成一次旅行，要在这次旅行中活得逍遥自在，就要借助天地间的浩然正气驾驭复杂多变的人性。我们生而为人并没有什么不同，人格不过是思想驾驭人性的结果。驾驭得好就是好的人格，驾驭得不好就是不好的人格。

（一）道德

小时候亲戚家的孩子到我们家做客。我母亲煮了两个鸡蛋，让我分一个给客人。鸡蛋明显一大一小，而母亲并没有明示我怎么分配。我捧着两个鸡蛋，扭扭捏捏从厨房出来，犹豫着将两个鸡蛋同时放在客人面前。结果客人选择了大的那个鸡蛋。看到他伸手的那一刻，我的心情突然就不好了，可以说实在是糟透了。虽然我给了他选择的权利，但是我明明是希望他选择小的那个。我很生气，马上就和他翻脸了。

既想占有好东西又想得到好名声的虚伪让人真的很痛苦。我无时无刻不在想办法搞清楚这个问题，从某方面来说也促成了这本书的形成。现在我已经长大了。和小时候不同的地方在于，现在我认识到自己是自私的。我承认了自己的自私，最重要的是，我能很好地收敛自己的自私。人可能天生就善良，但不会天生就有道德。

善良是自然天成。无意识的善良是人的一种天性，这种天性的本质都一样，只是形式各不相同。有意识的善良就是一种道德，它的动机和本质会因人而异。道德来自文化，是自私的镣铐。每个人都有不同程度的自私，有时候我们会和这种自私抗争。所以一个自私的人也可能会做出大公无私的事情。

善良是个体属性，道德是群体属性。个体属性是内隐的，群体属性是外显的。一个人生活无所谓道德或不道德，一群人生活才会有道德的概念。假如人的生存理念不是把自己置于整体之中，而是始终只考虑个人利益，从这个出发点来说，可能没有必要受道德的约束。

但凡一种生物能共同生存，必然存在某种可见的道德。道德对于个体或者小范围的群体而言可能是一种劣势，相对于其他物种或者相对于环境才能体现其优势。

有句俗话叫："杀人放火金腰带，修桥补路无尸骸。"在很多情况下，没有道德的个体的确会生存得更好，因为坚守道德意味着严格遵守规则和秩序，而不道德则有更多的选择。但只要这个社会还是稳定和健康的，说明坚守道德的人还是占大多数。

"穷生奸计，富长良心"这句话并无逻辑，更多的是统计概念。贫穷导致犯罪率更高，这是不争的事实。当生存都无法保障的时候，谁还顾得上道德呢？这其实是两个不同的问题，根本不能这样比较。真的让富人陷于这种困苦的境地，他们未必更高尚。

（二）诚实

小时候学过一篇课文，说一个小男孩的斧头掉进河里。河神化身一个老人，帮小男孩从河里捞斧头。河神先捞出一把金光闪闪的斧头问是不是他的，小男孩说这不是他的。河神又捞出一把银斧头，小男孩说这也不是他的。最后河神捞出一把铁斧头，小男孩说那就是他的斧头。河神把铁斧头还给小男孩，又把金斧头和银斧头送给小男孩，作为他诚实的奖励。

很多年以后，我开始反思类似的故事：用物质奖励的方式鼓励诚实是否恰当？现实中可没有神通广大、公正无私、惩恶扬善的神。与童话故事表达的"诚实会得到奖励"不同，现实中诚实不仅不会得到奖励，还会受到损害。比如，当别人都逃票而你老老实实地买票，很多人会心生不平。当别人都通过作弊取得了好成绩而你老老实实凭本事考试，损失的是你的考试排名。当别人都在掩饰问题而你选择坦白时，你很可能会失去金钱、权力、地位甚至前途。

与诚实会得到奖励的童话相比，我认为下面这个故事更值得讲给孩子们听。

公元前4世纪，巴国发生内乱。国君受到叛乱势力胁迫，百姓被残害。巴国将军蔓子以许诺酬谢楚国三城为代价，借楚兵平息内乱。内乱平息后，楚王派使者来巴国索要城池。身为人臣不能私下割城，但是对楚王许下的承诺不能兑现良心有愧，于是蔓子对使者说："将吾头往谢之，城不可得也。"于是拔剑自刎。

蔓子做到了对国家的忠诚，但没有做到对楚王的诚信。他的人头对楚国而言毫无作用，他并没有履行自己的承诺。估计楚王看到巴蔓子头颅那一刻，肠子都悔青了吧。倘若有第二次这样的机会，楚国是断然不会出兵救援的。很显然，从楚国借兵的那一天起他可能就没有想真的把城池割让给楚国。

蔓子之所以被铭记，并非因为他做到了诚信。一千多年来，重庆人始终铭记这个将军，把他当成大英雄。这个故事强调了诚实是一种高尚的品质。有这种高尚品质的人可以为了做到诚信而牺牲自己的利益，甚至放弃自己的生命。他教导人们做一个真正诚实的人，而不是教导人们投机。

诚实无疑是高尚的品质，如果人人都诚实守信，这个社会一定会更美好，但是，这并不意味着只要你诚实，你的人生就会美好。

人类的知识体系一直在不断完善，还需要很多的探索。如果我们都盲从已有的认识，假装自己认识到了真理，社会将很难再取得进一步的发展。在教育活动或者学术研究之类的运用和探索中，如果我们在没有清楚的情况下声称自己是清楚的，会造成不良的后果。

> 知道的人不说，说的人不知道，所以圣人不用言语教化别人。道不可能靠言传来获取，德不可能靠谈话来实现。仁可以是装的，义可以是假的，礼仪只是相互虚伪罢了。所以先贤才说，"失去道后才讲德，失去德后才讲仁，失去仁后才能讲义。连义都失去了，才讲礼仪。礼仪是最肤浅的外层，道的伪饰，混乱的开始"。所以先贤又说：

> “修道的过程其实就是从外层倒回去，清除自己心灵上的伪饰，一层又一层，清除再清除，直到回归到无为的境界，就得道了。”如今你在道的最外面，想回到根本已经太难了[①]。

每一个人都是人类这个整体的一根神经，如果我们都不诚实，这个整体就会生病。拿一堆自己都不明所以的东西来教训别人是一种罪恶，会生产很多假知识，后患无穷。当我们不敢直面自己的局限的时候，我们将会离真理越来越远。面对知识，人应该绝对真诚，不应该有任何的自欺或者欺骗别人的想法，这是一种道德。

任何问题的出现都有原因，比如自身缺陷，道德污点，行为过失，等等。这些问题令人窘迫，人们大概耻于面对，于是本能地为自己辩解，甚至会攻击其他人以缓解自己的压力，这时人最不诚实。

不诚实可以理解，如果一个人把自己都骗了，问题就大了。只有对自己诚实的人，才有可能为自己的行为负责，才会有责任感和担当。不诚实的人没法理解和被理解，没法学习，也没法成长。

其实对自己诚实并不是那么容易做到的。关于这一点，当代哲学家邓晓芒先生在西南政法大学的演讲“从康德道德看儒家的乡愿”已经说得很透彻了。

> 中国人有一个固定的思维模式，即人心可以做到真诚，人只要真诚便不会误解自己。人只要内心排除私心杂念，其真心就呈现在他的面前。我认识别人很难，认识自己难道还不容易么？只要愿意就可以做到真诚，“尽其心而知其性”，这是中国人的思维定式。但我们刚才讲了，真诚没有标准，只有自我感觉，没有外在标准。通常说的扪心

① 《庄子·知北游》，原文：夫知者不言，言者不知，故圣人行不言之教。道不可致，德不可至。仁可为也，义可亏也，礼相伪也。故曰：“失道而后德，失德而后仁，失仁而后义，失义而后礼。”礼者，道之华而乱之首也。故曰：“为道者日损，损之又损之，以至于无为。无为而无不为也。”今已为物也，欲复归根，不亦难乎！

自问，我们觉得回到良心就能知道真相。良心就是诚，“诚之者，人之道也”。我们诉诸自我感觉，这个自我感觉是否确切我们从不怀疑，至于更深层次的判断我们中国人就终止了。西方弗洛伊德的潜意识理论传到中国后，中国人觉得很神秘。“文革”中中国人写检讨写得痛哭流涕，自己觉得把伤疤不可告人之处都说出来了，还不是真诚吗？但几十年后我们再看这些检讨书，觉得很虚假，无非是为了自己过关，为了蒙骗领导和自己。中国人认为只要愿意就能做到真诚，这是安身立命之道。如果连我自己都不相信了，我怎么做人？因此不敢怀疑自己的内心和感觉，也不敢对自己的真诚进行忏悔。一旦忏悔对自己内心产生怀疑，我们就失去安身立命的根基。所以鲁迅讲中国人善于自我欺瞒，精于自我欺骗的艺术。

真诚是一种外在行为，而不是内在的属性。开朗、活泼、腼腆、善良，这些都是人的内在属性，但“真诚”不是。“真诚”更像是一个及物动词。就像“喜欢”这个词语一样。可以说“A 喜欢 B”，但说“A 喜欢”是无意义的。可以说“A 对 B 真诚”，或者说“A 对所有人都很真诚”，但说“A 真诚”就没什么意义了。当你处于 A 的位置时，你应该区分对什么真诚，对什么不真诚。当你处于 B 的位置时，可能还有必要清楚真诚的层次。

我们的感官能接收的信息量非常庞大，但是我们的脑容量是有限的，所以我们的大脑只会处理被关注的那部分信息。那些没有被处理的信息在人的意识中也不是空白的，它可能被一些错误的认知填充。通常这些错误的认知无关紧要。但在某些特殊的情况下，我们迫切地需要他人真诚的反馈来纠正这些错误。这就是我们要面对的三种层次的真诚：道德、道义、仁义。

（1）真诚不只是不说谎，还包括不隐瞒

有时候即便你没有对别人说谎，但是你可能隐瞒了一些事实。在显然有必要把自己所知道的告诉别人的情况下故意隐瞒，就是不真诚，甚至可以说是不道德。

（2）从道义上我们有必要告诉别人他需要知道的

一个人所能承担的责任是有限的，并不是每个知情者都有义务去纠正别人的错误，但那不代表我们在道义上没有责任让别人了解事物真实的一面。对一个人真诚，不仅仅是不对他说谎，还包括让他知道他能知道而且需要知道的事实。不是出于利益考虑，也不是被迫，主动告诉别人你所知道的真相，这就是道义上的真诚。

（3）有些真诚的行为可以称得上仁义

很多看起来是朋友的人，其实跟求职者和面试官没有什么区别。因为没有利益关联，自然也不会浪费自己的时间和精力。不管你表现得如何，面试官不会对你发表任何评价，不会认真告诉你哪些方面有问题。如果他们拒绝了你，最多也就是礼貌地说："对不起，你不适合这份工作。"当然，面试官没有义务对面试者真诚。

仁义并不基于任何利益考虑，也不会考虑双方的交情，是真正不图任何回报的利他行为。主动给予别人批评或者称赞，这种行为是很难得的。不仅没有回报，甚至还可能面临风险，这是仁义之举。当我们被一个人的真诚打动的时候，也可以说是被仁义打动的。

（三）谦卑

人们经常说"谦虚是美德"，但是我认为"谦虚"和"美德"是两个不同层次的东西。一种行为是不是美德，真正应该考察的是它的动机和造成的结果。为他人着想并且有利于他人的，才能称得上美德。显然，谦虚不一定是美德。

一个善良的人，不管是选择谦虚还是骄傲都会为他人着想。而一个没有道德感的人，不管是谦虚还是骄傲，都只是在做有利于自己的事罢了。

一个有道德感的人会为他人着想，不会让自己的优势压制别人，或者淡化人与人之间的差距。这种行为你可以认为是谦虚，但也可以理解成别的，比如善良、友爱。当谦虚不是用来为他人着想的同理心，而成了一种用来相互打压的利器，谦虚就成了一种恶毒的权术。

谦虚本身其实是一个很矛盾的词语。既然是谦虚，按照其内在的逻辑，一定是地位高者对地位低者，比如皇帝自称“寡人”就是一种自谦。但自认为自己的地位更高，这种意识难道不是一种骄傲吗？事实上，谦虚的人不会认为自己是谦虚。嘴巴上说谦虚最多的人，骨子里往往是最骄傲自大的人。

谦卑不是做出来的样子，而是一种自然的，内在的，不自知的习性。

谦卑，是对自己的清醒

有人真诚地向你寻求建议的时候，如果你有非常好的建议，那当然很好；如果没有，而你真的想为他好的话，最好坦诚地告诉他你没那个能力帮助他。你的这种谦卑能带给他信心和勇气。既然你都不会，说明事情确实比较难办。他会感觉自己面对的问题是对自己能力的考验，于是，自然而然对自己更加有信心，这对他人来说其实也是一种莫大的帮助。不掩饰自己的缺点而攻击他人的缺点，不把自己伪装成为一个完美无缺的样子从而给他人制造精神压力。

谦卑，是对他人的宽容

相比自以为什么都懂的人，那些看似什么都不懂的人更值得交往，因为他们至少对世界怀有谦卑之心。有谦卑之心的人才会发自内心地承认不同于自己的东西。如果和你在一起的人是没有什么谦卑之心的人，那是不幸的。你们会始终处于对立的位置，甚至倾向于相互攻击。你们之间一旦产生矛盾，关系将无法调和，直到你们关系彻底破裂。若分开还好，如果有什么原因造成你们不得不在一起，那势必会产生尖锐的矛盾。这种矛盾带来的痛苦是无穷无尽而且没有底线的。

（四）尊重

很多人口口声声“尊重”，但是从来没有尊重过别人。尊重是一个人内心最初的选择，就像一个人是男人还是女人这个问题，无论他自己怎样辩解都不会影响他是何种性别的事实。从他成为他的那一刻开始，他就已经做出了自己的选择，不会轻易改变。

人们铺天盖地地讨论“尊重”，但是其实，真正懂得尊重的人可能连“尊重”两个字都不会写。讲尊重最多的人自己未必会尊重。今天的人到处宣传“尊重”，未必以前的人就不如我们现在懂“尊重”。

1. 尊重是与他人达成共识的意愿

没有共识就不会有尊重，而共识是人的主观意愿。只要你愿意，完全可以找到自己和一只苍蝇之间的很多共同点；如果不愿意，和你朝夕相处的人之间都不会有任何默契。

2. 尊重是表达内心的善意

尊重是一个人灵魂深处的善意，而不是在人前装模作样，故作谦卑的姿态。

我很喜欢周星驰的电影，他演的所有小角色都让人深深地着迷。他似乎有一种特别的能力，无论是演市井小民还是地痞流氓，不管偷鸡摸狗还是在骗女孩子，都能感觉到这个角色的内心深处的善良。实际上这种感觉和演技无关。只要他站在镜头面前，就能让人感觉到一些难以言喻的东西。

我的意思并不是说善良可以通过外表看出来。善良是看不到的，只是可以通过某些途径感觉到。周星驰只是恰好擅长通过表演表达出他内心的善良，这才是他最宝贵的天赋。注意，这是一种与生俱来的天赋，没有任何人学得会。这个世界将来肯定会有比他更成功的演员，但永远不会再有第二个周星驰。当我得知周星驰悄悄把自己的骨髓捐献给了一个普通人家的小孩，我丝毫不觉得奇怪，因为我很早就知道他是一个天性善良的人。

3. 尊重是敬畏彼此的距离

对于性，我理解是人的一种自私的行为。这种自私不是道德上的自私，是行为本性上的自私。在性这件事上，是最能看出人的某些品质的。我们从一部电影说起。

周星驰的《喜剧之王》是很多人都喜爱的一部电影。其中有一段剧情和我们这里讨论的主题有关。男主角和女主角一夜风流以后，第二天一大早，男主角把自己所有的钱恭敬地放在女主角的包包上。考虑到“全香港最棒的夜总会小姐”，他还附上了可能是他最值钱的家当——一块手表。有人说这是因为爱情，但我并不这样认为。

按常理来说，这种付钱的行为其实是一种羞辱，但是在周星驰的这部电影中，我们感受到的却是他对这个女人的尊重。在电影中是对一个妓女的尊重，映射到现实中是对普通人的尊重。有了尊重的意识，不要说尹天仇是一个跑龙套的，就算他是一个皇帝，在这种情况下也会毕恭毕敬地献出嫖资。

善良的人天生就知道如何避免僭越，这和身份地位高低没有关系。她是一个妓女，社会地位也许是低下的，但一个妓女也有尊严。今天很多人经常说的自己退一步又怎么怎么样，大不了跟谁一样怎么怎么样。骨子里觉得别人地位低下，总是认为自己可以任意切换身份。

人与人之间有差别，也没有差别。皇帝有自己的身份和地位，乞丐也有自己的身份和地位。皇帝地位是高，但你真以为一个皇帝可以随随便便成为乞丐吗？不是的。从某种程度上来说，一个皇帝想成为乞丐和一个乞丐想成为皇帝一样难。项羽过不了乌江，皇帝也当不了乞丐。

一个懂得尊重别人的人恰恰是潜意识中意识到了这种距离。敬畏这种距离，所以才会从骨子里平等对待他人。

（五）敏感

人的内心都有忌惮的东西。面对自己难以改变的事实，人们会过分强调明明不存在的假象；面对让自己心痛的缺点，人们会不惜代价掩饰自己本来的面目；面对自己忧虑的事情，人们会不计后果地将自己推向与之相反的极端；面对不稳固的地位，人们会忍不住过度夸大对其有利的言辞或者对其不利的言论反应过度；面对不自信的设想，人们会盲目地相信增强这种自信的错觉。

人会因为这种忌惮变得敏感。越是害怕什么，越是被什么控制。越是害怕别人说自己不如别人，越容易变得暴躁、偏激、不可理喻。如果身边总是有人怀疑你的能力，如果身边有人总是攻击你的弱点，如果身边有人总是想压制你的存在感，如果身边有人总想否定你的人格，你的内心自然惶恐不安，继而敏感多疑。

图 12　根据玉雕人物还原的周朝时期的舞女形象

（类似的玉雕有很多版本，这块玉据说是在周朝王室墓穴中发现的，玉雕上女子的体态和服饰蕴含一种东方人特有的含蓄、内敛的美。）

过于敏感必然导致偏执。因为偏执，所以过于急迫地想证明自己，形成急功近利不稳定的性格。因为偏执，所以惶恐于遮掩自己的弱点，往往造成小气的毛病。

性格是天性和环境共同造成的。有些性格是人的自我保护机制，敏感可能有敏感的理由，小气可能也有小气的必要，但如果你强迫自己不敏感、不小气，可能会让自己丧失自我保护的能力，导致生存受到威胁。站在自己的角度仔细分析所处的环境，在保护好自己的前提下，再做出对自己和他人都能负责的改变。

1. 每个人的内心都是灵敏的

敏感是人的天性。迟钝不是因为不灵敏，只是被别的东西压抑了。

仔细观察你会发现，其实动物的内心也很敏感。很多生物学家的研究都表明了这样一个事实：动物对情绪的洞察能力比我们想象的要强。由于野生动物和人类接触得很少，所以它们对于人类的情绪解读能力会受到限制。反过来人类对它们也是如此。

有科学家冒险融入野生动物的生存环境中，从有限的接触中发现了一些让人惊叹的现象：熊和狼等动物可以从人的眼神里解读出复杂的信息。这些信息会直接影响它们的行为，比如，它们会通过眼神权衡是否发动攻击。

过分强调理智可以抑制敏感带来的问题，但也可能导致我们丢掉人性中很珍贵的东西——同理心。说话做事不知分寸，习惯性地掩饰自己，忽略别人的感受。至今一味嫌弃和忽视敏感是不对的。我们不仅不应该嫌弃它，还应该重视它。只有能够保护和珍惜自己的敏感心灵，才能理解别人的感受。

除了这些正常的敏感情绪以外，生活中似乎一些人的内心比平常人更敏感。心理学家也认为的确存在一些人天生就比大多数人的内心更敏感。法国心理咨询专家在他的著作《多向思考者》中把这种高度敏感的人称为“多向思考者”，在书中细致地描述了他们的心理特点。可惜我很晚才读到这本书。如果我早几年读到它，可能也不至于在前几年出了那么多的心理问题。

2. 敏感是自我保护机制

恰当的敏感是一种自我保护机制，只有过度的敏感才是有害的。

没有人会喜欢敏感、小气、易怒的性格。这样的人不容易相处，沟通起来很麻烦。但是从他自己的角度来看，这种不好的性格可能是一种别无选择的自我保护机制。当他被逼到悬崖边，要么绝地反击保护自己，要么被推下悬崖。尽管并不是每个人都想害他，但他分辨不清楚。他的人际关系受制于这种性格，但他也因此而生存。

我就是这样一个例子。为了被接纳，我压抑了自己敏感的天性。我改变了小气、易怒的脾气，但我的生存却受到了严重的威胁。我没有因为这种改变而得到好处，反而生活越来越糟。

我卸下自己身上的盔甲的时候，忘了自己还处在一个到处是刀不确定的环境。我改变自己的同时，那些危险并没有消失。别人讲了一个本来不好笑的笑话，我总是要装出很好笑的样子。其实那根本不是我笑点低，我只是本能地要讨好别人。别人发表一个我不怎么认同的观点，哪怕是拐弯抹角地对我嘲弄，我都会不假思索地帮他收集证据证明他说的是对的。我变得很容易被欺负，我失去了抵抗他人欺压以及为自己争取利益的能力，我丧失了保护自己的冲动和能力，这些很大程度上都是因为我刻意压制了自己的敏感。

3. 脱敏

心理学中常常提到一个词语叫“脱敏”。要注意，脱敏不是丢弃敏感，是在保留敏感的同时避免敏感带来的害处。实际就是通过从心理上的强刺激降低敏感度，减小敏感对生活造成的不利影响。比如很多心理学家建议家长不要一味地保护孩子的自尊心。适当地给予“挫折”“打击”之类的训练。这样长大的孩子往往更能适应社会。这种教育方法是有心理学依据的。

伙伴之间表达亲密的方式不只是甜言蜜语，很多其实看起来更像是“相互伤害”，比如“辱骂”“欺骗”“攻击”，等等。奇怪的是，我们竟然能在这种互动中获得不寻常的愉悦感。只不过，这种特殊的交流方式是有前提的：双方已经建立起稳固的亲密关系，双方已经可以绝对信任，任何一方都没有恶意。

脱敏训练是非常重要的人生课程，父母、朋友、长辈都有授误的责任。

首先，这是一种成长的方式。我们和朋友相互“伤害”取乐，其实就和年幼的狮子、老虎等用爪子相互攻击玩耍是一样的。这是一种本能的生存训练。野兽的武器就是它的爪子，而我们的武器可以是语言。野兽训练的是肌肉的灵活度，我们训练的是思想和情绪。

另外，亲密的伙伴之间的这种假的相互伤害能够增进彼此的信任感。灵长类生物学家在观察猴子的时候发现了这样一些奇怪的现象：一些猴子会抓住其他猴子的手，把对方的指尖放在自己的眼角。科学家解释这种行为其实非常危险，但是正因为如此，才能增强它们相互信任的关系，有利于它们的“深度结盟”。人也是如此。在建立更亲密的关系之前，都需要一些测试，或者说就是这些测试本身才形成了一种更牢固的亲密关系。

生活中有一些人似乎总是无法理解这种社交行为，这很可能是一种社交障碍。这样的人很有可能在各方面的人际关系能力都非常弱，并且，很难与任何人建立起真正的信任感。

越是处处提防身边的人，越没有人亲近。而这种无法与人建立信任的性格，恰恰可能是因为曾经信任了不该被信任的人。建立信任并不是简单的事情。不是只要明白了其中道理就能好起来。道理改变不了已经发生的不幸。归根结底，一个尊严受到过伤害的人很难建立真正的信任感和安全感，这是难以改变的悲剧。

如果一个人从小就在孤独的环境中长大，得不到这种学习和锻炼的机会，很可能就会存在社交障碍。

这样的想法来源于我对自己的观察和分析。我小时候的成长环境非常封闭，很长一段时间我都不能适应家庭以外的社会环境。没有经过“脱敏”训练，我总是把很小的事情想象得非常严重，这导致我很难与人亲近。尽管有时候我理性上能够意识到自己存在的问题，但是我始终做不好。

（六）气节

气节是中国文化非常重要的精神元素。只要提到这两个字，深谙传统的中国人都能立刻明白意味着什么。世界上其他地区应该也有类似的文化，只是应该都没有中国人这样尊崇。但是很可惜，那只是在过去。至于为什么会变，这其中有深刻的历史和社会原因。

关于气节，可以从一个故事开始说起。春秋战国时期的齐国发生了一次严重的饥荒，很多人由于缺粮少食而被活活饿死。一位名叫黔敖的贵族在大路旁摆了食物，等着饿肚子的穷人经过，然后施舍给他们。一天，一个饿得不成样子的人用袖子遮着脸，摇摇晃晃地走过。黔敖看到了，左手拿起食物，右手端起汤吆喝道："嘿！来吃吧！"那个饿汉抬起头轻蔑地瞪了他一眼，说道："我就是因为不吃这种'嗟来之食'才饿成这个样子的。"黔敖也觉得自己做得有点过分，便向饿汉赔礼道歉，但那饿汉还是不肯吃，最后饿死在路边。

很多年来我一直对这个历史故事念念不忘。我经常一个人仰头望着天空，想象着那个乞丐的样子。我并不觉得这个乞丐在道德上有什么优越之处。论道德，其实我更欣赏那个叫黔敖的贵族，毕竟他是施予者，是一个好人。然而古人只给我们留下这么一个瞬间，我也只能从这个瞬间去看他们。在那一瞬间，乞丐可能显得有点迂腐，我欣赏这种迂腐。它带给我一种力量，让我更有勇气做我自己。

成长中的事物总是卑微得像寒夜中的星火，需要细心维护。维护它的只能是自己，不是别人。社会是竞争者的社会，没有谁愿意一个火星在自己屋檐下飘，没有人真心希望别人比自己强。你一副孬种好欺负的样子就怨不得别人忽视你。一个胸中有大志的人一定会为自己的尊严和信仰而战斗，不会逃避！

尽管屈服能换来暂时的好处，但是从长远来看未必是好事，因为，不能独立就不可能成为真正的强者。不食嗟来之食的乞丐为了气节而饿死，成为时间的长河中一粒无名的尘埃，但还有很多和他一样有骨气的人因为自己的气节而成为了不起的大英雄。

（七）自信

自信绝对不是某种姿态而已。如果一个人有的仅仅是有自信的样子，反而永远都不会有真正意义上的自信，即便他成为全世界最有钱或者最有权的人也改变不了这种卑贱。看起来缺乏自信心的人，千万不要逼迫人家戴个“自信”的假面具。强装出来的自信是没有意义的。有时候接受自己“没自信”，反而是一种深层次的对自我价值和意义的实质上的自信。看似有，实则无。看似无，实则有。

任何思考都是建立在已有的认知体系上。我们所经历的一切都是我们思想的一部分。我们也许会忘记很多事情，但并不妨碍它对我们产生影响。很多潜意识不会自知，但始终在影响着我们的思想和行为。心理是适应生存境遇的状态。生存境遇改变了，这种心理自然会随之改变。如果脱离生存境遇，刻意打扮自己的外表，就会丧失自我，心智迷茫，举手投足都显得失措。

一个人的言行总会有意或无意地影响周围的人，这样的影响可以是消极的，也可以是积极的。自信的影响是积极的，既能给自己以力量，也能给他人带来好运。这些都是无声无息地发生的。

自信的人身上也有善意的光环：他能意识到自己的一言一行都会对别人产生影响，基于这种影响会自然产生一种责任感，会谨慎于自己的言行。与之相反，没有自信的人潜意识不会在乎自己对别人的影响，说过的话可以不当回事，做了的决定可以反悔，也会对所言所行进行诡辩，对自己的言行不负责任，对自己的错误没有一点愧疚之心。

不自信的真正害处在于总是惶恐于别人的优越，以至于不能专注于自己真正需要做的事情。在比较中消极否定，而不是在比较中积极进取。

我们大多数人缺乏的不是所谓“自信”，而是缺乏竞技精神。在竞技场，人想的是如何实实在在地赢，而不是如何让自己看起来有资格赢。

当一个人指责你“没有自信”的时候，未必是想让你有自信。恰恰相反，他可能是在压制你的自信，试图摆布你思想的一个套路。其实接受了“我必须自信”这样的意识，本身就是对人格和尊严的莫大的伤害。自信是很自然的事情，是表演不出来的。当条件具备的时候，所谓的自信自然就有了。没有哪个聪明的人会刻意“培养”所谓的自信，他根本做不到。

帮助一个人最好的方式绝对不是耳提面命，而是在不知不觉中让他趋利避害。不要用教育的语气让没有自信的人“有自信”，就算作为父母，也应该尊重孩子。居高临下地教育会让人失去神圣的精神守护，损害他人的自信。春雨润物细无声。如果真的为一个人好，绝对不会以“你要有自信”这样的方式教育他。

真正的自信来自下面几点。

（1）意志

竞争的环境中不回避挑战的意志，平庸的环境中保持热情的意志，被孤立的时候坚持自我的意志，危险的环境中不放弃生存的意志。

（2）独立

相信自己不需要帮助也可以独立生存。比如你在荒野遇到了一只凶猛的老虎，在没有更好的办法的前提下，你相信凭自己可以战胜它。只有这样的内心，才会有强大的力量。

（3）安全感

你是安全的，你是自由的。你没有罪，你所经受的苦难是偶然的，你所面对的困难是暂时的。这个世界没有鬼神，你没有受到诅咒，你有权利反抗任何压迫和奴役。你可以成为独特的自己，并且你也是一个不好惹的人物，如果有谁胆敢故意突破你的底线，你一定会让他明白。

（4）认知清醒

对自己、对他人、对环境都有清醒的认识。不逃避，不自欺，不盲目，不糊涂。

（八）勇气

勇气是人的一种内在的、原始的习性。没有人天生就充满勇气。有的人被孤立、打压，仍然坚持做着了不起的事情，并不是一生下来就能这样顽强。在他们建立起信念和责任感之前，已经从某些地方获得了足够的勇气。

有些勇气来自痛苦和绝望之中的绝地反击，有些勇气来自于关爱和鼓励，我希望人们对此能多一些了解。

有一只鸟儿我永远都不会忘记。那是一只才学会飞的雏鸟，飞过马路的时候被撞晕在汽车前面的挡风玻璃上。我把它带了回去，想等它康复以后给它找个安全的地方。它还不能飞，我不能把它丢弃在街道上，一路上我始终捧着它。

图 13　被滞留在汽车后座的鸟儿

（这只鸟儿因为被单独滞留在车后座，几小时以后因高温闷热而死。拍摄时间：2014 年夏；地点：河南洛阳。）

同行的人有亲人也有朋友，他们都在谈论这件事。我是成年人了。没有成年人会捧着一只捡来的麻雀走来走去，这可能让和我同行的人脸上无光。我不敢把它带在身边。我假装不在乎它的样子，但其实时时刻刻都在为它担心。

午餐时间到了，我不得已把它丢在汽车后座上。大概过了一小时，当我再看到它时，它已经被闷死在了气温高达50摄氏度封闭的汽车里。我呆呆地看着它的尸体，心里阵阵刺痛。

这件事并没有让我看清自己。后来发生的另一件事才让我真正思考一些问题：我心里真正的问题到底在哪里？

回家的路上要经过一片荒地，荒地中有一些卡车压出的水坑。夏天，水坑里出现了很多蝌蚪。眼看水就要被太阳晒干了，蝌蚪还拖着长长的尾巴。我不忍心看着它们就这样死去，但是经过这条路的人很多，我担心自己像个小孩子一样蹲在水边捉蝌蚪会被嘲笑，我不敢去救它们。

那天，一个朋友和我经过那里时，我咕哝着说：这些小东西好可怜呀，我真想救它们。按照以前的经验，同行的人一般会嘲笑我一番，教育我不要像个小孩子一样幼稚。但是那个朋友却很平静地说："你手里都没有容器，怎么装它们呀？"我突然间很高兴，我感觉他在鼓励我做我想做的事情。

我马上在附近找了一个矿泉水瓶，卷起袖子，用手把小蝌蚪捧到瓶子里。朋友虽然没有反对我，但是他站得远远的，背对着我，似乎不太愿意被人看到我们是一起的。我知道他在想什么，毕竟一个大人做这样的事"不合适"。虽然我很想把它们全都装在瓶子里带走，但是我不敢那么做，我只匆匆忙忙地救了一部分蝌蚪。回家以后，我把它们倒在了楼下的池塘里。看着它们在水里游来游去，我如释重负。我能做到，完全是因为我的朋友给了我勇气。

当天晚上下了一场雨，水坑里又积了很多水。几天以后，我和朋友又经过那里。水又被太阳晒干了。几百条小蝌蚪拥挤在一个巴掌大的小水坑中，甚是可怜。我内心真的很想去救它们，但是这次我不敢说。经过那里的时候，我又嘀咕："这次我也救不了你们了。"其实我是说给我朋友听的，我希望得到他的鼓励。但这一次，朋友没有回应我，于是我装着很不在乎的样子，扭头走了。

第二天傍晚，我终于受不了了，急急忙忙带着空瓶子来到那个地方。然而水坑已经干涸了。蚂蚁和苍蝇围在那群娇弱的尸体旁。那一刻，我突然明白了一件事情：我还是那么懦弱。我猛然间想到了很多事情，甚至包括自己的童年。原来我的很多焦虑、彷徨、痛苦、委屈，都是自己一手造成的。

那一天，我从两眼含泪到崩溃失声痛哭只用了几秒钟。不是因为那些蝌蚪，而是因为我自己。我发现自己无法按照自己的心愿做自己真正想做的事情。我并不否认这种约束对人有益，但对我来说更多的是痛苦，以及无法摆脱的内心的忧郁。太多的事情我真的是无能为力，而真正的原因竟然是缺乏勇气！

勇气对大多数人来说都是稀缺之物。即便一无是处的人也需要鼓励，因为单是活着就需要很多勇气了。如果一个想收获得更多，或者做更大的事情，则需要更多的勇气，这时候，及时的鼓励对他来说简直就是雪中送炭了。

一个身居高位的领导者，也需要很多勇气来果断执行决策；一个撑起家庭的丈夫，也需要很多勇气来面对困境。他们都需要勇气！有时候即使是恭维，对他们来说也是一种力量。

我们都在孤独和无助中艰难前行。勇气，大人物需要，小人物也需要，凡人皆是如此。人们并不是不知道这一点，只不过大家对好东西都比较吝啬。好话都说给有权有势的人听，留给地位比自己低或者没有利用价值的人的，都是一些不堪的言语。

一个人很难做到为竞争对手的成长和强大提供方便，正因为如此，倘若他做到了，哪怕是一句暖心的鼓励的话，也是一件了不起的事，而这才真正体现了一个人的善意。现在，就算到了而立之年我都还是很期待遇到那些能够鼓励我的人。只要能增进我的勇气，不管是真心还是假意，我都会很高兴，并尽力给予回报。作为一种善意，我也尽力去鼓励身边的每一个人。

当你不再对我有期待，我的眼睛里也不再有光了。

二、思维

三千多年前，一个叫商汤的帝王和他的大臣夏革的对话饱含诗意，又充满哲理。商汤问夏革：事物的大小、长短、异同是如何体现的？夏革举了几个例子，把商汤的疑问引到人的认知意识层面加以回答，其中之一就是“愚公移山”的故事。

“愚公移山”这个寓言里，相对于智叟而言，愚公的时间尺度很大，几乎到了一种荒诞的地步。“以天地为一朝，亿代为瞬息，忘怀以肇事，无心而为功。”智叟的时间尺度是“朝功于旦夕”，只关注于自己的一生。用现代人的话说：愚公“活在梦里”，而智叟“活在当下”。

在不同的时间尺度观念呈现出不同的思维特征。

1. 短链思维

《庄子·逍遥游》都在论述大小之别。其中所谓大小其实是很宽泛的哲学概念，也包括这里要论述的“短链思维”和“长链思维”。长链思维的特点是长远、宽广、浩瀚、深邃、迟缓，代表人物是愚公。相应的短链思维就是逻辑链条短暂、窄小、精细、浅薄、快速，代表人物是智叟。

逻辑链长，横向关联的事物就很广，纵向进行得也很深，必然导致思维迟缓。就像关二爷拿着一把上百斤的青龙偃月刀，必然不能像小李飞刀那般快速灵活是一个道理。这是我不能对短链思维进行批判的原因。短链思维和长链思维没有绝对的高下优劣之分，它们各自适合不同的生存环境。

在某些社会活动，比如竞技体育和竞技游戏中，制胜的关键在于快，在于把握当前的几分钟甚至几秒钟，这时候短链思维是很合适的。迟缓有时候是很致命的弱点。若想战胜对手，你可能不得不强制自己切换到这种短链思维。把所有的精力集中在当下，快速决策，快速行动，快速转换。在竞争激烈的环境，整体上短链思维更受用。

2. 长链思维

庄子是批判短链思维最多、最狠的哲学家，但是我认为庄子只是看到了问题，并没有解决的办法。我很喜欢庄子，绝对没有任何贬低他的意思。他拥有超越那个时代的思想洞察能力，但只能算是深刻的批判者，不是一个伟大的引路人。

苏格拉底没有庄子那样深刻的批判，可能因为他所处的环境和庄子看到的世界不一样。苏格拉底的思维链很长，长到可以为一个观点是否符合逻辑面不改色地辩论三天三夜，长到可以把整个人类的命运当成每天都要思考的问题，长到可以以牺牲自己的生命为代价去守护正义和智慧。从西方学界对苏格拉底的尊崇来看，苏格拉底无疑是一个伟大的思想开拓者。在某种程度上，他的思维影响了此后两千多年的文明史。

中国历史上从来不缺舍生取义的大英雄，但是很少有像苏格拉底这样为了真理而赴死的哲学家。苏格拉底从来没有告诉世人什么是真理，他只是用一种自寻死路的方式捍卫了哲学。他的心脏在公元前 399 年的某一天停止了跳动，但他的哲学思想如他所愿地照亮了后人前行的路。他的思考已经远远超越了他的一生，以及他所生活的那个时代，成为此后两千多年西方文明的奠基石。

1918 年，一个叫梁济的清末学者叹息道："这个世界还会变好吗？"，之后自沉积水潭，以身殉国。梁济以生命为代价质问那个时代，这本来是值得尊重的事情，然而今天的人们很难理解了。梁济当然没有办法和苏格拉底相提并论，但是他们的精神是相通的。同样用生命为代价献祭思想，一个是名垂千古的圣人，一个如今寂寂无名几乎将其忘却的人，两种文化，两种格局，截然不同。

这不是某个人的小问题，而是时代变化的问题。短视的现实主义强势，而远大的理想主义弱势，导致智叟那类人越来越多，而像愚公那样的人越来越少。作为一个整体，我们的时间尺度似乎正在变得越来越狭小。

三、理性

在一个清冷的黄昏，我独自坐在公园的长椅上。不知什么时候，我的余光觉察到旁边有个黑乎乎东西在朝我移动。那一刹那，我吓得差点就站起来逃跑。周围摇曳的树枝提醒我，不过是风在吹着树叶移动罢了。借着这一刹那的惊恐，我开始思考：被风吹动的树叶有它的意志吗？我的意志和它有什么不同？

从此以后我想了很多，大部分都无法用语言表达。为了直观地描述我所想到的问题，我用一个假设的实验演绎一下。实验的场景很简单：一个光滑得恰到好处的斜坡，一个可以放在斜坡上的箱子，一只猫和一个人。

首先，斜坡上放一个箱子。箱子会朝重力和斜坡作用力的合力方向滑动。这个箱子能运动，但和地球的自转以及围绕太阳公转一样，箱子在任意时间点的状态取决于该时间点的数学公式和物理定律，满足拉普拉斯（Pierre-Simon Laplace，1749—1827）的决定论，即可以根据数学公式和物理定律精准预测它在某个时刻的状态。

然后，斜坡上放一只猫。猫也受重力和斜坡的作用力，它的物理状态也是数学和物理定律的总和造成的事实。但和箱子不一样的是，猫的状态不能仅仅通过数学公式和物理定律预测，因为猫有自主意识。猫可以通过调整自己的身体状态沿着斜坡滑下去，或者停在斜坡上不动。它在某个时间点的状态不仅受该时间点的影响，还会受过去时间的影响。也许这就是自主意识的本质。过去的时间形成了猫的自主意识。猫的自主意识影响猫现在的行为。生命都有自主意识，反过来，一切存在自主意识的物体都可以称之为生命。如果说银河系的运动存在某种可以被我们了解的自主意识，那么可以说，银河系也是某种形式的生命。

最后，斜坡上站着一个人。和猫一样，这个人的自主意识会影响他的物理状态。人的意志也是过去时间形成的意识总和，这和猫没有什么不同。但和猫不一样的是，人的这种自主意识可以是完全独立，完全自由，完全理性的。比如，实验中的这个人不仅可以根据自己的自主意识选择静止或者运动，还可以根据他人的指示做出相应的选择，还可以根据即将飘落在地上的树叶是正面朝上还是反面朝上做出关联的反应（在古代这是人类的占卜行为）。很明显，猫不具有人类的"支配理性[①]"。

我们在一定程度上可以用食物诱导或者暴力强迫的方式让这只猫按照指示停在斜坡上或者沿着斜坡滑下来，似乎具有一定的"支配能力[②]"，但其实只是没有意义的模仿。通常情况下，我们很难支配某个时刻在斜坡上的猫是静止还是运动，但我们能轻松地通过语言交流让一个正常人做到我们想让他完成的任何事情（仅这个实验范畴）。

人类和动物的最明显的不同之处在于理性。如果说动物的精神世界是二维的，那么人类的精神世界就是三维的，其中最重要的第三个维度就是理性。理性不依赖于经验和直觉，是一种超越了自身感官局限的思考维度。有了这种支配理性，诸如苏格拉底在雅典城邦的街头探讨人生智慧，毕达哥拉斯在爱琴海边研究三角函数这样的事情才能成为可能。

（一）理性的七个要素

很多人对理性有一种误解：客观、中立就是理性。其实客观、中立只是理性的表象。换句话说，那只是理性的一个样子而已，甚至都算不上理性的构成要素。我认为理性的关键构成要素包括但不限于下面这七点。

---

① ［古罗马］奥勒留：《沉思录》，何怀宏译，北京：中央编译出版社，2008（4），第 202 页，"如果存在一种没有统治者的混乱，那么满足于你在这种动乱中自身有一种支配的理性吧。即使这动乱把你带走，让它带走可怜的肉体、可怜的呼吸和别的一切，至少理智它是带不走的。"

② 同上书，第 47 页，"事物并列在我们外面，它们不知道它们自己，不表示任何判断。那么，判断它们的是什么呢？是支配的能力。"

1. 理性思维的独立性

感性认识就像梦境一样，除了主观想看到的某样东西，其他一切都是透明的。那些主观注意到的东西会很清晰，而那些主观不感兴趣或者没有引起足够注意的东西则不会被意识到，也就是在主体的意识中不存在。在这一点上，人和动物都是一样的。但有一种行为绝对是人所特有的，就是占卜。

占卜这种行为动物完全不会，也完全无法理解。虽然占卜的内容在设定之内，但占卜的器物在身体之外。占卜是完全独立于感官之外的行为。

人类的意识中有“这个世界上存在我们不了解的事物”这种基础意识，也就是我们前面讨论过的——反思行为的意识基础。有这种意识，才会有占卜这种行为。你睁大眼睛亲眼看见道具从魔术师手里消失，这种“消失的感觉”即便再真实也不是理性。你根据物质守恒定律，闭着眼睛认为“道具不可能凭空消失”，这才是理性。如果没有这种超越自身感官认知的思维，人类也无法超越自身的认知局限。

并不是占卜这种行为帮助了人类发育，而是人类思维的独立性体现在了占卜这种行为上。在几万年以前，当人类第一次通过掉落在地上的石子或者飘落的树叶做出决策的那一刻，人类就彻底不同于其他动物了。

你也许会说，占卜是一种迷信，不科学。没错，在今天看来占卜的确是一种迷信，但是占卜的确是理性的，并且是一种最原始、最纯粹的理性。我认为唯一能和它相提并论的理性是抛硬币。理性不一定是科学的，甚至理性不一定是正确的，理性在于它的独立性。哲学的本质也不过如此。只不过，在文明发展到一定高度以后，哲学代替了占卜的作用和地位，而占卜成为过时的东西。

假设在遥远的上古时代，有一队人类祖先迁徙到了一条河边。面对湍急的河流，以及对未知的恐惧，要不要迁徙到河对面呢？动物迁徙到这里都折返回去了。面对同样的未知，面对同样的恐惧，人类族群里的“萨满巫师”宣布：过去。因为他的占卜显示必须过去。于是整个部落想尽各种办法过去。也许人类就是这样迁徙到地球的各个角落的。

到了 21 世纪的今天，我们还是面对同样的问题。如何发展核能？如何探索宇宙？和我们的祖先一样，我们今天还是要面对同样的未知和恐惧。我们从来没有看到过外星人，但是我们知道，在宇宙的某处可能存在和我们类似的智慧生命。

通常我们以为理性思维都是精确、确定、稳定、现实、实际的。每当有人提起“理性”两个字的时候，还会或多或少带着知识分子的优越感，但理性思维最大的意义并不在于此。人类因为理性才强大起来，但理性不会告诉我们什么是对的，什么是错的。那些觉得自己的观点看起来更理性，所以看起来更正确的想法可能贻笑大方。

2. 理性思维的抽象性

在人们看不到的角落里，这个世界每天都有奇怪的事情发生。你能找到喜欢吃土豆的人，一定就能找到不喜欢吃土豆的人。你能发现遵守规则的人，一定就能找到破坏规则的人。但世界不会因为有人不喜欢吃土豆而改变，也不会因为有人破坏规则而轻易改变。

经历了足够多的事情就可以进行一番总结，然后形成自己的认知，这其实很容易做到，连动物都有类似的能力，甚至可能比人类做得更好，比如在荒野中动物可能比任何野外求生专家都能更快地找到水源。动物的某种行为得到奖励就会持续做某些事情，当它们做某些行为受到惩罚就会立即停止。但是，动物的思维无法抽象，无法建立对这个世界的抽象认识。只有抽象的认知才能穿透表象，揭示本质。所以“毕达哥拉斯定理”是理性的，“红色的蘑菇有剧毒”则不是。

中国历来就有所谓夜观天象而知吉凶的传说。虽然说夜观天象这种行为涉嫌迷信，但是，如果你把它看成一种向上抽象的思维就不一样了。就像暴风雨来临之前会刮大风一样，世界发生巨变之前总是有各种征兆。这些征兆不同于那些偶然发生的奇奇怪怪的事情。区别局限内和局限外、偶然和必然，才能从千奇百怪的现象中提取出客观规律。

一个人从出生到死亡都始终局限在某个固定的文化圈，不会知道世界有多大，也没有必要知道世界究竟有多大。一条活在米缸里的虫子觉得食物是这个世界最不缺的东西。它的感觉是对的，但是它的观点是错误的。非理性的观点不能穿透表象到达本质。一个人只是一个人而已，不同的人是不同的，但真理不会因为人的不同而不同。抽象思维需要跳出自我的局限，在更高的维度上进行思考和探索。

据说古希腊哲学家泰勒斯在抬头观察星空的时候不慎掉入井中。身边的仆人看到后，嘲笑他急于知道天上的事情，以至于看不见脚下的东西。仆人的嘲笑很现实。当视野上升到更大的世界，人与人之间的不同就显得不是那么重要了。取而代之的是人的共性，呈现的是宏大的规律。表面上哲学家仰头看天上的星辰，其实哲学家想看的是可以改变世界的规律。

当我们低头看脚下的路的时候，视野是下沉的。这时候我们看到的都是人与人之间的差别，想到的始终是人上人下、输赢得失。相比之下，哲学家在现实中确实容易“栽跟斗”。甚至在某些人眼里，哲学家往往都比较幼稚，但是历史发展的足迹表明，人类文明的进步仰仗的正是这些仰望星空的人。

这里容易产生误解，可以说这种误解已经存在很久了。有些人觉得似乎“仰望星空”就是站在高处，以一种人上人的姿态做的事，实际上那是“俯视天下”。建立在权利和地位之上的所谓格局是无法抽象的。古今中外，很多知识分子都是这样。潜意识里把自己当成帝王或者帝王身边的大臣之类的管理者，其实自己只是底层的被管理者。张口闭口都在苦口婆心地“教导”统治者怎么想，怎么看，怎么管理下面的人。眼里根本没有普通人。自己处于什么位置？自己怎么想的？自己怎么做的？自己怎么面对这个世界？绝口不提。尤其是古时候的一些典籍，基本都是这样。沉迷古代典籍的人很容易不知不觉沾染上这样的思维习性。

3. 理性思维的系统性

从算术乘法表到微积分，从苹果落地到量子力学，从屋檐下的雨滴到全球气候的变化，从一粒种子发芽到地球生态系统的变迁，从婴儿的出生到生命的起源，从一颗陨石坠落到整个宇宙的起源与发展，我称这些有起点而没有终点的事物集合叫“体系”。它浩瀚无边，没有起点，也没有尽头。从穷小子变成富豪，从小孩成长为科学家，从呱呱坠地的婴儿到白发苍苍的老人，这些事情虽然也具有挑战性，但不是体系。

系统思维是人的意志深入广域体系的计划表，这个计划表同广域体系一样没有终点。真正引导文明向前发展的是我们对广域体系的思考以及这种系统性思维下的探索活动。生命有终点，但是生命的传承没有终点，几千年以后还会有人类生活在这个星球上，继续在广阔的系统中孜孜不倦地探索。

一个人对未来不能没有设想。哪怕是错误的设想，也比没有任何设想要好！即便所谓设想是完美的，结果也未必是好的。归根结底，真正重要的是：要有长远的探索欲。探索欲是人生前行的指南针，给我们一个定位自己的依据。我们明知道形而上学不靠谱，可还是会对各种形而上学问题苦思冥想，就是这个原因。

夜空中的北极星并没有指向任何地方，但因为它足够高、足够远、足够亮，所以能为迷途的人导航。这就是先辈教导我们的：要志存高远。

对未来的渴望是生命繁衍下去的重要支撑。人的一生就是计划的一生，没有计划我们什么都不是。计划表的结构直接反映了人类的很多东西，包括智力、品行、道德、人格，等等。

小孩子没有系统的计划不利于成长，精神不够敏锐，注意力不集中，人格发育不健全，潜能挖掘不充分，没有自控能力。年轻人没有系统计划容易变迟钝，思想颓废，而过剩的精力或会转变为家庭矛盾、家族矛盾或者导致婚姻破裂。老人没有计划大脑会萎缩，削弱坚强活下去的意志、免疫力下降、疾病缠身、早亡。一个民族没有计划会民心涣散，道德沦丧，社会风气败坏，没有创造力，社会秩序崩塌。

每天都有自己基于广域体系的计划，并且这样的计划应该是自发的而不是被逼迫的，这样的生活才会有意义。一个人始终将自己的意志贯注在广域体系中，而不是局限在任何狭隘的认知体系中，这样的人生才有意义。

4. 理性思维的完整性

高智商的人类的思考活动具有完整性，而动物的思考活动不具备这种完整性。

从目前所掌握的材料来看，思维借助于语言这一点是无疑的。所以对这种“完整性”的理解还要从语言说起。所有的词汇都是相互关联的。如果把这些词汇归纳起来，按照一定的逻辑关系汇聚到一张纸上，应该会呈现出一个“树状结构”。越靠近“树根”的词汇越抽象，比如人们常说的幸福；越靠近“枝叶”的词汇越具体，比如食物。当人们运用语言思考问题的时候，会频繁地引用一些抽象词汇。这些抽象的词汇看起来简单，其实包含了很多具体的东西。这些东西相互联系，难以分割。

完整性就是人们有意或无意地把各种具体的事物综合起来的思考能力。总的来说人类的思考都具有“完整性”，而且人与人之间在这种“完整性”上也会有差异。有些人的“思维完整性”很好，有些人则不然。

当我们被一个问题纠缠的时候，“不太完整的思维”往往被困于解决当前问题的具体方法上。“完整的思维”会关注问题的来源、背景、性质、横向关联、纵向关联、角度、视野、不确定因素、关联对象、影响范围、发展趋势等这些东西。后者更容易表现出严谨、准确、全面、稳妥、符合客观规律、有分寸和有责任感的行为。

5. 理性思维的连续性

某些偷盗行为的初衷不一定是偷窃，最开始可能只是想看一下，为了看得更清楚而靠近一点。因为喜欢，所以伸手摸一下。没有其他人在现场，于是拿在手里仔细观赏。还是没有人出现，犹豫了一下，把它带离原地。确定没人发现，于是把它揣在自己的口袋里离开（注意，这时的他还不是一个盗者，因为他还想着还回去）。占有了一段时间，既然都装在自己口袋里了，懒得还回去，或者“忘记”还回去，于是继续占有。直到发现没有什么风险，干脆声称是自己的。从每个细节来看甚至没法把他定义为一个盗贼，但是从整个事件来看他的确是干了偷盗的事情。

通过这个虚拟的事件我们可以发现，人的行为可能是一些自觉或不自觉的意识的连锁反应。从细处往往看不到问题的本质，而从整体或者从宏观上来分析却能看到清晰的脉络。如果不是误会，不管他本人是否认同，那个从远处看到的他才是他自己。他发自内心地不认为自己是小偷，但客观地说，他的的确确就是小偷。

（1）连贯的思维才能表现出理性

前面所说的这个例子中的人虽然起初没有偷盗的概念，但他对这件东西的占有欲是从未间断的。没有对那件东西的驻足留恋，就没有可能去触碰它。没有把它捧在手里的行为，就不会有后面的一切。某些东西一旦产生就不会消失，人类所有伟大的灵光乍现都是它的产物。连贯思维在心理上实际就是欲望、动机或者说兴趣，它天然就是连续的。当这种连续性受到破坏，人的行为就会表现出非理性。不合理的教育还在不断肢解和破坏这种天然的连续性，人们变得越来越急躁、浅薄、脆弱和暴虐。

（2）逻辑连续的信息才能形成知识

所有的认知都是建立在已有的认知上，而一切的认知都会引起更多的推理和猜想。知识一环扣一环，点与点连成线，线与线连成面，无数的面构成了我们对这个世界理性的认知。有人说现代社会是知识爆炸的时代，我认为信息不等于知识。这个时代充其量只是信息爆炸的时代，我们离知识爆炸的时代还很遥远。我甚至悲观地认为，相比以前我们的知识并没有增加，反而伴随着垃圾信息的爆炸而衰退。

我经常做这样一个梦：梦里我始终是一个小孩。我被人扔到了一个陌生的地方。我不知道他们要做什么，也不知道自己在做什么。我只是跟着前面的人一起走，走着，走着，不知不觉就剩下我一个人。不知不觉到了峡谷。峡谷里有一条流淌的河。河滩边有很多贝壳，我一边捡着贝壳，一边往峡谷深处走去。这时候峡谷中突然暴发洪水。我惊恐地往高处爬。两边的岸太陡，我只能眼睁睁地看见自己洪水淹没……

梦里我始终是一个小孩，仿佛我的灵魂始终被困在了某个地方。那种“不知道自己要做什么，也不知道自己在做什么”的困惑让我的情绪至今久久不能平静。我是谁？我在哪里？我在做什么？当这些问题变得越来越尖锐的时候，说明灵魂已经破碎，已经离理性越来越遥远。

6. 理性思维的拓展性

感性认识是基于个体的，最多只能在不同的个体之间发生共鸣，但不可能无限推广。$E=MC^2$ 可以推广到整个宇宙，而“辣条很好吃”这样的感性认识不能推广到所有人。我们永远看不到的东西，会被认为不存在。仅凭感性认识不可能突破这种局限。如果没有引入数学方程式，人类不可能认识到电磁波这种东西的存在，因为人的生理构造决定了其无法凭借感官直接感受到电磁波。

人类的思维中存在两种信息的存储结构：一种是目录结构；另一种是时间序列结构。目录结构就是像字典一样，在这个系统里，我们可以按照事物属性的层次检索到任何事物。目录是抽象的，具体的形态分门别类存储在字典的正文里面。在这个结构里，一切事物都可以进行分门别类。而时间序列结构就像生命进化的历程一样，时间是一切事物的索引。我们可以沿着这个时间轴检索到所有物质的形态。在这个结构里时间是一切的支撑，一切都有先后顺序。

思维的拓展性，就是思维在逻辑分布上的可扩展，在时间分布上可迭代发展。

（1）逻辑拓展

逻辑延展性是一个理论的发现，可以为更深的理论提供实践基础。它本身可能是不完美的，但它一定可以被不断研究和完善。如果一个理论自身形成了一个封闭的循环，这个理论就没有什么延展性可言。比如中国人的阴阳五行说，逻辑延展性就特别差。在两千多年的漫长的封建王朝里，我们的行为和记录的信息在逻辑分布上没有任何层次结构可言。一切都可以用阴阳学说解释，一句话概括天地万物，什么都解释了，其实什么也没解释清楚。

（2）迭代拓展

时间迭代性使后人可以继承前人的成果，同时后人能在已有的成果上有更大的进步。就像电子产品一样，越到后面的版本，成本越低而性能越高。小学的知识为中学打下基础，中学的知识为大学打下基础，如此往前迭代发展。中国人对文化的独特理解存在限制这种迭代。人们普遍更倾向于模仿和学习前人。前人一句话断定是非对错，后人反复对这句话进行解读。很多中国古代的发明都很先进，可惜迭代性很差，这导致它只能停留在这样的高度上，难以有更大的进步。

我们也许会觉得欧洲是被少数天才改变的，其实，真正带来这种改变的力量不是少数聪明人，而是文化。科学的发展需要的不是几个月、几年的发展而几十年、几百年持续不断的发展，需要的不是几个天才的努力，而是很多人持续不断的努力。如此大的跨度，需要知识的共享、传承，以及跨时代、跨区域的协作。

早在公元前，古希腊学者就意识到地球是球形的了，并且能够根据月亮的周期和月食现象，运用几何原理估算出了地球到太阳的距离（相对于地球半径），这一估算的精度自从古希腊时期起便不断改善，但离精确的测量还有距离，直到18世纪一个人的出现，他就是埃德蒙顿·哈雷（Edmond Halley），欧洲启蒙运动的先驱之一，也是他首次正确地预言了哈雷彗星的回归时间。

1716年，哈雷在英国皇家科学院哲学学报发表著名论文，提出通过金星凌日来确定地球到太阳的距离，并向后辈大声疾呼，务必抓住1761年和1769年金星凌日良机（金星凌日以两次凌日为一组，间隔8年，两组之间的间隔有100多年。最近几次分别是：18世纪的1761年和1769年，19世纪的1874年和1882年，21世纪的2004年和2012年，22世纪的2117年和2125年）。当地球，金星和太阳之间连成恰当的角度关系时，就会发生金星凌日现象，金星要花费将近6个小时才能缓慢地穿过日面。通过设立在全球不同地点的观测站精确地测量金星通过日面的时刻，便可以利用三角法计算出金星到太阳的距离。而有了这一组数据，利用开普勒行星运动定律便可以计算出一直到土星的各大行星轨道。1742年哈雷撒手人寰，全世界科学家遵照他的遗训，如期展开波澜壮阔，可歌可泣的金星凌日观测总动员。英国、法国、俄国、德国、荷兰、瑞士、丹麦、葡萄牙、意大利等国天文学家百余人，在全球设立了几十个观测点。俄国女皇叶卡捷琳娜为了观看金星凌日曾通宵不眠。英国国王乔治三世早早到天文台翘首以待。北美费城天文学家里滕豪斯在金星即将接触日轮的瞬间竟然激动得当场晕厥。曾经亲自选定观测金星凌日的法国数学家拉朗德和诸多同辈，用哈雷和德利勒创建的方法，对这些数据进行系统归纳和精密计算，计算出了太阳到地球的距离，让人类的天文学知识迈出了伟大一步，从此开始了科学国际合作的大科学时代。

18世纪的两次（1761年的130处观察数据，1769年的154处观察数据）金星凌日的观察行动，以牺牲了一批先驱为代价，造就了一大批伟大的航海家，探险家和科学家。那些被派到偏远蛮荒地区的科学家则几乎是用生命才换来了宝贵的天文观测数据。

法国天文台长卡西尼的弟子让蒂尔为了在有生之年能抓住最后一次观察金星凌日的机会，独自留在荒凉的异乡等待8年之久，等他回到家乡的时候已经妻离子散，人财两空。天文学家巴蒂斯特·沙普·达奥特罗什（Jean-Baptiste ChappeD’Auteroche）为了不延误观测，宁愿冒险待在瘟疫暴发的地区，直接导致自己和大部分手下死于瘟疫，他临终前在病床上说：生命即将结束，但我因完成使命而感到幸福[①]。

① 纪录片《播火录·科学远征》，北京出版集团出品，武汉电视台《科技之光》栏目组摄制。

7. 理性思维的批判性

一切皆可批判，包括批判思维本身。自称有“批判思维”的人很可能并不会运用批判思维，就像懂得了法律未必会遵守法律一样，而不知“批判思维”为何物的人可能一直都在运用批判思维。所以，我认为研究批判思维的形式意义不大，关键是理念是否符合批判精神的逻辑。

（1）当我们批判什么的时候，不是站在被批判对象立场的对立面

这句话有两层含义：欲批判的时候，不要站在批判对象的对立面；已有的批判，不是站在批判对象的对立面。其实真正对立的东西根本不值得批判。苍蝇和蚊子有什么好批判的呢？一巴掌拍过去就行了。我们咒骂老鼠的时候恨不得一脚踩死，而当我们咒骂自家猫狗的时候，其实从来没有想过要抛弃它。批判是善意的，至少并非恶意。某些人会借着批判思维的名义来攻击他人，这不是批判，哪怕他说的是完全正确的。竞争对手之间的相互揭发与批判精神毫无关系，接受来自敌人的批判无异于用身体迎接子弹。

（2）当我们批判什么的时候，不需要居于被批判的对象之上

每个人都可以站在自己的立场对所看到的东西进行批判，不管这个人多渺小、多无知，都有这种权利。但是，这种批判通常应该仅仅是他自己的立场、意志，不应该超越自己的本分。如果你觉得皮蛋很难吃，这没什么问题，但是不能忽略这个观点的主语“我”。语言中如果没有限定这个立场，相当于从另一种高度来加以批判，性质完全不一样。

（3）当我们批判什么的时候，需要基于确定的观点和立场

抬杠纯粹的为了反对而反对，但批判思维是表达一个与已有观点不同的完整的观点，有论据，有论证，有结论。抬杠和批判唯一不同在于，后者有明确的立场，以及相对独立的观点。一个有批判精神的人可能委婉，也可能激进，可能正确，也可能不正确，但这立场始终都很明确。

（二）思辨的层次

思考让人感到困惑，困惑在进一步的思辨中明朗。思考让人发现自己的弱点，弱点在进一步的思辨中被克服。思考让人显得愚蠢，愚蠢在进一步的思辨中变成智慧。思考让人显得自卑，自卑在进一步的思辨后变成自信。思考过去的时候感到痛苦，痛苦在进一步的思辨中得以解脱。

思考不等于思辨，但思考到一定程度必然存在思辨。思辨需要充分的正反辩证，不同立场的观点在对抗的过程中综合权衡。没有思辨，就不会有真正的是非，也不会有真正的善恶。

深秋的傍晚，很多人在长江边玩。有的捡鹅卵石，有的堆沙子，有的戏水，非常热闹。大概受到惊吓，江边的蒿草丛中突然蹿出一条小蛇，试图游到对岸的树林里躲避。它的大半个身体沉在水里，脑袋冒出水面。由于长江水面太宽，水流太急，又或许是水太冷，它游了十多米又倒回来。它一边躲避着人群，一边急切地想上岸。岸边有人发出刺耳的尖叫。那尖叫声听上去不是害怕，而是兴奋，仿佛饥饿的原始人发现了兔子。

人们纷纷捡起石块追着砸那条蛇。那是一条很小的蛇。本地品种，无毒。主要以老鼠和青蛙为食，对人类根本没有威胁。密集的石块向小蛇飞去，它在冰冷刺骨的江水中沉浮，越来越疲惫，越来越没有力气逃走。与此同时，岸边聚集的人越来越多。人们呼喊着，争先恐后地举起“正义的石头”，直到那小小的身体终于停止了挣扎，它死了。火红的夕阳映照下，千疮百孔的身体随着水流缓缓飘走。一个小生命遭到如此残忍地对待，仅仅因为它是一条丑陋的蛇。

缺乏正义的思辨能力的群体不断会有人因为“不合群”遭受残忍的打压和迫害，也不断会有人因为“丑”而遭受暴力。在这样的群体中，人人都可能是那条悲惨死去的小蛇。人的命运只取决于潮流。一种潮流中的胜利者早晚会沦为另外一种潮流的受害者。

一个人的思辨能力尚且需要很多年才能培养起来，一个民族的思辨能力可能需要几十年，甚至几百年才能形成，而这中间需要经历的曲折实在难以想象。

1. 真理的思辨

“无规矩，不成方圆”，据说这句话最早出自战国时代的《孟子・离娄上》：“离娄之明，公输子之巧，不以规矩，不能成方圆。”意思是：“像从前离娄那样精明的眼睛，公输般那样的巧匠，不凭规和矩，也画不成方和圆”。

多数人理解的规矩其实就是条条框框，具体而言就是能做什么，不能做什么。不能说这样理解不对，但有很大的局限。原本这个世界上没有任何一句话是错误的，只有人们使用的方式和场景才会存在问题。木匠师傅对自己的徒弟这样说是很自然的事。但是，这句话的场景稍微扩大，就会显得不合适。

图 14　女娲伏羲图
（来源于东汉画像石。）

中国神话中的创世神女娲和伏羲手里拿着的恰好也是圆规和矩形尺。我认为女娲和伏羲手中拿着的东西和其他人们理解的“规矩”有着完全不同的意义。

如果说女娲和伏羲手里拿着的东西代表所谓的“规矩”，那么其实他们不如举着一本《论语》。但如果真这样，创世神就显得掉价了。我的意思不是《论语》不好，只是它不能和圆规和矩形尺所能代表的东西相提并论。因为，圆规和矩形尺实际象征着至高无上的真理！

圆规和巨形尺随处可见，但它们的意义不在于它们本身。这就像我们持有的各种各样的观点，真理在于这些观点，但真理并不是观点本身。换句话说：没有什么观点能被称为真理。如果说有什么可以被姑且称之为真理，我想应该是谬误不断修正的过程。谬误恰恰是通往真理的必经之路。大哲学家维特根斯坦曾说过：“要是人们某些时候没有做蠢事，那就不会做成聪明的事情。”

植物朝向阳光生长，生命才能得以延续。只要不断向真理的方向探索，当初的谬误也会逐渐成为近似的真理，比如哥白尼的日心说。但是，如果谬误背离了真理的方向，那么谬误一定会引导我们坠入深渊。

真理无穷无尽，谬误也无穷无尽。歪理邪说的基础上会衍生出更多的歪理邪说，这些道理只会让人的思想越来越迷茫，越来越萎靡，直至精疲力竭。

如果思想不能向真理探索，知识就无法突破更强大的规律。如果知识无法突破强大的规律，历史就不可能真正前进。就算我们把四书五经、二十四史背得滚瓜烂熟，也注定成就不了第二个韦伯。就算我们熟练掌握了一亿以内任意数字的加减乘除，也未必能悟出微积分。就算我们把牛顿定律运用到极致，人类的宇宙飞船还是飞不出肉眼可见的银河系。

女娲和伏羲手中的圆规和尺子就像是圣人的手指一样，始终指向更高的智慧。有人看得到，有人看不到。方向是什么？生存，或者死亡，两者皆有可能。

2. 主次的思辨

树叶枯萎了，随风而逝；瓶子漏了，水在往外滴。失去心爱之物，让人扼腕叹息；人生迷途，俯仰之间已是沧海桑田。深宅里甚嚣尘上，众人尔虞我诈；高墙外寒风凛冽，独自远行的人在风雨中日渐强大。繁华的后宫吵吵闹闹，王公贵族钩心斗角；遥远的世界思想沸腾，未来王国正在崛起……

世界纷纷扰扰，我们都明白应该把握住最重要的东西，但我们却很难确定什么是真正重要的。

人们嘴巴上都说要优先把握主要的，但落到实处往往完全不一样。花开自然会凋谢，衰老必然会死亡。客观规律不能违抗只能顺应，大家都明白这个道理。顺应客观规律不是人类这种生物特有的智慧，问题在于，对于所谓的客观规律，不是“要”与“不要”的选择问题，而是“是”与“不是”的判断问题。当我们因为不重要的东西耽误了重要的事情，首先应该反省的不是自己一时的选择，而是自己一贯的思想。

（1）基础与扩展

扩展的东西可以争取，但不能影响事物的根基。人生第一要务是生存。写作、画画、唱歌、旅游之类都是能保障自己生存之后才做的事。所谓生存，远不是吃饱喝足那么简单。如果抛弃责任，丢下尊严，阉割了欲望，只是为了单纯地维持生理上的运转其实并不难，但这样的人生是没有意义的。社会上无依无靠又没有劳动能力的流浪汉都可以活下去，但难有自己的尊严。生存可能意味着做一些自己不感兴趣的事情，可能是责任和义务，也可能是无奈被剥削，这不可避免，有些事情我们必须做。

（2）主体与细节

细节也许可以决定成败，但前提是主体足够牢固。很多错误不是因为不重视细节，而是把太多的注意力集中在细节上却忽略了主体。在很多情况下，有意识地忽略一些细节才能把握好整体。处理细节的技巧在主体之上才有用，主次都分不清楚的人很难把事情处理得很好。

不忽略细节，但也不能沉溺于细节。沉溺它不如忘掉它！我们刚接触一门新学科的时候，有很多问题都没有搞清楚，但善于学习的人不会在这些细枝末节的问题上纠结太久。面对同样的事情，面对同样多的问题，有些人就是表现得更为出色，这可能是原因之一。学习效率高不只是因为解决单个问题的能力强，还包括把握好一系列问题的主次。

细节有时候也许会决定成败，但是成败的根本原因并不是细节的好坏。法律是从主体到细节一点点逐步构建起来的。所有细节都是主体的衍生。主体有瑕疵，所有作为衍生的细节都会有问题。谈细节而不谈主体或者看细节而不看主体，没有任何意义。任何制度也都是这个道理。脱离了公平和正义的主体，一切仁义道德和规矩都毫无意义。

（3）根本利益与额外收益

额外收益可以图谋，但无法代替根本利益。贪小便宜容易吃大亏，这是金玉良言。其实不需要很贪心，往往一点点图谋就会让自己不知不觉失去很重要的东西。这样的历史故事有很多，生活中的教训也随处可见。再多的典故，再多的教训都没有多大用处。因为问题的关键是：分不清主次。很多不幸发生的根本原因都是贪欲造成的。在感情上贪小便宜，往往导致人一辈子都不幸福。

（4）完整与完美

完美是一种追求，而完整是一种责任。想象中的事情总是很完美。苛求完美最后多半都是既不完美也不完整。上班要迟到了，有没有因为难为情而幻想过公交车坏了而免受处罚？考试考差了，有没有因为羞愧而幻想过学校地震了？一次恋爱都没谈过就梦想着驾着七彩祥云的齐天大圣或者骑着白马戴着王冠迎娶自己的英俊王子？这些并不好笑，即使一闪念之间也可能预示着思想存在某些问题：连完整都做不到就开始追求完美。

发育成熟过程中，我们形成一系列规则作为自我评估和自我引导的基础。这些规则也形成了我们的设定的行动计划、期望、标准的基础。因而，一个具有类似“我们必须做得非常完善”的妇女，可能持续性地以评价自我行为，以达到某一特定目标时自我赞许，而有瑕疵时自我批评。因为这一规则是僵化的，她不可能采用一种更为实、灵活的规则，如“最重要的是把工作完成，即使它不够完美”[①]。

3. 利弊的思辨

我们经常说某样东西也有好的一面。其实某些所谓好的一面可能不是真的“好”，而是我们适应的结果。我们为自己的适应能力自豪，但如果适应的根本就是不好的东西，恰恰害了自己。这类似于：土匪头子想霸占你，而你选择当压寨夫人来解决这个麻烦。

地震以后，营救人员会很谨慎地翻动废墟，因为下面可能还有幸存者。幸存者之所以能幸存可能恰恰是因为卡在身旁的某块石头之间。从某种程度上说，这块石头可能救了他的命，但问题是，这些石头相互交错，相互支撑，如果说这石头救了他，那为什么不说整个倒塌的废墟救了他呢？这显然是荒谬的。

谁不会权衡利弊呢？每个人都有精打细算的时候，但不是每个人都会理性思辨。比如你现在所依赖的，有些可能并不是你应该有的。只有当你能放下某些依赖的时候，你才能看清自己。

4. 是非的思辨

分辨是非是很重要的能力，不过人们对于伦理是非的判断多多少少总会有一些问题。太过纠缠小是小非容易把简单的问题复杂化，造成很多麻烦。一些人能够看到这样的问题，但这些人又往往因为错误的理解了“没有绝对的是非”而是非不分。

作为一个领导者，能分辨“大是大非”则是绝对必需的能力。苏格拉底认为：辨别是非的能力存在于人的理性中，而不存在于社会中。意思是，

① ［美］Aaron T.Beck, Arthur Freeman, Denise D.Davis 等：《人格障碍的认知治疗》，翟书涛等译，北京：中国轻工业出版社，2004（10），第 20 页。

社会中流传甚广的是非并不一定是正确的，真正的对错应该是运用自己的理性思维去判断。关于是非的思辨逻辑，我所能想到的有下面几点。

（1）是非只能在有基本共识的前提下才能得以分明

任何事情都要在达成某些共识的情况下才能分辨是非。我们可以通过打官司解决纠纷，根本原因是我们都认可并遵守法律。人是受约束的社会化生物，因为有约束，人与人之间才有可能讲道理。你不可能跟不受道德约束的人讲明白是非，就像你不能和动物讲明白是非一样。

秋天，河水上涨，百川汇入黄河，水流汹涌澎湃，不辨牛马。管理黄河的河神顺水而下，看着他的地域之广阔，禁不住得意，心想天下最美的景色都在自己眼底了。

等河神漂流到北海的入海口，突然看到浩瀚无边的大海，忍不住感叹道："自以为懂很多道理，总觉得没有人比得上自己，说的就是我这种人吧。我曾经批评那些小看孔子的博学、轻视伯夷侠义的人狂妄，现在想想，我比他们又能好到哪里去呢？若不是亲眼看到你的浩瀚无边，我恐怕还在因为自以为是而被世人取笑呢！"说完惭愧地低下了头。

管理北海的海神听到河神的感叹后说："我没法和水井中的鱼谈论大海，因为它有空间的局限。我没法和夏天的虫子谈论冰雪，因为它有时间的局限。我也没法和乡下的书生谈论大道理，因为他有礼教的束缚。通过你刚才这番话看来，我们可以坐而论道了。"①

---

①《庄子·外篇·秋水》，原文：秋水时至，百川灌河；泾流之大，两涘渚崖之间，不辩牛马。于是焉河伯欣然自喜，以天下之美为尽在己。顺流而东行，至于北海，东面而视，不见水端。于是焉河伯始旋其面目，望洋向若而叹曰："野语有之曰：'闻道百，以为莫己若者。'我之谓也。且夫我尝闻少仲尼之闻，而轻伯夷之义者，始吾弗信，今我睹子之难穷也，吾非至于子之门则殆矣。吾长见笑于大方之家。"北海若曰："井鼃不可以语于海者，拘于虚也；夏虫不可以语于冰者，笃于时也；曲士不可以语于道者，束于教也。今尔出于崖涘，观于大海，乃知尔丑，尔将可与语大理矣。"

（2）是非不存在于对立的立场之间

一个猎人，一个猎物，你让他们争辩猎人该不该打猎，这怎么辩？没法辩的。作为你来说，当然是你认为重要的就重要，你认为不重要的就不重要；你认为对的就对，你认为不对的就是错的，但是那只是你的立场。当你的利益得到满足的时候，别人的利益往往会受损，反过来也是一样。两个对立的立场之间根本就没有是与非。一旦出现这种矛盾，人类的解决办法是大家都退到一个更高的立场，从而避免对立。如果没有退路，那就只能用拳头来解决问题了。

（3）是非不能在单个立场中产生

善恶是相对的，你可以去辨明什么是善、什么是恶，可以辨明什么是真善、什么是伪善，但你无法辨明恶人该不该作恶，好人该不该行善。既然本来就是一个恶人，难道你指望他去伸张正义吗？

想想这样一个场景：记者义正词严地指责劫匪："你这样做'对'吗？"假设劫匪恰好是个哲学家。他认真思考这个问题后，回答："对"。被抢劫的人接下来自然就要质问他："你凭什么对了？"劫匪会说："就凭我是劫匪。"其实劫匪的回答没有毛病。因为他是劫匪，他做了劫匪应该做的事情。反过来，记者的质问有什么意义呢？

> 用自然的常理来看，万物本没有贵贱的区别。从万物自身来看，各自为贵而又以他物为贱。拿世俗的观点来看，贵贱不在于事物自身。按照物与物之间的差别来看，顺着事物大的一面去观察便会认为物体是大的，那么万物就没有什么不是大的；顺着事物小的一面去观察便会认为物体是小的，那么万物没有什么不是小的；知晓天地虽大比起更大的东西来也如小小的米粒，知晓毫毛之末虽小比起更小的东西来也如高大的山丘，而万物的差别和数量也就看得很清楚了。依照事物的功用来看，顺着物体所具有的一面去观察便会认为具有了这样的功能，那么万物就没有什么不具有这样的功能；顺着物体所不具有的一面

去观察便会认为不具有这样的功能，那么万物就没有什么具有了这样的功能；可知东与西的方向对立相反却又不可以相互缺少，而事物的功用与本分便得以确定。从人们对事物的趋向来看，顺着事物肯定的一面去观察便会认为是对的，那么万物没有什么不是对的；顺着事物否定的一面去观察便会认为是不对的，那么万物没有什么不是错的。①

（4）是非的伦理意义依赖于客观环境

现在大家认为对或错的事情，只是在当前这种条件下而言。从更长远的未来来看，到底什么是对？什么是错？往往不宜过早下定论。有的时间跨度太长，有的空间跨度太大，这时候我们辨不清是非。

社会在发展，时代在变迁，所谓“正确”的东西，大多是时代的产物。现在是错误的事情，以后可能就不一样了。明辨是非并不是纠缠于小是小非，而是理性地看待事物。

5. 善恶的思辨

善良的人宁愿伤害自己也不会伤害别人，而恶人为了满足自己的欲望可以不择手段。孩子可能分不清善恶，但是在善恶的根本问题上，“善恶有别”的意识是没有问题的。张口就用“小孩”的称呼蔑称他人的善恶观非常不妥。小孩子不需要有成年人那样的善恶观，那只是因为小孩没有真正的社会关系。有了社会关系才会真正理解善与恶，才会有善恶思辨的基础。

电视里的坏人总是在剧情的结尾把自己做过的坏事都说出来，关键时候被带着正义光环的主角反杀。然而现实中，坏人永远不会主动承认自己

---

① 《庄子·外篇·秋水》，原文：以道观之，物无贵贱；以物观之，自贵而相贱；以俗观之，贵贱不在己。以差观之，因其所大而大之，则万物莫不大；因其所小而小之，则万物莫不小。知天地之为稊米也，知毫末之为丘山也，则差数睹矣。以功观之，因其所有而有之，则万物莫不有；因其所无而无之，则万物莫不无。知东西之相反而不可以相无，则功分定矣。以趣观之，因其所然而然之，则万物莫不然；因其所非而非之，则万物莫不非。

做过坏事。与其最后把做过的坏事全都说出来，他们更愿意让真相永远沉入黑暗。如果没有人揭露真相，这个世界也许永远不会有真相。

恶人不会做蠢事暴露自己的恶，他们只会做聪明的事让自己看起来更像好人。况且所谓的恶人往往并非我们所想象的那般模样。不仅仅是五官，包括精神状态，以及行为习惯，无论从哪方面来看，可能都不像要作恶的人。但是，一旦他们做起恶来，却是毫无底线的。恶是一种很复杂的东西，它可能还包括一定的环境因素。所以，这个世界并不是好人、坏人没有区别，只不过好人、坏人不容易区分而已。

不同的时代，善恶观是完全不同的。即便同一个时代，不同的人善恶观也可能不同。价值观不同，立场不同，善恶的思辨也不同。比如有些在我看来是大奸大恶的事情，在人们眼里只是格局太小。而有些在我看来只是谬误，但在人们看来似乎不可饶恕。

善恶观不一定非得一致，但既提出自己的观点，就应该基于各自理性的思辨。问题是多数人所谓的善恶观，都只是简单地把那些对自己不利的共同点列举出来而已，缺少真正的思辨。

好人与坏人不是特定立场衡量的，而是相对而言更大的整体利益衡量的。符合个人利益的可以称为“朋友”，但未必是“好人”。你朋友圈里的人都是你的“朋友”，其中有“坏人”也正常，两者并不一定冲突。关键是考察私人利益，还是整体利益？这也是价值观的问题。

善恶的思辨非常重要。一个成熟稳重的文明社会，整体的善恶观看起来似乎很平常，但背后都有深厚久远的文化积淀、哲学底蕴，这是值得深思的事情。

通常我们只在乎事实，不会也没有足够的精力去深究一个人的内心如何。事实是好的，那么这个人就是好的，所谓“论迹不论心”。但某些情况下，我们会非常细致地去考察这个人的内心。即便最坏的坏人也会选择心地善良的人作为亲密的伙伴。

最让人肃然起敬的不是那些没有机会败坏道德的人，而是那些处在邪恶的大环境中仍然坚守原则的人。极少有人能做到出淤泥而不染。我深知自己不是这样的人，所以我的原则是——划清界限。

站在哪个位置，就会维护哪个位置的立场。亲近恶人，灵魂会不知不觉受到污染。你以为自己无论如何都不会被蛊惑，但最后大概率还是会在不知不觉中被同化。它有千万种方法可以突破你的心理防御，推阻也只是给它试探的机会而已。任何密码都能通过试探法破解，人也不例外。终有一天它一定会找到可以完全钳制你的办法。

尽量避免靠近奸邪之人，拒绝与他们建立过多的关联。如果实在不能远离、不能拒绝，那就拿起武器铲除之。

第三章

心理的边界

图 15　幻想与梦境

天就要黑了，一个小孩望着破朽的门瑟瑟发抖。他将独自面对这黑暗。第一天晚上，魔鬼从门缝里窜进来，看到小孩手里的灯，魔鬼说："我才不怕光。"小孩听老人说过，魔鬼很狡诈，一定不会说实话。他把灯高高地举起，直接走到魔鬼的面前，魔鬼吓得赶忙逃离。第二天晚上，野兽撞坏了门冲进房子里，看到小孩手里的鞭子，野兽恶狠狠地说："放下手中的鞭子，否则我咬碎你的骨头！"小孩举起手中的鞭子，狠狠地抽打野兽。野兽惨叫几声，惊恐地逃走了。第三天晚上，强盗闯进来，看到小孩堵在门口，强盗拔出锋利的匕首威胁道："滚开，我会杀了你！"小孩先是害怕，但他很快振作起精神，不屈不挠。强盗拿他没办法，只能悻悻离去。

一、隐私

没有人的自我防御是无坚不摧的。自我防御有实也有虚。实处也许可以像城墙一样坚固，但虚处往往就只是一层窗户纸而已。人的自我安全感在于这种虚实之间的掌控。隐私泄露，虚实被他人探明，等于自我防御不存在了。

有些东西别人知之甚少才会心存敬畏，别人知道太多往往容易起轻贱之心。人们仰视一个人未必是因为他强大，而轻视一个人，往往可能仅仅因为把他看透了。要知道，如果野兽盯着你而不猎杀你，可能只是畏惧于你身上那些看不透的东西，而你一旦暴露，就很危险了。有时候即便你身后的一根稻草也是很重要的隐私，它最大的作用不在于它本身，而在于它的未知所带来的威慑力。你可能没有让人感到害怕的力量，但你可以有让人不敢轻视你的神秘。

永远不要轻视人的隐私。他人了解什么，不了解什么；什么该坦诚，什么只能自己知道，失去对隐私的掌控，人会惶惑不安，麻烦和灾祸便会趁虚而入。

（一）心门

年幼的孩子没有独立的判断能力，无论看到什么都会下意识地模仿。父母喜欢什么，他们就自然喜欢什么。父母讨厌什么，他们也自然会讨厌什么。他们听到的、看到的，都会很快接受，并且一旦接受就很难改变。就好像有一扇心门，思想可以通过这道门直接进入他们的灵魂。

心认知能力未形成之前的孩子总是在学习和模仿。他们听到的就会进入内心，说出来的也来自内心。这和成年人很不一样。在一种社会环境下，成年人的认知已定型，很难再有真正的学习行为。他们可以讲出很多道理，但是他们未必会知行合一，甚至有的人总是说一套，做一套。孩子的学习和改变都是真实的，所以小孩讲的道理往往才是真的道理，他们说的对错是真的对错。

父母在孩子年幼的时候总是很随意地在孩子的内心世界进进出出，这能让父母的控制欲得到满足，也算是为人父母的一点奖赏。很多父母以为孩子的心门应该永远对自己敞开。实际上这是不可能的。当孩子的思维能够独立运转的时候，就会形成自己的判断力，然后这道可以被灌输意识的心门就会逐渐闭合。之后他的内心对所有人来说就是一个黑箱，父母也不例外。

心门关闭，意味着人是一个独立的个体了。很多父母都没有意识到这个问题。他们会竭力阻止孩子脱离自己的控制。这种控制欲制造了父母和孩子之间的许多矛盾。可能他们爱自己的孩子，所以不想放手。但也存在这种可能，他们很享受那种控制欲得到满足的感觉，不愿意放弃控制欲。在他们看来，孩子的心就像是自己房间的门，习惯了在这里随进随出。一旦孩子的这道门对他们关闭，就会惹恼他们。殊不知，心门如果不能正常闭合，对孩子来说可能是一场灾难。这道心门正常闭合的人，性格通常很独立，也容易建立自信。这道心门不能正常闭合的人，轻则很难独立，重则会出现难以治愈的精神疾病。

事实上很多父母都能意识到心门的存在，只是他们低估了这道心门的作用。心门远比我们想象的复杂和神奇。在它面前说教是没有用的。它能分辨真假。你对他们虚假，他们会用虚假来回应你。有些父母本想把孩子教育成为这样，但是孩子却往往成了那样，那其实不怪孩子。真实的东西才会进入孩子的内心，成为他们灵魂的一部分。

（二）心智

害羞的意识标志着心智正在成熟。比如小孩子在画画或者写作文的时候，如果有人看着他，他很可能会有意或无意地遮挡。当他歪歪扭扭地写出一行字的时候，可能并不是很确定要表达什么，这时候家长在旁边窥探或者监视的行为会形成干扰。随着年龄的增长，这种自我意识会越来越强烈，直到青春期达到顶点，也就是人们常说的叛逆期。这时候如果父母再强迫孩子接受他们的控制，大概率会遭到孩子激烈的反抗。

除了人类以外，其他动物没有隐私的概念。这么说你可能马上就会联想到动物不会穿衣服。但这里所说的隐私远比这种概念复杂。从这个角度观察人和动物的不同，会得到一些有趣的发现。比如，心智和隐私之间可能存在某种潜在的联系。也许正因为这种模式，人类的大脑才有了超越其他物种的综合思维能力。

从计算机编程的思维来看，隐秘的信息就像是程序的局部变量，而非隐秘的信息是全局变量。有了局部变量的存在，整个程序才能完成复杂的运算。我们在私密的区域堆积一个隐秘的内在世界，在这里，自我随时可能是天马行空的，而要向外界展示什么，则取决于外在的自由意志。自己眼里的“我”和他人眼里的“我”有着不同的意义。如果没有这种内外的隔离，自我会失去进退的自由，自由意志也将不复存在。

人的思想是一个非常复杂的系统，人类目前掌握的知识还不足以对它进行精确的拆解。对心智保持敬畏之心，不要干涉它的内部结构，关注统一的外在就行。

二、分寸

当你遇到某些心理问题的时候，找个恰当的人以恰当的方式和他进行一些交流，效果和寻求心理医生的帮助可能是一样的。其实很多道理你都明白，你只是需要一些勇气和信心而已。读书也是同样的道理。如果你愿意给予信任，下面的这些建议可能会对你有很大的帮助，实际上这也可能是心理医生会给出的建议。

（一）距离的分寸

猎人亲近猎物会挨饿，商人亲近对手会亏本，官员亲近市民会腐败。原则会和情感冲突，太过亲密的关系可能会对你的选择和判断造成困扰。把身边所有的人都当成过度亲近的朋友，对自己的利益而言也很可能不是什么好事。要抓紧友情，可能就要放弃利益。要抓紧利益，可能就得放弃友情。如此一来，你会陷入两难的境地。

人们参与竞争的心态和方式可能是不同的，有些不被你认可，这不可避免地触怒你，但这不足以树敌。敌人是那种想方设法置你于死地的人，但这是极端情况，这样的人还是很少见的，即便有，多半都是误会造成的。

不要因为竞争而产生仇恨，这不是宽容，而是分寸。陪你玩游戏的不只是你的朋友，还有你的对手。大多数人忙忙碌碌都是为了生存。当你符合他的利益的时候，他便与你为好；当你不符合他的利益的时候，他便与你为恨。这是很自然的事情，没有必要由此产生憎恨的情绪。

（1）帮助者距离

不要一意孤行地期待别人把自己当成朋友。张先生和李先生是一个办公室的同事，他们的住所也在同一个小区。李先生有私家车，张先生没有。张先生是一个比较热心的人，比较喜欢帮助别人。按照他的思维，下班以后李先生会很自然地主动载他一程。然而共事多年，除非他厚着脸皮提出来，李先生从未主动载过他。很多年以来两人一直维持着这样的关系，没有矛盾，也没有特别的亲近[①]。这算是现代人的冷漠吗？如同兄弟一般的情谊有何不可？

帮助别人应该是出于自愿的。有时候愿意，有时候不愿意，这个在道德上应该是没问题的，但现实中却难以被理解。关系过于亲密会失去某些进退的自由。一旦对方习惯了自己的付出，自己将很难抽身。

---

① 虚拟的人物和虚拟的场景。

10次机会，你9次选择帮，1次不想帮（不想就是不想，不需要特殊的理由），可能就反目成仇，没有人能忍受这样的事情发生。当有一天李先生突然不想让张先生搭他的车的时候，就会招来对方的不满。这就形成了绑架关系，而不是原来的帮助关系了。李先生刻意和自己朝夕相处的同事保持距离，也是用行为暗示对方：我可以帮助你，但也有不帮助你的自由。感恩不感恩是你的事情，但不能因为我不帮助你而怀恨在心。

我的父亲曾经讲过这样一段往事。他还在山西当煤矿工人的时候，身边有这样两个朋友：一个对他不冷不热，在金钱上抠抠搜搜；另一个对他亲如兄弟，让人感觉为了朋友可以两肋插刀的那种。父亲自然和那个热情一些的朋友走得更近一些。然而，正是这个“亲如兄弟”的人，有一天向他借了一大笔钱，然后突然消失得无影无踪。父亲开玩笑说，“有些人让你觉得他为了你可以两肋插刀，就是为了有一天能插你两刀”。父亲还说，最让他意外的是，那个平时不怎么亲近的朋友，在了解到他有困难的时候，竟然毫无怨言地借了一大笔钱给他。

聪明的朋友可能已经领悟到了，不管帮助还是被帮助都必须掌握分寸。“滴水之恩涌泉相报”的想法就有失分寸。有时候正是因为你有这种想法才被某些人盯上。如果你能始终坚持理性的原则，自然会对那些刻意让你有“亏欠感”的人形成防御。

过分舍己为人的行为也有失分寸。我们可以、也应该尽量在能力范围内帮助他人，但帮助绝不意味着应该以自己的痛苦为代价让他人快乐。当然你可以这么做，但要确保自己是在理智的状态下做出的决定。有时候你做出去这样的事，只是因为受人蛊惑而心智迷乱，俗称精神PUA。

（2）跟随者陷阱

自然界有这么一个经典的猎捕场景（BBC纪录片《猎捕》）。羚羊就要被捕猎者抓住的时候，突然来一个90度的大转弯。对羚羊来说，这个动作直接由大脑发出指令，而捕猎者依赖视觉神经被动做出决策，只有看到羚羊转弯的时候才会转弯。相对而言，追随者一定有延迟。这一丁点的延迟无数次拯救了食草动物的生命。对于竞争中的人来说，这种延迟也导致很多人永远也追不上对手。当你掌握主动权，哪怕只能作为被追捕的猎物，都会让你比被动跟随更有生存优势。

跟随者陷阱就是在竞争中，某些取得优势的人能利用一点点差距，始终把跟随者压制在身后。只要某一刻领先，后面几年年，甚至几十年都会完全压制后来者，即便追赶的人付出十倍的努力也改变不了不如人的现实。

跟随者陷阱只在某些特定情况下才会发生，其中两个必要条件是：缺乏多元化的竞争赛道，跟随者没有自己的方向。

缺乏多元化的竞争赛道是最直接的问题。跟随不一定是每个人自愿选择的，就像你不能把每一个人的失败都归咎于懒惰一样。每一步都向某个人看齐，就会受制于这个人。他倒霉你一定跟着倒霉，他成功了你却未必能成功。现在大多数人都处在这种跟随者陷阱中，这也是当今社会激烈竞争、过度内卷如此严重的原因之一。

没有自己独立的方向是最根本的问题。譬如弯道超车这个说法，就体现了非常强的竞争意识。在这种思维下，即便是有长远规划，终究也是局限在眼前的赛道上。沿着别人的路线追赶别人，连什么时候转弯都是别人说了算，弯道超车没有改变规则。

小时候我不明白为什么叔叔阿姨一定要背井离乡到很远的地方去打工，当然他们自己也不明白，可能只是感觉要到更远的地方才有更好的发展。事实证明他们的决定是正确的。那些肯出远门的叔叔阿姨，后来在事业上很多都很成功，而那些非要留下来的人中大多最后都不怎么样。

如果你在竞争中已经丧失了某种主动权，其实没有必要继续在这上面死磕。不要太在乎眼前的差距，始终专注于自己认为正确的方向，努力向前就好了。

（3）信任的分寸

我们都忙于处理自己的事情，没有那么多时间和精力来仔细分辨好人与坏人、善意与恶意。其实大多数时候，即便是坏人，我们也能与之和平相处，前提是保持一定的距离。

如果内心不够强大，最好不要贸然把自己的诸多想法都说出来。向错误的对象倾诉，对双方来说可能都不好。你也许会说：他是我最好的朋友，我们无话不谈。或者你会真切地感觉到，他真的好像是一个值得信赖的人。生活中可能遇到一些这样的人，他们非常友好，感觉和他关系非常亲密。但秘密能不能分享，关键不是在于关系是否足够好，而在于这样的行为有潜在的风险。很多人宁愿把隐私透露给毫不相关的陌生人，就是这个道理。友好是一种态度，态度是会变的。友情是潮水，有涨潮的时候，也会有退潮的时候。

可以跟你谈心的人就是真正把你当成朋友的人吗？显然不是。不与你交心就没有把你当朋友吗？当然也不是。朋友未必交心，而交心的未必是朋友。与其一厢情愿地把某些人当成朋友，不如把他们当成友好的普通人。

不一定非得是朋友才存在友善的关系。陌生人之间也可以友善。如果我们对待所有人都怀着友善的心态，互助、互爱，就没有必要非得用友情来装扮生活了。

（二）亲疏的分寸

如果人的精神有可见的形态，那么我们的样子一定是千奇百怪的。如同自然界的物种一样，每种人都有其存在的理由。你也许会觉得猴子的红屁股很丑，可是在猴子看来没有红屁股更丑。轻视别人或者被别人轻视，只代表了彼此价值观不同。对彼此来说，可能都是异类。在这样的情况下，保持距离也是一种仁慈，不近人情恰恰可能是善意。

如果你的天性是鱼，就亲近水里的鱼。如果你的天性是鸟，就亲近天上的鸟。

疏远的不要亲近。不要过分排斥竞争和对抗。人与人之间，时时刻刻都存在比较，没有必要把这种对抗和冲突看成毒蛇猛兽。合理的争斗能促使人进步。我们在对抗中学到的东西远比我们在溺爱和阿谀奉承中学到的东西多。习惯于通过亲近对手来化解竞争是懦弱，是人生失败的根源。

亲近的不要疏远。不要把亲近的人搞成竞争对手。人是一种情感生物，情感需要有所寄托。不要和亲近的人相互攀比或者相互嫉妒，他们本是你生命的一部分，不是你的竞争对手。

庄子在《外篇·山木》中借他人之口讲了这样一个故事：一个叫林回的人舍弃了价值千金的璧玉，背着婴儿逃亡。有人议论："这是为了钱财吗？初生婴儿的价值太少、太少了；他是为了怕拖累吗？初生婴儿的拖累太多了。舍弃价值千金的璧玉，背着婴儿就跑，为了什么呢？"林回说："价值千金的璧玉跟我是利益相合，这个孩子跟我则是天性亲近。"所谓碧玉并非器物，实则代表一类人，和庄子价值观不同的人。"相合"与利益无关，也与道德无关，与精神有关。

我们总能在别人身上看到自己的影子，也能在过去的人身上看到自己的影子，这不是巧合。一个人有某种精神，就好像精神是他自己的，其实根本不是。精神是文明的传承，如同身体器官来源于物种千万年缓慢的进化。精神存在于我们的语言、行为和生活习惯里，但它本质上是漫长而遥远的文化传承。人是会渴望精神归属的，就像游到大海里的洄游鱼拼了命也要回到自己出生的淡水河繁衍后代，人也是如此。

纵然一只凤凰来到这个世界的时候投胎到了鸡棚里也只得像鸡一样生活，但如果它的灵魂真的是一只凤凰，它一定有凤凰的天性。这种天性不是肤色、民族，也不是出生，而是更深层的精神层面的追求。那不是一时的亲近，而是一生的归属。天性相合的人当然会主动亲近。面临抉择的时候，自然千金难买，甚至不惜用自己的生命守护。

（三）主客的分寸

中国古老的智慧讲究顺势而为，这在《易经》中有明显的体现。这种智慧不是助强凌弱的市侩，也不是趋炎附势的软弱，而是要明白：顺势而为。不是只要站在正义的一方就一定会赢，也不是只要做了好事就一定会有好报；即便做正义的事也必须顺势而为，即便本心是善意也要讲究分寸。

从大的方面了解大的趋势，从小的方面遵守规则和礼仪。胜利者可以张扬，失败者理应低调；上级可以强势，下级应该顺从；主客有序，阴阳才能协调。对战胜自己的对手心怀怨恨，输了竞争还丢不下面子；没有能力掌控局势又不愿意低调配合，对强者总是怀着诋毁、构陷的冲动，这些都是有失分寸的行为。

（四）优越感的分寸

不管一个人看起来有多谦逊，只要他的心理还算正常，内心深处都是认可自己的。在自己的立场认同自己，这是天经地义的事。如果自身条件稍好一些，则往往难以避免地溢出自我优越感，这是人性使然。

“我是最优秀的”，这样的想法没有什么不妥，不过要区别于另外一种看起来相似，但其实本质完全不同的想法：“我就是最优秀的”。

前者是“自知”的臆想，既自己在某种程度上知道那是自己的想法。这种优越感在旁人看来可能有点骄傲，但其实没有任何不妥。在这种心理驱动下努力让他人认可自己，说不定在将来的某一天真的成了想像中的样子。

后者是“不自知”的错误，这种错误在某种程度上很危险。前面就说了，正常人都会从内心深处认可自己，即便自己处境不堪，往往也会把原因归结到外部环境上。古代诗人多有怀才不遇的情绪，多数人内心也都是如此。这种错误的危险在于，总是把优越感和身份绑定，人被区分为三六九等，继而内心“想”与“不想”的自由意志扭曲成“配”与“不配”的思想牢笼。

我曾经觉得“文人相轻”是羞耻，后来我不这么认为了。“文人相轻”的本质是文人对自己作品的自恋。自己的推测才符合逻辑，自己的道理才是真理，自己写的文章才是好文章，越是真心热爱写作的人，这种自恋倾向越明显。其实但凡用生命珍视的东西往往都是如此，文人对于自己作品的自恋不是什么见不得人的丑事。坦率地说，我觉得自己的文章就很棒，比很多诺贝尔文学奖作品都写得好，但同时我也知道，这并非被认可的事实。内在狂妄自大，外在谦虚谨慎，两者并不冲突。假如现在有人写了一本与我同名的书，我内心可能会很排斥。如果让我读，我多半会婉言拒绝。尽管如此，我会对他说："很好，加油！"而不是如我内心里所想的："怎么可能和我相比？"

自己认同自己和别人认可自己，中间有一条神圣的分界线，对内对外皆不可侵犯。人的内心可以有优越感，但不能相互僭越，这就是分寸。

三、边界

人的一生要经历三个阶段。

第一阶段觉得自己有无限可能，目标不是世界首富就是诺贝尔奖。男的都是白马王子，女的都是白雪公主。盲目相信一些东西，行事偏执，不懂珍惜眼前的机会，总把太多的希望寄托在缥缈的未来。这没有什么好与不好，每个人都要经历这样一个过程。

第二阶段知道了自己真正想要什么，考虑的事情开始变得复杂，学会了计划。经历了一些成功，也经历了一些挫折，但始终像个赌徒一样不认输。迫切地想抓住自己想得到的东西，但总在无可奈何地失去。

第三阶段才会明白自己真正需要的是什么。经历的挫折足够多后，才知道人与人命运的不同。碰得头破血流才认识到什么该放弃，什么值得坚持。回首往事，会时常因为觉得自己错过了某些东西而失落和伤感。

有些人把第三阶段的心态称为看到了"人生的天花板"，而我把这种蓦然回首时的清醒称为看清了人生的边界。

我们只能在某个边界内实现人生的最优解。不会因为奢望得不到的东西而失去本可以得到的东西。最优解是从能够触及的事物里面做出利益最大化的取舍，这对个人而言就是最理想的人生。

边界太狭窄了伸展不开委屈，太大了够不着痛苦。所以不能低估自己，也不能高估自己。但什么是低？什么又是高呢？低估自己的人也不会知道低估了自己，高估自己的人不会知道原来是高估了自己。没有人会明知自我评价高了还要更骄傲，也没有人会明知道自我评价低了还要再自卑。所以总是存在这样一个成长的悖论：没有经历足够的挫折，很难预见自己的边界在哪里；当我们在挫折中摸到自己的物质边界时，却已经别无选择了。

实际上人生的边界有两种：一种是生存环境的绝对束缚，另一种是自我意识的束缚，也就是意识壁垒。我们能看到的永远都是自我意识，等于说这层壁垒本身是永远都看不透的。所谓的看清，是指这层壁垒超越了自己的生存局限，而不是真的看清了自己，但即便这样也是极难的，或许只有苏格拉底才能做到。

实现人生最优解唯一的捷径是穿越到未来，从上帝视角看自己，那样自然就知道自己的边界在哪里了。但这只是一个美好的幻想，事实上每个人都不知道自己的边界在哪里。所以唯一可行的办法就是在有限的时间里尽量多地向外触碰、试探、实验和思考。

（一）身份与角色

身份是人在一个社会中的固有属性，而角色是人融入社会的具体方式，两者应该是有边界的。儿童和成人的思想在完全不同的层次，但是通常都能意识到彼此的差异。尽管双方有巨大的不同，各自放弃一些东西，也能和谐相处。但是，有些人表面上看是成年人，思想却跟儿童无异。即要成年人的威严，又要儿童式的特权，这就是身份和角色的错乱，这种人无论在哪里都会带来很大的麻烦。

1. 认清自己的身份

任何人都应该特别谨慎地使用“我们”这个词语。在不被允许的情况下强行代表别人是一种越界行为。所以当我说“辣条很难吃”的时候，有个隐藏的主语在这个句子里面，完整的形式是：“我觉得辣条很难吃”。当有人想让你发表对某个事物的看法时，应该反复确认自己的身份。如果你的身份代表某种权威，就必须客观地评价，就要尽量排除偏见，理性地分析问题。如果你的身份仅仅代表你自己，就不要太在乎别人的眼光，尽量坦诚地说出自己内心真实的想法就可以了。

出租车司机或者农民都能对国家大事侃侃而谈。他们的言论可以是观察民生状态、社会心理，社会文化的重要材料，但作为政治观点往往并没有更多的价值。人们有权利讨论，但一定要注意以怎样的身份讨论。无论政治内在的构成，还是外在的形式，都很复杂，以至于几乎不可能像其他专业比如数学、物理、艺术那样纯粹，但政治也是一种职业，和千千万万的职业一样，需要专业知识和行业经验才能胜任，而政治家①则更不是普通人所能企及的。如果我们没有相应的眼界和才能，却以这个身份去评判某些事情，是很不恰当的行为。

2. 认清自己的角色

舞台只留一面给观众，其他的地方被幕布遮挡。演员只有化好妆后才站在舞台上表演。不同的人本应有不同的角色，而同一个人在不同的场合也应该有不同的样子。

一个人“自己”可能是自私自利、没有责任心的，但这不妨碍他扮演一个负责、有奉献精神的角色，比如军人、警察、教师、神父、超人……不要因为讨厌某个人而对他所从事的职业有偏见，也不要因为不喜欢某种职业而鄙视从事这个职业的人。反过来也是一样的，不要像热爱某个职业那样去盲目崇拜从事这个职业的人，也不要因为喜欢某个人而偏袒他所做

① 这里所谓的政治家不是读了多少政治相关的书籍，不是拿了多高的政治学学位，也不是有多高的权力。伟大的政治家是对社会的组织和架构产生过根本性的影响力。从这个角度来看，能称得上政治家的人其实很少。

的事情。

3. 区分身份和角色

小时候看过这样一部美国电影，名字我忘记了，大概情节是这样的：一个演技很烂的电影明星在一次交通事故中被误以为去世了，然后他阴差阳错地以群众演员的身份被导演相中，请他扮演这个“已故的著名演员”，结果大获成功。人们觉得他演得很像，于是他靠“演自己”变得比之前更有名。我觉得这样的事情在现实不可能发生。且不论表演艺术的精髓是不是在于演得像。如果一个演员演技很烂，让这个演技很烂的演员演他自己，他照样演不好。

演员最基本的职业道德是如何塑造一个角色，而不是如何展现自己。每个人都有自己的特质，容貌、肤色、体态、声音、气质，等等。某些演员适合某些类型的角色，是因为他们的特质符合这些角色，这让他们更容易模仿。但是，即便如此，他们也不是在展示他们自己。

做自己是一件很自然的事，根本不需要“演”，也不应该“演”。但是作为演员，他需要跳出自己，从另外的角度来观察、分析和思考这个角色，这必然需要演技。一个演技烂的演员是演不好自己的，因为他根本跳不出自己，不能客观地审视自己，不能“胜任自己这个角色”。

演员的演技差，大多情况下是由于他们没有尊重自己作为一个演员的身份。演员的一切都是通过他塑造的角色表现的，一切都跟这个角色有关。观众不需要看他的演技，需要的只是他塑造的角色。当他演绎一个英雄时，就应该完完全全像个英雄。当他演绎一个混蛋时，他就应该完完全全像个混蛋。角色和身份没有，也不应该有什么直接的关联，所有职业也都是如此。

演员只是这个社会中千万种身份中的一种。每一种身份都有自己的特殊性。只有我们认清楚自己的角色，才会有可能真正受到他人的尊重。

（二）私人言论与公共言论

人的意识有两种作用域：一种是局部意识，一种是全局意识。局部意识管理自己的私欲，满足自己的欲望，这是动物性的，只要有生命的，不管是苍蝇、大象，还是人类都会有。但全局意识只有人类这样的高等生物才有，比如正义、道德等。正义感就是一个人管理和维护公共事务的自觉性。

你关心公共空间和公共文化，你会因它变好而感到幸福，会因它变坏而感到痛苦，这是正常的。公园，公交站，电视台，报纸……每个人在这些地方有属于自己的一份权益。你担心公园的草地被人踩踏，你担心公交站的设计影响交通便捷，你担心游戏会把孩子们教坏，你因为报纸上的偏激言论感到不适，你为人类的前途命运殚精竭虑，这些都是一个人正当的权利，并非“多管闲事”。

有时候我们有必要表达一些主观的东西，有时候有必要表达一些客观的东西。我发现人们在这个问题上并没有普遍的共识。导致很多人在应该展示主观想法的时候却做了太多没有意义的客观陈述，而在应该客观陈述的时候夹带了不应该有的个人意见。为此，我在对心理学的思考基础上建立了一些表达的规范，即：私人言论和公共言论的边界。

有人把言论自由解释为：我有权说我想说的，你少管闲事。前半句没问题，后半句是不对的。

首先，言论一旦形成影响力就应该承担相应的责任。假如你写了一本书。当你的书还只是草稿的时候，这是你的隐私。你可以写任何东西，这是你自己的事，前提是你一个人看。当你的书发表以后就不一样了。只要言行有影响力，就有责任。哪怕是一个错别字都是有影响力的，一切影响到公共文化的东西都有可能间接影响到别人。所以你的书发表以后就不只是“你的书”了，每一个读它的人都有权评判。

其次，听众有权评判他被动听到的言论。比如你可以说“我妈妈是世界上最伟大的母亲”，这句话对你来说没问题。从你个人的立场来看，你妈妈的确是这个世界上最伟大的人，但这个妈妈只是你自己的。如果你对我这样说，或者在公共媒体上对所有人说，也是可以的，但这件事情的性质会有一些微妙的变化。当你把私人行为放在公共舞台上的时候，也让大家拥有了一种针对它的权利——批判。比如有人怀疑你妈妈给你出国留学的钱是贪污而来的，那大家不仅不认为她是“世界上最伟大的妈妈”，还会认为她是一个“世界上最恶毒的女人”。站在你的角度对她的称赞是对的，站在听众的角度对她的批判也是对的，各自都没问题，公开交锋引起矛盾也是必然的。

1. 私人言论

运用有限的知识解释某些事物的时候，如果能够彻底解释清楚，那么当然应该尽力解释清楚。当然，多数人多数时候都不能解释清楚。即便这样，我们还是会完整地表达自己的所思所想。而当事物明显超出了认知范围，或者超越了自己的身份，就不要勉强下结论，这时候沉默才是恰当的。

人通过独立的思考解决问题，但不同的人有边界。可以怀着热情、善意的心态关注他人，但是这种行为必须有一定的尺度，过分了就是僭越。

当争论的焦点在自身的时候，不符合自己原则的东西要坚决否定，不需任何犹豫。每个人都有掌控自己命运的自由，即便是错误的，也有坚持做“错误的自己”的权利。而当争论的焦点在别人身上的时候，就不应该还是这种态度。虽然作为一个有思想有立场的人，反对什么、赞同什么，应该有自己的判断，但这样的坚决态度只能局限于自我，不能僭越。

听的人没有权利去干涉别人选择什么，但是如果自己被“代言”了，完全可以反击。你说你喜欢吃薯片，这没问题，很多人都喜欢吃薯片，但你说薯片是世界上最好吃的东西，别人就不同意了。你说你好色，这很坦诚，很多人都很好色，但你说男人都好色，那就不行了。你说你喜欢《红楼梦》，这很好，那的确是一部了不起的文学作品，但你说《红楼梦》是人人必读的经典，别人可能会不高兴。你若带着微笑吩咐别人去做某件事，别人会带着微笑说“不”。你若握着拳头命令别人去做，别人可能会朝你脸上扔酒杯甚至掀翻桌子。每个人都有自己的立场，任何人都代表不了别人。

为了避免自己的意志侵害别人，人应该谨慎使用过于绝对的词汇，即便你可以证明你是对的、他是错的。就像一件艺术品，如果你欣赏，它对你来说就有价值。如果你不欣赏，它对你来说就没有价值。你可以从自己的角度对它进行评判。你可以认为那是无价之宝，也可以认为一文不值，这是你应该有的权利。

2. 公共言论

人类有一种无知，就是在不了解是什么，也不清楚怎么回事的情况下，还是会忍不住要发表言论。这种无知并非不可思议的事情。言下之意，这种无知始终伴随着我们每个人。

1993 年，战乱纷繁的苏丹发生了一场大饥荒。战地记者凯文·卡特和几个同伴一起到苏丹采访，希望能够拍摄几组照片。一天，他在一个食品救济中心附近，无意中看到了一个已经瘦得皮包骨头的苏丹小女孩，因为无力再走，她趴在地上，奄奄一息。就在不远处，蹲着一只硕大的秃鹫，贪婪地盯着这个小女孩，仿佛在等待一场即将到口的美餐。凯文·卡特按下快门，那张著名的照片就这样诞生了。

《纽约时报》刊登了这张照片，随后被国际媒体竞相转载，轰动一时：女孩的孱弱，秃鹫的威胁，即将发生的残酷一幕……这些给人们留下了太深刻的印象。

1994 年 5 月，凯文·卡特的这张被命名为《饥饿的苏丹》的照片，获得当年的普利策新闻特写摄影奖。就在普利策颁奖之后不久，一家日本电视机构驻美记者打电话给约翰·卡普兰——评奖的评委之一进行采访。采访中，记者转述了佛罗里达一位专栏作家针对这张照片写的一篇文章，大意是：“你看这自私的、不关心民众的媒体和记者，踩在小女孩的尸体上得了普利策奖！”约翰·卡普兰当时就表示，自己还是第一次听到这样的评论。他对记者回忆，评委们当时非常仔细地看了这张照片，照片有注释，以提示评委：这个小女孩不是在一个荒无人烟的沙漠里（后来证明就在救济中心附近），会有人来帮助这个小女孩（后来证明女孩的妈妈就在旁边）。小女孩的手上有一个环，说明她当时已受到人道保护。约翰·卡普兰表示，所有的评委都注意到了这些细节。在评审的时候，评委们都信任这个摄影师——如果这个小孩需要帮助的话，摄影师一定会施以援手的。

然而，当这个节目在电视上播出的时候，约翰·卡普兰的陈述被有意切掉。节目紧紧围绕新闻伦理和道德展开，对凯文·卡特和普利策奖进行猛烈的抨击。照片本身所揭示的事实被忽略，而凯文·卡特的罪名被无限放大。人们指责凯文·卡特见死不救，甚至说调整镜头拍摄照片的记者也是一个掠食者，是现场的另一只秃鹫。

事实上，根据当时同行的人回忆，凯文在拍完那张照片后立刻把秃鹰轰走了。过了一段时间，他看到小女孩儿用尽力气爬起来，重新艰难地向救济中心挪动。望着那个身影，凯文在一棵树旁坐下来，一边抽着烟，一边泪流满面……

普利策奖并没有让他的经济状况得到改善，反倒是人们的指责给他造成了巨大的心理压力。后来凯文·卡特辞去了工作，成了自由摄影记者。随后，他的生活陷入困境。雪上加霜的是他患上了抑郁症，然后又沾染了毒品。由于入不敷出，他不得不接受《时代》杂志的一份到莫桑比克拍摄的临时工作。当他从莫桑比克回去时，弄丢了还未冲洗的胶卷。

不到一周，穷困潦倒的凯文在他的红色小汽车内用一氧化碳自杀身亡，终年 33 岁。在他的遗书中，充满了无法挽救他人的内疚和对难民的怜悯之情。凯文是不是一个优秀的记者我不知道，但我知道他至少是一个善良的人，那些自以为是的旁观者击垮了这个善良的年轻人。

有个女孩叫简稚澄，中国台湾人，曾以第一名成绩考入台湾大学兽医系。大学毕业以后，她舍弃了大城市里的写字楼工作，到一个偏僻的收容所当了园长，一当就是 7 年。这期间她医治救助了很多受伤的动物，并努力帮它们找到新家。

在熟人眼里，她是一个“善良正直，不懂得怎么拒绝别人”的老好人。外表清秀的她曾顶着“美女兽医”的名号接受媒体采访，并收获了一批粉丝，所有人都说她“软萌心善”。

被丢弃的猫狗越来越多，有的主人会直接把宠物抱到收容所：“你们随便处置。”于是，收容所三个月就收容了1765只宠物，但这里只能容纳三百多只小动物。按照当地有关部门规定，流浪动物在12天之内没有被人领养，收容所就要对它们进行“安乐死”，这个任务落到了简稚澄头上。

随着被执行死刑的狗越来越多，她也一步一步锻炼出了更坚强的心脏：“不是我，就是别人，总得有一个人干这项残忍的工作，既然如此，还不如让它们死前过得更好。”她和同事一起，每周五牵着安乐名单上的小猫小狗们去草地上晒太阳玩耍，喂它们吃肉条，再把它们抱上手术台。收容所内有一个“兽魂碑”，简稚澄经常去那里为逝去的动物们祈祷。两年多时间，简稚澄送走700多只无人认领的流浪猫狗上路。这件事在网上被披露后，她遭受了巨大的网络暴力：无数“爱心动物保护人士”联合起来攻击她，称她为“女屠夫”“冷血女刽子手”……

由于缺钱，园区设施破旧漏雨，空间拥挤，常发生狗子生病感染、互相撕咬打架事件。猫狗但凡有一点消瘦、受伤、生病，都会被算到收容所工作人员头上。一些“爱心动保人士”经常潜入收容所偷拍“动物惨状”并向上级投诉，在网上发动攻击和人肉“女屠夫”。

这些铺天盖地的讨伐，最终击垮了简稚澄。当地为了树立好形象，推行“零安乐死”。一边是源源不断的宠物弃养造成的流浪猫狗激增，一边是禁止安乐死的规定。最后，刚刚结婚度完蜜月的她因为无法承受巨大压力，开车到观音白沙峡灯塔旁，吞下动物安乐死的药，结束了32岁的年轻生命。

简稚澄给家人、同事留下了3封遗书，希望他们能够谅解：“生命并没有什么不同。我也会因为狗狗安乐死的药物而死去……希望我的离开，可以让所有人，了解流浪动物和我们一样都是生命，希望政府了解控制问题源头的重要性……请更尊重生命！”

凯文·卡特是善良的人，简稚澄也是善良的人。这个世界十恶不赦的人那么多，为什么沦为众矢之的的偏偏是他们？如果这些只是偶然事件，可能并不值得旧事重提。问题在于，这样的事情总在发生着。似乎不幸应验了那句老话“杀人放火金腰带，修桥补路无尸骸”。心理层面的原因我已经在理性道德中讨论过了。人类的道德感越高，心灵越脆弱。当道德作为一种可以伤人的武器，能伤害到的大多是有道德的人。

参与公共事件，发表公共言论，是每个人的自由。公知也好，文盲也罢，即便完全无知的人也有这样的自由。谴责公共言论中的无知没有意义，相反，让人们意识到自己的无知却很重要。我们可能无法避免无知，但我们应该意识到它的存在，它会实实在在地伤害某些善良的人。

（三）权利与义务

每一个特定身份的人，都有其特定的权利与义务。有人被称赞，那是因为他尽了自己的义务。若抛下自己的义务，去争夺别的声誉，通常结局不会好。把多余的幻想放在一边，把无关的流言抛在身后，让精力自然集中于分内之事，这才是本分。

1. 权利是强者制定的规则

决定我们能不能做某件事的依据有两种：一种是道德上的权利，比如我们能不能在大街上赤身露体；另一种是现实上的能力，比如我们能不能把银河系像盘子一样翻转过来。

有些权利是伦理道德，不管能力大小都会受到无差别的约束；有些权利是生存现实，能力越大，权力越大。从后者来看，权利是强者制定的规则。

人类赋予野生动物生存的权利是因为它们会影响生态环境，因为如果它们毁灭，我们也可能遭受损失。人们赋予家畜和宠物不受虐待的权利，是因为人类有同情心，并且这种同情心不容玷污。

假设我们在火星上发现了一个动物王国，人类会不会赋予它们权利？和地球上的动物一样，依然取决于两个因素：它们对人类是否有价值，人类是否对他们怀有同情心。如果两个问题的答案都是否定，可能它没有任何权利可言。当然，如果它们有比人类更先进的文明、更先进的科技，那么规则很可能就是他们制定的了。而我们是否在这样的外星人面前有权利，得看我们对他们是否有价值，以及他们是否对我们怀有同情心。

当有些事情陷入纷争的时候，可能会因此陷入循环的死结。纷争解决不了纷争本身，而更多的纷争会让事情变得更复杂。如果这个世界没有恶意的伤害，如果这个世界没有忘不掉的仇恨，如果人与人之间能真正做到相互尊重，或许决斗会是解决问题最有效的方式。强者征服弱者，平息纷争，这样的结果可能比没完没了的纷争要好。

强者即正义的大前提是：所有人都无一例外地遵守某种共同的约定。也就是说这里所谓强者一定是规则之内公平竞争产生的结果。如果强者是在规则之外的不公平竞争中得到的地位，那么相应的，弱者必然也会尝试在规则之外用非常规的方式争夺这种地位。

强者即正义的小前提是：所谓的正义只在有限的范围内生效。强壮的人能用拳头征服我，我愿意在他面前毕恭毕敬，如果我胆敢在这样的人面前耀武扬威，那是我活该被揍。博学智慧的人能用言论征服我，我也是心甘情愿屈服的，如果输了道理还狡辩，那是我无知，活该受辱。但是，不同的规则之间是有边界的。如果一个人仅仅因为比我强壮就想用拳头来教我做人，我宁愿被打死也不会屈服。反之亦同。

2. 一个人的价值等价于其承当的义务

我的一个亲戚是某直销公司的销售。她干这行的头几年，隔三岔五就拉我过去参加他们的洗脑会议。我被逼无奈参加过几次。在会上，台上演讲的人反复打一个比方：一个电容安在插线板上只值几块钱，而同样的电容安在彩电冰箱或者电脑主机上就值几百上千元了。据说这个比喻在他们中流传很广，人人都拿这个来开导别人，暗指现在的一切失败和不如意都是因为选错了环境，要加入他们的团队才能成功。从类似的言语中，我看到了他们价值观的混乱。

在有些人看来，彩电上的器件要比插线板上的器件更贵，是因为器件沾了彩电的光，所以人要靠近权贵才能更有价值，这种想法体现了他们普遍存在的一个问题，在我看来是很严重的思想问题。

姑且认为插线板和彩电上的电容都的是完全相同的规格和材质。从系统的思维来看，彩电上的电容之所以更贵，不是因为它长在值钱的地方，是因为它承当了更昂贵的系统正常工作的义务。人如果不能从系统的角度进行思考，那么他看到的电容永远只是电容的“高价格”，看不到电容的“高责任”。

从电容被焊接在电路板上的那一刻起，它的价值就已经不仅仅是一个电容了。它有义务让自己稳定地工作。价值的真正意义在于它所承担的责任和义务，而不在于它本身是什么样的规格和材质。彩电上的每一个零件，包括任何一根铜线、一个螺丝钉都有很高的责任和义务。人们看不到电容对整体的义务，只注意到电容的自身价值，这本质上就是本末倒置！

作为统治地球的高等生物，人类还有很多其他动物不能承担的义务。遵守规则、维持秩序、坚守道德、传承文明、节约资源、保护环境等，正因为我们承担了这些义务，所以才有资格享受现在的生活。生物没有承担养育后代的义务，生存游戏就会停止。人类不能承担这些义务，文明就会毁灭。

（四）弱点与缺陷

一段计算机程序要有正确的核心架构，后面的代码才有可能正确。如果核心架构都不清楚，当这个系统报错的时候，你很难知道究竟问题出在哪里。当别人指出你身上的某些问题的时候，如果你单单只是把注意力放在这个问题本身上，你根本解决不了它。

什么是重要的？什么都很重要。就像漏雨的茅屋，你把那边的茅草拉过来遮挡这边的漏洞，那边又会出现新的漏洞。你改来改去，搞得自己一团糟，最后还是没有解决。这时候你应该停下来，从根本上思考一下问题所在。

1. 回避自己的弱点

弱点不是道德上的自私，而是能力、品质、习惯等一切不利于生存的问题。每个人的生活环境都不一样，每个环境都很特殊。特殊的环境需要特殊的能力，而每一种能力都有对应的弱点。

所谓的完美都是表面的现象，自然隐藏了一些东西。不要轻易学习别人表面上的能力，因为你要面对的环境和别人面对的环境有差异。同样的特质，在别人身上体现出来是优点，而在你身上体现出来可能完全不是那么回事。

人生的意义是要做成什么样的事，实现什么价值，这才是我们努力的重心。刻意追求表面上的完美，可能恰恰绕开了真正重要的事情，最后将一事无成。

当你挥出拳头的时候也露出了你脆弱的腰。你在某方面越优秀，相对的另一些方面可能就会越弱小。某些品质看起来是缺点，而那其实是优点与生俱来的另一面。一枚硬币不可能同时抛出正面和反面，很多不同角度的优点实际上无法同时呈现在一个人身上。

“现在最好的编程语言是什么？”初入行的程序员经常问这种幼稚的问题。老程序员都知道，只有具体情况下才有最好的语言，没有普遍情况最好的语言。每种编程语言都各有其优点，这种优点本身可能就是缺点。在当前的技术背景下，可能会存在一些语言兼有其他各种语言的优点，但这必然会影响其特长的发挥。到底好不好，取决于它是否适应于特定的系统。所以，目前为止，不存在一种脱离实际环境的所谓最好的计算机语言。

弱点是可以修复的，但是否有必要去修复，要在具体的环境中权衡，毕竟任何事情都是有成本的。如果人一辈子总是忙于修补弱点，即便最终成为一个“完美无缺”的人，也终将一事无成。如果这种要求来自他人，是否应他人的要求耗费精力去修补弱点，同样需要根据实际情况去衡量。改变需要成本，拒绝也会有代价，应该有自己的思量。

其实人们所谓的改变，很多时候都是反复无常的。在冬天嫌冬天太冷羡慕夏天的温暖，到了夏天嫌夏天太热又羡慕冬天的清凉。为了改变而改变只是在不断轮回往复中浪费光阴，所谓完美无缺是不可能做到的。所以，与其让自己的“弱点”变得不弱，不如让自己的优点变得更强。把精力浪费在把自己修饰成所谓“完美的自己”，不如努力以“不完美的自己”做出完美的事情。

人们之所以在某些人身上看不到弱点，多半不是被修改了，而只是被隐藏了。他们的精力集中在更有价值的实实在在的事情上，而不是停留在事物的表面。

首先，我们选择回避弱点不是因为害怕弱点。回避和害怕是两码事。不要害怕被人耻笑，不要害怕被孤立，那种害怕越是强烈，就越容易趋炎附势。弱点就像鬼魂，越是害怕它，它越让你感到恐惧，而它恰恰就存在于你的恐惧之中。

其次，弱点毕竟不是臆想出来的，它是实实在在的存在，假装不存在并不会让它消失。不要为了证明自己不害怕它而无视它。回避弱点是指接纳真实的自我的同时，还要避免受制于弱点。当然，这绝非一件简单的事情。

最后，把精力集中在要做的事情上。对于自己的弱点，不需要过分关注，也不必刻意隐藏。这就是最好的处理方法。比如，对于我的工作，作为程序员，反应迟钝，不擅言辞的弱点不会对我构成什么影响，但如果作为一个外交人员，可能就太糟了。

如果有人实事求是地指出你的不足，不要过度遮掩，不要反唇相讥，坦然面对就是了。你得承认自己在某些事情上确实不够好，或者不可能做得更好了。唱歌、跳舞、打篮球、玩游戏、讲笑话……也许有一些事情你做得不够好，但要明白，你并不需要在这些事情上做得和其他人一样好，或者比他们更好。在这些事情上，你没有必要攀比。你的价值可以体现在其他地方。给予他们应该有的尊重并不意味着你会显得卑微。从偏执中走出来，把你的好胜心重新分配在对你而言更值得投入的事情上。如果这一场比赛，勇敢地承认自己输了，慷慨地给予胜利者应有的尊重，大方地承认在某方面人家确实比你更好。

我长大以后做得最成功的事情，不是改变了什么，而是承认自己天性中不容易改变的弱点。人最大的幸运在于可以选择，可以趋利避害。和自然界的动物生存法则一样，人在社会中求生也需要判断什么是“天敌”。这个天敌可能是人，可能是某些事，也可能是一些对自己的来说有毒的思想，对这些我们应该敬而远之。当然你也可以改变自己，但改变自己的代价是非常沉重的，一个人只有在迫不得已的情况下才会那样做。最好不要试图用自己的缺陷考验自己，也不要轻易允许他人挑战自己无法改变的弱点。

2. 缺陷是生存环境造成的

其实这个世界上本来没有缺陷这种东西，所谓的缺陷是相对于环境而言的。你的一些特质刚好被环境所克制，在这个环境里就成了缺陷。它像拴在脖子上的枷锁，锁在脚踝上的镣铐，就凭自己无论如何也挣扎不掉。

当你用尽全力也无法改变自己的处境，除了更加努力以外，最好认真考虑一下是不是应该换一个环境试试。树挪死，人挪活。这种离开不是逃避，而是作为一个人与生俱来的自由选择的权利。

3. 弱点的均衡与人格的平等

为了生存，在特定的环境下，人必须找到一些能平衡自身缺陷的东西。有时候我们和他人分享，但大多时候可能会保守秘密。竞争是激烈的，如果我们不能克服自己的劣势，容易被没有这个缺陷的竞争对手淘汰，这是生存的大问题。

强者碾压弱者，弱者也可能会选择鱼死网破，这样的结局对大家都不好。平等不是强者居高临下去可怜弱者，而是给弱者平等的生存机会。弱者要能照顾自己，而不应该是依赖强者的怜悯。只有强弱相互均衡，人格才能平等。人格平等，社会才能平等。

> 野蛮人的身体，是他自己所认识的唯一工具，他把身体用于各种不同的用途，我们犹豫缺乏锻炼，已不能像他那样使用自己的身体了。因为我们有技巧，所以我们已经没有野蛮人因实际需要而养成的那种体力和敏捷。假如已经有了斧头，他还能用手腕去折断那么粗大的树枝吗？假如已经有了投石器，他还能那么有力地用手投石头吗？假如已经有了梯子，他还能那么轻捷地攀援树木吗？假如已经有了马，他还能跑得那么快吗？如果一个文明人有充分的时间把这一些工具收集在自己身旁，毫无疑问，他会很容易地战胜野蛮人。但是，如果你有心观看一个更不势均力敌的战斗，使这两种人赤身裸体、赤手空拳地较量一番，你马上就会承认：具有随时可以使用的一切力量的、永远在准备着应付任何事故的、也可以说本身自始至终具备了一切的那一个人，占着何等优势[①]。

人的外在不能和内心完全一致，因为内心也需要实现某种均衡。事实上人们也是这么做的。内心麻木的人，外在反而往往更热忱。内心火热的人，外在反而看起来冷冰冰的。

（五）缺点与污点

缺点和污点是完全不同的东西。有人没有意识到它们有区别，而有些人是在故意混淆两者的边界。

---

① ［法］卢梭：《论人类不平等的起源和基础》，李常山译东林校，北京：商务印书馆，第76页。

1. 缺点难以避免

我们总有这样或那样的缺点，而人们的情绪也总会有这样的极端或者那样的极端，这些事情不可避免。但同时，人是一种社会性生物，可以相互调和，所以一般情况下我们都不会有什么极端的行为，因而也不必过分关注于自己的缺点。

生活中有一个很常见的现象不知道大家有没有注意到。往往程序员都不建议亲戚朋友的孩子从事 IT 行业，他们看到的都是程序员的困境；多数销售都不建议亲戚朋友的孩子从事销售，他们看到的都是销售人员的心酸。如果你有从事快递的亲戚，他们可能也不建议你进入这个圈子，他们看到的都是这个行业的不堪。“如果你身边的亲戚 360 个行业都有人，你问他们各自所在的行业是否有前途，你可能会得到 360 行都没有前途的结论。我并不是在批判这种现象，人都是如此，这也是很自然的事情。无论人与人之间，还是人与事物之间，道理都是一样的。

从心理的角度来看，距离越近，缺点被看得越清楚；缺点越清楚，越容易被放大。然而，当缺点就在自己身上的时候，反而不容易被自己觉察了，旁人比自己看得更清楚。

下雨天和朋友一起在乡间小道上赶路，总会被身后的人提醒：“哇！你裤腿上好多泥！”同一条路，别人的裤腿干干净净，我的裤腿上却早已糊上了厚厚的一层泥。无论我怎么注意走路，泥水总是不会放过我的裤腿，有时候甩得整个后背都是泥。他们总是认为我故意不好好走路，为此我遭到了很多嘲笑和责难。我一直为自己的这个“坏习惯”自责不已，直到很多年以后我才释然。原来这种“坏习惯”和脚底的韧带形状有关系。韧带决定了走路的姿势，走路的姿势决定了脚后跟是否会把脚底的泥甩到身上。

就像我们自己往往不会注意自己的后脚跟是否有泥，孩子会本能地避免和父母一样，但稍微不注意就走向与父母相反的极端。人性是相互调和的。如果父母的性格非常强势，子女的性格往往走向弱势的极端；如果父母的性格太过孤僻，他们的子女往往容易形成讨好型人格。

2. 污点应该隐藏

一个人隐藏自己的污点，代表他至少还能认识到这些污点是不应该、见不得人的。这是人最基本的羞耻之心。不避讳污点（特别是某些道德污点）的人很可怕。

康德说自己是一个“心胸狭隘”的人，可是他并没有把这当成理所应当的事情，看似没有隐藏，实际是隐藏了，至少这个问题对周围人构成的危害在某种程度上隐藏了。假设有这样一个人，人人都知道他心胸狭隘，只有他自己觉得自己宽宏大量，这不算是这里所说的隐藏，不过是自欺欺人罢了。

一个人内心有怎样的善恶是他的内心需要解决的问题，旁人无法参与。不管他内心是真善，还是伪善，只要他表面上是好的，对他人来说就是好的，就是好人，相反则不是。每个人都可能有道德污点，把自己的污点当成理所应当的人不值得宽恕。

> 苏格拉底：“自己的主人”这种说法不是很滑稽吗？因为一个人是自己的主人也就当然是自己的奴隶，一个人是自己的奴隶当然也就是自己的主人，因为所有这两种说法都是同一个人。
>
> 格劳孔：无疑是的。
>
> 苏格拉底：不过我认为这种说法的意思是说，人的灵魂里面有一个较好的部分和一个较坏的部分，而所谓“自己的主人”就是说较坏的部分受天性较好的一部分控制。这无疑是一句称赞之词。当一个人由于坏的教养或者由于和坏人交往而使其较好的同时也是较小的那部分受到教坏的同时也是较大的那个部分统治时，他便要受到谴责而被称为自己的奴隶和没有节制的人了①。

---

① ［古希腊］柏拉图：《理想国》，张竹明译，南京：译林出版社，2012（7）（2016 年 4 月重印），第 136 页。

（六）理想与幻想

幻想和理想的区别不在于它们实现的难度，而在于各自的理念。理想并不以得到什么为目的。而幻想是满足自己的欲望，目的是要得到什么。我不知道这样的区分是否准确，但我始终相信，我们头脑里某些混乱的概念对自己的人生是有不利影响的。

1. 理想

小时候我们都讲过长大了要成为“××家”，这其实就跟生日的时候想吃草莓蛋糕本质上是一样的，那不是什么理想，就是一个短暂的欲念而已。宿舍的兄弟整天跟你唠叨要创业，那也不是什么理想，就是想发财而已。

假设你问一个康熙年间的农民：“你的理想是什么？”他肯定会先一愣，然后反问：“先给我解释一下理想是什么？”如果是我的话，我会这么解释：“理想是下定决心要持之以恒去实现的东西。”这个农民可能咧嘴一笑：“哦，原来是这样啊。我的理想很简单，就是娶个漂亮媳妇儿，生很多娃。”你很难和这样的人讨论理想，因为他们很难理解这个概念。

当你觉得学习是一种煎熬，需要很强的忍耐力才能坚持的时候，有些人似乎自然而然就进入状态了。是因为这些人更“自律”吗？我认为未必。事实上很可能你的自制能力比他们强。人的精力是有限的。你努力强迫自己，其实也在无形中消耗自己的精力。心中有远大理想的人会自发、自愿地去利用每一分钟，而不是把精力用在强迫自己上。

马克思工作的时候思考的是全人类的命运，牛顿、爱因斯坦工作的时候思考的是整个科学界、整个宇宙，普通人的理想未必都是这样宏伟。有一部非常感人的伊朗电影——《小鞋子》。主角小男孩儿很平凡，很单纯，但他的思想是厚重而饱满的。苦苦支撑家庭的爸爸，生病的妈妈，可怜的妹妹，亲密的小伙伴，善良的邻居……一切都在他的头脑中。一双小鞋子包含了对很多人的爱与责任。虽然不是什么伟大的想法，但在这种思维的驱动下，再平凡的人都会拥有强大的行动力。

某些人整天唉声叹气地抱怨自己的理想磨灭了，可能是他们根本就没有什么理想。真正的理想不会被磨灭，即便面对死亡也不会褪色。

2. 幻想

小孩对世界的认识就是从幻想开始的。聪明的孩子一般都很擅于幻想。对小孩子来说，有了幻想才会有方向和意义。具体什么样的幻想其实不是那么重要，有就好了。

小时候我幻想将来自己能开一家杂货店，这样我就有吃不完的零食。随着年龄的增长，我渐渐发觉杂货店的没有吸引力了，然后我幻想着自己考上名校，成为一个受人关注的学霸。进入青年以后，我发觉所谓的学霸也不过如此。于是我幻想自己能成为比尔·盖茨那样的大企业家。后来，在对金钱有了更多、更深入的思考以后，我又放弃了成为大企业家的幻想。我发觉自己在写作方面有一点天赋，又幻想自己成为一个伟大的文学家，幻想有一天在鲜花和掌声中走向诺贝尔文学奖的领奖台……

然而我的幻想远不止上面这些，它们多得像我头顶乱蓬蓬的头发。其中大多数幻想都是对我有害的。有些幻想让我痛苦不堪，有些幻想让我误入歧途，有些幻想甚至让我变得不堪……我自己都很惊奇，怎么有这么多的幻想呢？

其实大部分幻想都是来自电视、电影、小说。小时候我们家只有一台黑白电视机。我和电视机在一起的时间远远超出了和身边的人沟通的时间。我向往电视里的一切，也模仿电视里的一切。我觉得现实世界是枯燥、乏味和没有意思的，电视里的东西才是美好的、有吸引力的。我幻想自己成为另外一个人，过另外一种生活……后来我发现，并不是只有我才这样，很多人都是如此。

每个人都有很多幻想，它就像泡沫一样萦绕在自己周围。在没有把它们戳破之前，我们不会知道它究竟意味着什么。它把我们的精力牵制在一个地方，而更多美好而且完全可以实现的东西无法被意识到。泡沫的破灭也许不是坏事。只有那些我们魂牵梦绕的不可能实现的幻想从我们的世界中消失，精力才能集中在那些真正有价值的事情上，然后我们才有希望得到那些实实在在的奖励。

从离开父母独自走向社会开始，我们周围的泡沫也会一个接一个地破灭。这会让人有一点忧伤，但我们会在这种现实的磨炼下更加务实、更加理智，从而真正意义上的长大成人。幻想是人生的一部分，而成长的意义在于知道人生中什么是可能，什么是不可能。

（七）敬畏与恐惧

古人敬畏神灵不是愚昧的行为，恰恰是这种敬畏之心才是人类有别于动物的地方。不是神庇护了我们，是我们对神的敬畏之心庇护了我们自己。

敬畏心是人类在成长中学会的最重要的东西。敬畏什么并不重要，重要的是有敬畏之心。有了敬畏心，人才会低头学习，相互协作，遵守伦理道德，维护公共秩序，凝固成为稳固的整体，创造出高级文明。

敬畏心赐予我们希望和力量。

> 对宗教仪式进行理论化的处理就是无视它的意义。宗教仪式可以有许多用途——表达感情，创造意义和信念，成为一个团体的黏合剂，一出戏剧，一种加强和约束某些人的办法，一种治疗方法，一种传递文化知识的方式。它是人类自然史的一个重要组成部分，也是日常心理分析实践的一个重要组成部分，它还能使我们了解我们自己的本性[①]。

---

① ［英］约翰 · 希顿：《维特根斯坦与心理分析》，徐向东译，北京：北京大学出版社，2005（3），第 107 页。

中国人并不是没有宗教信仰，只不过这种信仰和西方的不太一样。小时候，我们家唯一信神的是我奶奶。在偏僻的农村，那里没有寺院，也没有和尚。她不是一名严格意义上的宗教信徒。她也从来没有刻意区分什么教派，山神、水神，佛教、道教，各路神仙她都敬。

从小奶奶就教育我要爱护动物，她说万物都是神的化身，善待万物才会有好运。谨遵她的教诲，我从小便对大自然怀着敬畏之心。我奶奶天性就是非常善良的人，但是我却很难说清楚到底是因为天性善良，还是受到教化的结果。我感谢我的奶奶，也感谢教化我的“神”。我是一个无神论者，但对神的敬畏却始终根植于心。

我知道很多年轻的父母都对自己的育儿理念很自信，但是我相信等他们的孩子长大以后，他们就不会这么想了。当有小孩问大人关于鬼神的问题，大多数家长总是教训道：“这个世界上哪里有什么鬼神！”话也许是对的，但是我们该如何让孩子有意识地呵护其他生命，如何让孩子善良，如何帮助他们克制自私，如何让他们对世界心怀敬畏呢？

过去，农村人聚在石坝边上望着星星就能安静下来。那时候他们信仰的是他们也叫不上名字的神灵。如今很少有人有那种信仰，也很少有人再那样安静地坐着了。人们总是捧着手机，看着浮夸、做作的视频，一刻也停不下来。

过去，每当有人死去的时候，死者生前的亲戚和朋友不管多忙、不管多远，都会千里迢迢赶来奔丧。现在，人们普遍不会那么积极地参加亲朋好友的葬礼了。匆匆赶来、匆匆离去，或者干脆托人带一笔礼金了事。操办葬礼的人也不会计较这些，因为大家都这样，彼此已经心照不宣。

在物质比较匮乏的年代，死者的遗物都会被小心翼翼地处理。能继续使用的分给后人继承使用，不能继续使用的会被毕恭毕敬地随着死者一起埋葬，最敷衍的处理办法也是用火烧掉。如今，死者生前的物品不会再被认真对待，多半被当垃圾随意丢弃。

过去每逢春节和清明，家乡的人必做的一件事情是祭拜逝去的亲人。他们跪在坟前，一边烧纸钱，一边絮絮叨叨地跟逝者对话，然后虔诚地磕头、方鞭炮。等纸钱烧完以后再站起来，一步一回头，慢慢地离去。

如今，人们依然会在春节时祭拜祖坟，和几十年前一样，多数人并没有从心里思念过那些死去的亲人，只是祈求亡灵保佑自己平安幸福。习俗依然在，但是有了一些微妙的变化。家乡的人对待这样的事情越来越敷衍了。匆匆放完鞭炮，不等纸钱烧完就走掉，跪拜的仪式都省了。他们不是在虔诚地祈求保佑，不过是在崩溃的信仰中畏惧万一存在的惩罚。延续了上千年的习俗正在慢慢消失，而这背后是心态潜移默化的改变。

这样的改变是好事还是坏事呢？我不知道。

我认为天上没有灵魂，埋在地下的也就只是骸骨而已。但是，当仰望星空的时候，我的内心总是有一种隐隐的恐惧之感。这种恐惧感不是安全威胁，而是一种自己如此渺小、如此脆弱的惊慌，也正是这种感觉，经常刺激着我思考更深的东西。

克服恐惧的方式就是不断熟悉恐惧，熟悉到一定程度，恐惧感就会消失。就像我们每天都看着星辰，边界感就模糊了，觉得那不过是星星而已，站在山巅说不定就能摘下几颗，也不会有什么敬畏之心。

恐惧代表了一种不能逾越的边界意识，它提醒我们远离危险，远离罪恶。当这种边界感消失，会出现一些意想不到的事情。适应了对邪恶的恐惧，人会变得邪恶；适应了对杀戮的恐惧，人会成为嗜血的狂徒；适应了被人羞辱的恐惧，人会变成真正的无耻之徒；适应了对被奴役的恐惧，人会变成没有反抗意志的奴隶。所以恐惧感是必须避免或者一定需要被克服的吗？不是！

如果孩子因为被保护得过好而没有恐惧的人生体验，恐怕是一种非常遗憾的成长缺失。一个人的成长首先是从无知走向恐惧，然后努力战胜恐惧，最后才能无所畏惧。如果连恐惧都没有，也就无所谓战胜恐惧，那纯粹就是无知。

（八）艺术与现实

艺术的价值并不在于虚假的逼真。对观众来说，太过还原真实的艺术反而让人产生莫名其妙的厌烦。因为，艺术与生活应该是有边界的。观众需要的是边界之外的感悟，而不是越界的真实。

图 16　新疆呼图壁县康家石门子岩刻（临摹）

优秀的演员使用的“道具”通常看起来很假，他心里清楚这只是道具，他也清楚观众看它只是一个道具，他只是借这个道具给观众展示戏剧之外的东西。拙劣的演员的“道具”通常很逼真，他试图让观众认为这不只是道具，他就靠这个道具本身来糊弄观众，因为除了道具，他什么也没有。

当然，大多数时候并不是艺术的问题，而是观众的问题。观众没有鉴赏艺术的能力，艺术家去迎奉承这些不懂艺术的观众，创作出来的东西已经算不上真正的艺术。

现代人很大的一个问题是模糊了情感和艺术的边界。刻意放大情绪，刻意寻求感动，甚至把虚假的东西当真。法国哲学家福柯在《疯

> 癫与文明》中严肃地批判过这样的问题。
>
> 女人们特别欣赏那些“煽情”场面。她们的心灵“受到强烈震撼，引起神经的骚动，虽然转瞬即逝，但后果往往很严重；一时的心乱神迷，为现代悲剧的表演而潸焉出涕，是由此产生的最轻的后果了。”小说则构成了一种更造作的环境，对于已经紊乱的感受力更加危险。现代作家极力以假乱真，为此而调动一切艺术手段。结果，使他们力图在女读者中唤起强烈而危险的情感的目的更容易实现：“在法国早期推崇骑士风度的时代，头脑简单的妇女满足于知道令人难以置信的惊人事件；而现在，她们则要求事实必须令人可信，而情感则应超凡绝伦，足以使她们神魂颠倒，心乱意迷。于是她们极力在自己周围的一切事物中寻求能够迷惑她们的新奇东西。然而，在她们看来，周围的一切都索然无味，因为她们要寻求的东西在大自然中是没有的。”小说则构成了一个可以滥用全部感受力的环境。它使灵魂出壳而进入一个虚幻的情感世界，情感越不真实就越强烈，也越不受温和的自然法则的控制。“如此之多的作家当然会造就出大批的读者。而连续不断地阅读就会导致各种神经病痛。在各种损害妇女健康的原因中，最近一百年来小说的无限倍增也许是最主要的。……一个女孩在10岁时就用读小说取代跑步，到了20岁就会成为一个忧郁的妇人，而不会成为一个贤妻良母。”①

艺术僭越了现实生活，而生活拙劣地模仿了艺术。这种问题已经侵入了我们生活中的每个角落。

这些年网友一直在吐槽电视剧和电影越来越做作、越来越脱离现实生活。可是大家有没有想过这样一个问题，有没有一种可能，那些虚假和做作对导演、编剧和演员来说本就是最真实的生活？我们的现实也许对他们

---

① [法]福柯：《疯癫与文明：理性时代的疯癫史》，刘北成，杨远婴译，2版，北京：生活·读书·新知三联书店，2003（1），第202页。

来说就是艺术，而他们的艺术对我们来说恰恰是现实。

（九）个人价值与社会价值

庄子比较真实，也比较自我。相对而言，孔子从社会的高度思考问题，但是庄子更多地从自我的角度思考问题。一个更注重个人价值，一个更注重社会价值。从一个小故事就能看这种差异。

庄子和子弟行走在山中时看见一棵大树，枝叶十分繁茂，但是伐木的人停留在树旁却不砍伐，问是什么原因？伐木的人说："这棵树没什么用处。"

庄子对弟子说："这棵树就是因为不成材而能够终享天年。"

后来他们留宿在朋友家中。朋友叫童仆杀鹅款待他们。童仆问主人："一只鹅能叫，一只鹅不能叫，请问杀哪一只？"主人说："杀那只不能叫的。"

第二天，弟子问庄子："昨日遇见山中的大树，因为不成材而能终享天年。如今主人的鹅，因为不成材而被杀掉。先生您怎么看？"

庄子笑道："我处在成材与不成材之间。成材与不成材之间，似得道而未得道，难免被束缚。真正的得道者则不然，能完全顺应自然，即没有赞誉没有诋毁，随时间的推移而发展，时而进取时而退缩，不被外物所役使，就像在万物初始的状态。驾驭外物而不被外物所奴役，不会有任何束缚，这是神农、黄帝的处世原则。至于人之常情，则是这样的：想在一起却遭到抛弃，想干点事情总有人拖后腿，有点理想总是遭人打击，有点名气就遭到诽谤，有点成就遇到挫折，太善良了被小人暗算，地位高了就遭到非议，没能力又会受人欺负，哪有什么不变的处世原则。徒弟你要记住，无论什么时候，无论发生什么，只管做好你自己，那就你最好的处世原则。"

孔子可是一个真正立志要改变世界的男人。他关心天下苍生，习惯于通过社会价值考察事物。庄子更关心自我[①]，更多地是顺应时代，而不是改变世界。他们的价值观看上去不太一样，但他们都是高尚的人。自我也是天下的一部分，关怀每一个人的内心难道不就是在关怀天下吗？只不过角度不同而已。

我一直都把庄子当成心理学家来看。心理学家的本分是关注人的内在，对社会价值不怎么关注也在情理之中。所以在我看来，庄子和孔子没有高下之分。相应的，个人价值与社会价值也不能进行高下的比较。

1. 个人价值

个人价值是站在自我的立场去权衡利弊，是计算自己的得失，跟自私有点雷同，但是和自私不完全一样。自私是一个贬义词，而个人价值是中性词，既没有赞誉也没有诋毁。

在价值观中，个人价值是排在第一位的。个人价值在遭到否定的时候，容易脱离自己的立场。如果你是个人价值感比较低的人，可以多了解一下庄子的思想，了解自己的价值。

> 惠子对庄子说："我有一棵大树，人们称它为樗树。它的树干臃肿弯曲不直。种在路边，木匠也不理睬它。现在你说的话，大而无用，会被众人抛弃。"
>
> 庄子说："你难道没有见过黄鼠狼吗？东跳西蹿，结果还不是触发机关死在网子里？牦牛这么大，连老鼠都抓不到，人家活得好好的。现在你有一棵大树，为什么不把它种在空旷、没有人烟的地方。没事的时候就躺在它的树阴下，多逍遥快活呀。樗树即便没用，对别人也没有害处嘛，反倒是因为没有用才避免被斧头砍伐，这样不挺好吗？"

---

① 注：这里的自我不是指庄子自己，而是自我的修为，道。

按照当时的舆论环境，惠子的这种批判可能是无解的，说白了惠子只是说了一句大实话而已。庄子并没有顺着惠子的思路进行申辩，顾左右而言他，实际上是把社会价值问题转向了个人价值问题。注意，这是一种文本技巧而非一种辩论技巧。实际的对话可能不是这样的。这和《理想国》里面的很多对话类似，只是写书的人设计的一个桥段，是一种演绎。尽管只是一种演绎，说明的道理却是符合逻辑的。

咱们的人最害怕被别人说自己没用，但是现实中我们总会遭受这样的攻击。人们经常把人生比作苦海，大概也是这个原因。其实一个人并不一定要多“优秀”才有价值。我们总是需要有这样一种意识：当自己不被认同的时候，不要轻易伙同他人一起否定自己。很多时候我们就是要站在自己的立场去思考，寻找属于自己存在的意义。自己也是这个世界的一部分，善待自己也是善待这个世界。庄子是一个有温度的圣人，他的很多话看似刻薄，其实饱含温情。

2. 社会价值

不管是历史上还是现实生活中，总会有人为了整个社会甘愿牺牲自己。在这些人的意识中，社会价值高于个人价值。他们的自我价值体现在对社会的贡献上，而不是体现在自己的成功上。比如上面提到的惠子，如果他的目的是对社会有用，这种想法是很高尚的。仅就那段对话来看，他与庄子并不是非错即对的关系。

人们有种错误的观念，好像只有大人物才应该重视自己的社会价值，小人物只顾自己就行了，我认为恰恰相反！

小人物更应该关心自己的社会价值。并不是说自己要有多成功、多优秀，而是有自己是这个社会的一分子的意识。生存本能是弱肉强食，但一个文明的社会能约束这种野蛮的生物本能，保护弱者。如果社会变糟了，最惨的是小人物，而不是那些自我价值相对较高的人。

故夫知效一官，行比一乡，德合一君，而征一国者，其自视也，亦若此矣。而宋荣子犹然笑之。《庄子·逍遥游》

文明社会，人与人之间总是相互制衡的。小圈子约束不了强人，也保护不了弱者。弱势的人在大环境里相对更容易得到尊重。其实不管强弱，任何人都是这样，发自内心地依靠和尊重自己所生活的文明社会，才能得到文明社会的庇护。老虎吃鸡，鸡吃虫，虫吃棒，棒能打虎。在公平、公正、包容、开明的社会，每个人都有自己独特的价值。越是弱者，越应该热爱和维护这样的大家庭。

（十）出世与入世

小时候我经常跑很远去找村里的孩子玩，被欺负了，哭哭啼啼地跑回家，这时候我妈总是说："谁让你找他们玩的，活该！"后来我渐渐不敢去找其他孩子玩儿了。我的天性是爱热闹的，渴望去人多的地方，但实际上我却像一个远离喧嚣的隐士，成年累月地一个人在家画画、看书，慢慢失去了与周围同龄人的联系。从小到大，我始终感觉自己的人生充满了尴尬，进退为谷。

庄子可能是最了解人的这种困境的人，所以他刻意与这些困境保持距离，尽量不给自己制造困境。很多人都劝他去当官，他都拒绝了。我认为这跟淡泊名利没有什么关系，他只是避免自己给自己制造困境而已，用我们今天的话来说就是有点消极。我觉得庄子的消极是在告诉人们，人可以自由自在地生活。如果你愿意承当被人讨厌和遭受攻击的压力，那就入世。反过来，如果你选择入世，就不应该抱怨自己遭到打击或者被人讨厌。

进退都可以顺应自然，逍遥自在，这是我从庄子那里领悟到的一种比较理想的处世态度。这种生活态度体现在下面三点上。

第一，我们可以按照自己能理解的方式去认识这个世界。比如上面探讨的那些问题，你都可以有自己的看法，不必为自己与他人的不同而惶恐不安。比如面对一本晦涩难懂的文艺类书籍或者一件艺术品，你就应该按照内心能够理解的方式去理解它。如果他们批评你不懂，你完全可以不放在心上。对你而言，读不懂的就可以不用去读，而读懂的都是你自己的。

第二，我们可以根据自己的理解去选择适合自己的生存方式。当然我们的主观意志会受到客观环境的影响，比如海伦·凯特渴望自己拥有光明，但是她注定只能在黑暗中过完自己的一生。顺应自然，就是顺应自己和环境的关系。

话说庄子在濮水钓鱼时，楚王派两个大夫去找庄子，说："我愿意将境内的事情托付给您。"（意思是想请庄子出任国相）庄子说："我听说楚国有一只神龟，已经死了三千年了。楚王把它的骨头供奉在庙堂上。你说，这只神龟是愿意死后留下骨头享受供奉呢，还是宁愿拖着尾巴在泥里爬呢？"两个大夫说："宁愿拖着尾巴在泥里爬。"庄子说："你们走吧，我要拖着尾巴在泥里爬。"

我们有不喜欢某些人和某些事物的权利，同时也必然会承担不被某些人喜欢和不适合做某些事情的风险。庄子在书中经常和别人争论，但是很少看到直接否定或者批判别人。我之所以喜欢庄子，就是因为他给了我这些启示，这些都很温暖，是我所喜欢的。他并没有解决我的人生困境，但是让我更坦然地面对生活。

如果我的人生态度是入世的，这种选择决定了我必然会承担某些风险。想受更多的人尊重，想被更多的人喜欢，就要接触更多的人。而接触越多的人，承受被人讨厌的风险也越大。欲望也是如此，想得到更多的东西，就必须冒更大的风险。如果不想冒风险，就只能舍弃欲望。如果不希望受人尊重，那就不去和任何人打交道好了，这样就能避免一切问题。简而言之，我们遇到的问题总是伴随着想得到的东西而来的。

回到我小时候的经历，我想说，我妈当初的教育方法是错误的。她没有给我勇气入世，也没有让我安心出世。我在出世和入世之间，同时承受着两边的痛苦。如果我是我妈，我会这样对孩子说："你想和他们玩就要想办法战胜他们，至少不要被他们欺负。如果你没有办法做到，那就远离他们，他们不配和你一起玩！”。要么激励孩子承担挫折的勇气，要么让孩子安心地逃避现实，要么干脆什么都不要管，让孩子自己选择自己的人生。

1. 入世的态度

如果你倾向于“入世”，追求名利，争强好胜，希望伸张“正义”。这种选择决定了你必须承担相应的压力，甚至更容易遭受攻击。名利绝非容易得到的东西。维护世界和平也好，满足私欲也好，不管出于何种动机，越多地参与人与人之间利益纠纷，就要做好处理相应风险的准备。

很多年以前，我也曾努力去掌握各种社交技巧。不能说这些技巧没有用，这些刻意去学习的却不能从根本上解决问题。这个过程就好像在围绕着什么东西转圈，我跑得再快，总有应付不完的问题。这些技巧终究只是表面上的东西，随着时间的流逝，总会感觉空虚。其实如果能做到认真地去了解自己，活得更坦然一些，那种困惑自然就会消失。在我们做某些选择之前，应该有某些心理准备，这样才能更坚定地做自己。

某些职业的性质决定了他们必然会比平常人承担更多的非议。他们接触的人多，受人尊敬和爱戴得多，被讨厌也自然更多。政治家和平民的矛盾就是如此。在很多人的眼中政治家好像有些是虚伪之徒，我觉得主要的原因还是他们面对的人和事比普通人更多、更复杂，承担的风险更多而已，并非他们比平常人更虚伪。作家和导演也是如此，他们都想创造更好的作品，但这种欲念越强烈，遭到批评的风险可能也越大。

2. 出世的态度

如果你倾向于“出世”，生活会平静得多。当你突然从“出世”的状态停下来的时候，我相信你的世界会很快变得不一样。我这里说的“出世”既无褒扬之意也无贬损之意，消极避世也好，随波逐流也好，隐居深山也好，蛰伏自保也好，都算是。

我们和什么样的人同船而渡，其实主要是命运的安排。我们不曾选择自己的父母，不曾选择自己的邻居，也不曾选择自己的姻缘．但我们从不抱怨命运的安排。不管上天如何，都友好而真诚地对待。善待自己，善待他人，对命运的安排发自内心地接纳。

控制欲超出你的能力太多的时候，不止你自己会很痛苦，对其他与你有密切关系的人来说也很痛苦。我的母亲就是这样一个人。首先，作为一个农民，她的思想非常封闭和顽固，她不愿意接纳新的事物，甚至都不愿去了解，事实上就这一点就已经决定了她不应该再强行去主导别人的事情。其次，作为一个思想封闭的农民，她得不到同样思想封闭的和她差不多的人的尊重。她本来应该有很多朋友，可这些朋友都不愿意跟她相处。她本来也应该结交更多更真诚的朋友，可是她没有那份心力。作为一个母亲，就算她在这两点上都很失败，都不会影响她在家人心中的地位。问题在于，她始终对家人保持着一种让人吃惊的控制欲。我毫不怀疑她很爱我，但是这种爱真的很痛苦。她本应该选择“出世”，而不应该选择“入世”的。

不谈抱负和人生理想，在家庭关系中，老人的心态倾向于“出世”是一种很好的状态。“出世”不需要什么资本，只需放下即可。真的，只需要放下。老人如果不那么固执，一个家庭会少很多矛盾。她也许不会像年轻时候那么让人畏惧，但会因为与世无争而更受爱戴。

第四章

文化之内

图 17　云南省沧源岩画（局部）

人与人之间最根本的不同是根植在我们意识深处的观念。观念不是与生俱来的，小孩缺乏人生阅历，没有自己的观念，所以小孩看到什么就能学什么。往一个空的瓶子里倒水叫“灌输”，如果这个瓶子已经装满了某些东西，就不可能“灌输”了。成年人的观念也会改变，只是不是“灌输”，而是“影响”。通常这个过程会很漫长。有些深入骨髓的东西甚至需要用一生的时间去改变。

一、传统

我们在这片土地上长时间的习惯都是传统，但这里说的传统仅指我们旧有的观念，并非具体的事物。当然，旧有的观念也是在这些具体的事物上有所体现，但这里我们不讨论这个。

（一）中庸

实验心理学研究表明，思维可能是情绪中枢对分裂的意识综合调和的过程。人的左右脑分别存在不同的意识，前额叶组织对这些意识进行调和，最终表现为思维和决策能力。这个科学实验得益于一些脑科病人的参与。他们中一部分人的前额叶组织受损，而另一部分人左脑或右脑受损。

第一组实验对象，是情绪控制中枢有问题的病人。测试人员在他们面前同时摆放一支钢笔和一个苹果。实验任务很简单，就是让他们从面前的两样东西中选择一样。这些病人很清楚自己要做的事情，但是当他们坐在实验物品面前时，却无法完成测试人员交给他们的任务。他们的左脑试图去拿钢笔，而右脑想的却是去拿苹果。两种意识始终是分裂的，导致他们很难控制自己的行为。

第二组实验对象是左脑或者右脑受到损伤的人。实验结果更加奇怪。当测试人员告诉他们，要在钢笔和苹果中“选择其中一样东西”时，他们只是茫然地看着眼前的东西，始终不能理解选择的意义。

实验的总结是：如果一个人情绪控制中枢前叶额受到损伤，他将不能综合自己的意识，很难做出有效的决策。如果头脑中没有分裂的意识，则不会形成决策的基础，选择对他来说将没有任何意义。

了解到这些科学实验的时候我非常震惊。原来正常人的头脑中本来就存在分裂的意识，而且似乎这些分裂的意识对我们的思维很重要。

由此我联想到了所谓的中庸思想。“中庸之为德也，其至矣乎。”中庸之道，指不偏不倚、折中调和的处世态度。

这里我不探讨古代中庸思想。首先，我不是研究古代哲学思想的专家，我的理解可能不准确。曲解古人的思想是不好的。其次，思想作为一种工具，好坏因人而异，其本身不值得批判。但是，是当思想影响到我们的生活的时候，就值得深思了。

社会的和谐是持不同观点的人相互制约、相互协调达成的。不同的思想相互斗争，相互消耗各自的偏执，直到彼此妥协，这个结果可以说就是所谓的中庸了。但为了中庸而达成的中庸，其实只是表面的和谐。未消耗的偏执将会是极端思想的弹射点，那样形成的极端往往是更极端的极端。事物总是处在诸多力量的对抗中，如果这种状态恰好兼顾了各方势力，就是平衡的、和谐的。事物的各个部分可能处于极端的形态，这些极端形态相互制衡，共同维持事物作为一个整体的和谐状态。

无论是一个人还是一个社会，中庸的状态通常是好的，但一个中庸的头脑却没有多少价值。整体的和谐是各种不同的意识形态叠加调和的结果，而不是中庸的思想所能左右的。作为个人而言，真正重要的也只是做好自己罢了。个体对于整体的重要的价值之一在于，个体能够通过自己的选择来调和群体的偏见。如果他在参与群体，形成群体决策之前就中庸了，也没有调和的价值可言。

人的内心，可能各种极端思想无时无刻不在相互斗争，而外在的行为却可以始终维持着一定的分寸。从局部来看可能不太符合中庸之道，但是作为一个整体，最终的行为却能够表现出理智和分寸。当我们的外在行为倾向于有害的极端的时候，限制这种极端趋势的力量，可能不是来自“中庸”，而是来自与这个极端相应的另一个极端。如果一个人在思想上总是不假思索地强调“折中”“适度”，最后呈现的可能是一种僵化的平庸。僵化的思想无法适应现代社会。

中国古代历史传记中总是充满了类似的思想斗争的痕迹。君主在做重大决策之前，都要和大臣进行一番争辩。总有一个所谓的“贤臣”和君王辩论。其实，大臣说出来的未必不是君主心里所想的。记载历史的人其实是通过这种辩论展现决策者内心的思想斗争，甚至可以说是统治集团的派系斗争。每个大臣都站在特定的立场坚持己见，但是经过争辩以后，整个国家的政策就是所谓不偏不倚、恰如其分的。英明的决策是贤臣进谏的结果，而不是君王一个人的想法。

中庸思想来自两千多年前的儒家学者，原本的意思或许已经不重要了。重要的是，现在我们该用怎样的理念来面对它。中庸的“恰到好处”，不应该是恰到好处的选择，也不应该是恰到好处的思想，而是恰到好处的状态。对个人而言，各种不同的思想都是灵魂的一部分，理性面对，让它们相互制约。这样能保持整体的活力，从而更适应复杂多变的环境。

人类的进步是建立在对错误的批判上。没有小部分人犯错，就不会有大部分人的进步。某些人头脑中的“中庸”永远都是对的，这种思想没有办法批判，也就没有办法进步。各种不同的思想的斗争才能让人们的思想更丰富，从而制造出思维跳跃的可能性。中庸思想对极端的回避会削弱这种跳跃的能力。如果我们的思维不能形成跳跃，可能就只有原地踏步了。

我一生犯下的最大的错误也是因为这种中庸思想。我大学的专业是电子信息工程，但从大学时代起我一直想创建这样的网站：人们在这个网站上针对某些问题发表各自的观点。我想，人们都有自己对的一面，把这些观点综合起来，大家取长补短，不就得到人生的真谛了吗？那些在人生中存在困惑的人，看到这些中庸的观点不就得到正确的指引了吗？这个世界不就会更好了吗？于是我大概用了七八年时间来搞这个网站。然而，最后我发现它根本起不了我预期的效果。之所以失败，根本原因并不是我没有钱去推广，而是因为这个网站的核心理念出现了谬误——中庸不是良药。

两个极端争执的双方中间有一条看不见的界线。本分就是自己的立场和主见，不能轻易换位思考。所谓“中立”最大的毛病就在于总喜欢站在上帝的视角思考问题，这就是“中立者”往往比对手更讨人厌的原因。

很多不同的思想各有可取之处，但是无法综合。你要么支持 A 观点，要么支持 B 观点。试图在 A 观点和 B 观点之间讨巧，用“非 A 非 B，又 A 又 B”的观点来既得到 A 观点的好处又得到 B 观点的好处，那是不可能的，只会落得不伦不类。

如果分歧在只能择其一怎么办呢？离开分歧发生的层面，回到更高的层面，上升到更大的格局。我们真正需要的不是掩饰问题的技巧，应该是更深刻的思辨。

（二）因果报应

由于佛教文化的影响，其传播地区的人们对因果报应普遍有着根深蒂固的情绪。按照因果报应的思想：一个人不管遭遇什么或得到什么，都是因果报应。所以人们总是习惯于用“人在做，天在看”，“好人有好报，恶人有恶报”之类的话恐暗示（恐吓）作恶的人，同时也安慰（麻痹）遭遇不公的自己。

1. 好人有好报

善有善报，恶有恶报，这是在教化人们弃恶扬善，但同时它也不知不觉也可能助长了人们的投机心理。

在现代社会中，“高情商”的人往往都非常擅于算计。如果是公平的算计也就罢了。但情感终究不是生意，应该真实、自由、自然。

名利场上，人情是一张牌。出于某些原因，你可能不得不接这张牌，但情感上千万不要被“因果报应”束缚，容易陷入危险的羁绊。庄子说过，“一个人不能谋虑太深”，谋虑太深的人容易陷入泥潭难以自拔。

情感上的付出被当成投资，这是令人讨厌的。越迷信因果报应，越容易被人勒索。事实上，哪怕是公平的算计都会让我感觉不适。我自知“情商”不高，不擅于算计。

2. 恶人有恶报

作为一个无神论者，我相信神灵是我们的祖先因为善良才创造出来的东西，就像我相信诗歌是诗人因为情感才创造出来的艺术一样。这个世界始终伴随着恶，人类才以神的名义惩罚恶行。恶有恶报并不是神的法则，是人的意志。神存在于我们的精神世界中。“天”只是在看，但不会说，也不会做。发生在任何人身上的不幸都是不幸。一个人被雷劈死了不是因为遭到报应。这种不幸，跟他是好人还是坏人没有半毛钱关系。一个触犯法律的人被送上刑场，这才是恶的报应啊。用因果报应恐吓别人的行为很不厚道。遭遇不公的对待，应该因循社会的规则进行伸张。

惩戒的真正意义在于警示，对于将来的行为产生道德约束。忏悔都是虚伪的，警戒才是实在的。所以我们才需要法律。法律对人性的约束力远远大于宗教。

3. 报恩与感恩

因果报应强调报恩。报恩是一种特殊行为，是对于特殊的人、特殊的关系、特殊的事情而言。

甲救了乙一命，乙为了报恩杀了甲的仇人丙。乙的报恩可以说是一种公平交易，称不上道德。甲帮助了乙，乙出于仁义之心帮助更多需要帮助的人。

不对具体的事情，也不对具体的人，这是感恩。感恩之所以高尚，是因为没有目的。善是一种大爱！如果一个人真的对你怀着善意，不会只对你一个人。

（三）人上人

人是万物之灵。但凡能来到这个世上的人，都存在有别于动物的高级需求。没有任何人会只满足于低级动物一般的吃喝拉撒。当人们突兀地强调自己是个“俗人”的时候，其背后往往有复杂的思量。

过去传统中所谓“人上人”不过是一种精神层面的优越感。尽管现在已经不怎么说这个词语了，但其实我们的言行举止无时无刻不受这种思想的影响。潜意识里，人与人之间不是人上，就是人下的关系。假装贬低自己的行为，实际上是为了抬高自己。强调自己“无欲无求”，可能目的是嘲讽别人“求而不得”。

按照奥地利心理学家阿德勒的说法，优越感是一种正常的精神需求，就像性爱和食物一样重要。但是类似“人上人”的思想是古代社会人与人之间相互迫害和斗争的产物，绝非一种现代文明社会应该有的心理。我们越是刻意强调“普通人”的身份，反而越是证明了我们对“人上人”的忌惮或者渴望。

很多人还没有从传统思想中完全挣脱出来。他们虽然丢下了等级思想的旧袍，却换上了“人上人”的新衣。别人被抬高相当于自己就低人一等，别人被打压下去，就相当于自己高人一等。所以在人上人思想越严重的地方，相互贬低的风气越盛行，内卷也越严重。

有人问：“凭本事成为人上人有何不可？”我的回答是：真正有本事的人未必希望成为人上人。这涉及竞争的动机，以及竞争的文化问题。好的竞争文化能鼓励人们积极地参与竞争，而不是消极被动地参与竞争。好的竞争文化能引导人们参与竞争的同时彼此分享，而不好的竞争文化只是引起人们相互踩踏和算计。

（四）温良恭谦

每当我们遭遇不幸的时候，总是愤怒地质问老天，为什么偏偏是我？我们可能会质疑自己的性别，质疑自己的肤色，质疑自己的容貌，质疑自己的家庭，质疑自己的学历，但这些可能都不是原因。“天地不仁，以万物为刍狗[①]”。天地看待万物是一样的，不会害谁，也不会帮谁，一切顺其

① 出自《道德经》，作者老子，原文：天地不仁，以万物为刍狗，圣人不仁，以百姓为刍狗。

自然。

如果你站在老虎身边，就是给老虎咬你带来方便，这就是你被咬而别人没有被咬的原因。如果你把奶酪放在自己看不到的地方，就是给小偷伸手拿走的方便，这就是你的被偷走而别人没有的原因。在自然状态下，万物都会沿着阻力最小的方向运动，而恶人会选择方便的人欺负。

一个人可以弱，但绝对不能给他人作恶行方便。你不一定要比别人强，但一定不要主动暴露自己的弱点。野兽之所以不攻击你，是因为你身上未知的东西让它心存畏惧。一旦你失去庇护，温顺的猫咪也可能成为嗜血的猛兽。对猛兽示弱绝对不是什么好主意。

如果有人主动暴露出自己的弱点，请相信那只有一个原因——这个弱点已经被克服了。有些人喜欢通过自嘲制造幽默，那是因为他们自嘲的点，其实在他们自我保护最坚实的地方。你要相信，聪明人绝对不可能袒露自己真正的弱点。他们真正脆弱的地方是不可能允许他人触碰的，连窥探都不被允许。

任何人都有自己的优势和劣势，总是忧虑自己不利的一面会造成自己的懦弱，不利于生存。一个人可以在战斗中倒下去，但内心自强的火焰绝对不能轻易熄灭。公平和正义救不了所有人。如果你没有能力保护自己，大概率没有人来保护你。俗话说“穷生奸计，富长良心”这不是批判，也不是讽刺，这是生存现实。生存在任何时候都是第一位。出于生存的需要，弱者就需要更凶悍和狡猾，而不是始终温顺和善良。

二、观念

大道至简。有些人遵守却不一定理解，有些人理解却不一定遵守。深刻理解各种观念的人是那些潜心研究学问的哲学家，但深刻理解了这些观念并且凌驾于这些观念之上的是那些阅历超越普通人的政治家。成熟的政治家对社会的洞察是最深刻的，只不过，有智慧并不意味着一定有良心。

图 18 幻想与梦境

（一）公平

这个世界有两种平等：一种是公平是自然定律的平等，比如每个人每天都只有 24 小时，每个人都会衰老和死亡。另外一种公平是人们定义的平等，也就是社会的平等，比如王子犯法与庶民同罪，穷人也有追求幸福的权利。

1776 年，北美洲 13 个英属殖民地宣读了富兰克林、杰斐逊等人起草的《美国独立宣言》，宣告美国独立。宣言中明确地写着："人人生而平等，造物者赋予他们若干不可剥夺的权利，其中包括生命权、自由权和追求幸福的权利。"

资本家在贸易的过程中和封建贵族频繁发生争斗，迫使他们寻找一种解决问题的办法。没有反抗能力，就没有任何平等可言。他们不仅没有平等的权利，连像猫狗一样被怜悯的权利都没有。直到将近 100 年后美国南北战争时期，奴隶制被武力推翻，仍然有人坚信这种奇怪的"平等"。

柏拉图的乌托邦社会"理想国"是一个绝对平等的社会吗？并不是。理想国的公民也按照品质的不同分了三个等级：黄金、青铜和铁。处于社会最高等级的公民是哲学家。

当前世界 20% 的人掌握着全世界 80% 的财产。这 20% 的人可以玩钱生钱的游戏，钱财积累的速度远远超过穷人。他们不仅现在很富有，将来还会更富有。他们凭一个好的点子就可以让资产翻倍，情商很高，智商也比普通人强，而且有些人相信他们比穷人更努力。资本家创造了他们的“理想国”。在资本的游戏规则里，这个世界就是公平的。

除了自然定律的平等是绝对公平的以外，任何所谓的平等都不是绝对的。公平只在特定的游戏规则之下。

（二）正义

我们希望世界是正义的，的确我们也应该怀着这样的希望。但是对于自然造化来说，正义并不是它的职责。这个世界没有维护正义的神，也没有能伸张正义的鬼，正义只能靠人来伸张。若没有人伸张正义，这个世界就不会有正义！

博弈论有个著名的实验叫“囚徒困境”。两个共犯被警察抓住，分别关在不同的屋子里接受审讯。警察明确告之审讯有三种结果：

第一，如果两人都拒绝招供，由于缺少犯罪证据，只能各判刑 1 年。第二，如果两人都招供，各判 8 年。第三，如果两人中，一个招供而另一个人拒供，那么招供的无罪释放，拒供的判 10 年。

显然两个犯罪嫌疑人一起拒供，对犯罪嫌疑人来说是最好的选择，但是为了自己的利益，两个犯罪嫌疑人往往都会不约而同地选择坦白罪行，结果各判刑 8 年。

“囚徒困境”是一个博弈论问题，实际上也是一个伦理道德问题。对于人类社会来说，我们都很清楚：如果人与人之间、国家与国家之间互相信任，真诚合作，实现共赢的局面，这样对大家是最好的。但是人性的自私往往总是让我们做出最有利于自己的选择。我们明知道整体的最优解，可就是实现不了。自私损害整体的利益，最终让自私得到报应。就像这两个嫌疑犯的结局一样，越渴望个人利益最大化，越是眼睁睁地共同走向一个最坏的结局。

这里我们的主题是讨论正义的观念，而不是批判人性的自私。那么这个实验和正义有什么关系呢？实验的后续发展才是重点。

研究者推测，单次和多次的囚徒困境结果会完全不一样。也就是说，如果同样的两个罪犯出狱后再遇到同样的事情，有了上次的经验，他们也可能会选择一起拒供。如果有第三次同样的审讯，在确信对方不会招供的情况下，为了将自己的利益最大化，反而可能会选择背叛。真实的人性就是如此复杂。

更复杂的是社会是一个混沌体，单次实验的结果并不能导出有普遍意义的科学结论。如果雇用志愿者进行心理实验难免会受到心理暗示的影响，也不利于得到一个客观的结论。于是很多年以后，一些天才的科学家经过深思熟虑想出了一个绝妙的点子——用计算机建模代替人类进行“囚徒困境”的实验。

美国密歇根大学公共政策研究所的罗伯特·阿克塞尔罗德就进行了一系列这样的实验，称之为“重复囚徒困境”。“重复囚徒困境”游戏允许双方合作中得到好处，同时也提供了一方占另一方便宜，或者双方都不合作的可能。和大多数现实情况中的人际关系一样，游戏双方没有严重的利益冲突。为了找到处理这一情况的最好策略，他邀请对策专家提交计算机程序参与游戏的较量，就好像计算机棋赛一样。每一个程序在决定当前是否选择合作时，可以参考游戏双方以前的交往历史。

第一次实验有 14 位来自经济学、心理学、社会学、政治学和数学领域的对策专家提交了参赛程序。罗伯特让这些程序及一个随机程序进行循环赛，令人吃惊的是，胜利者竟然是所有程序中算法最简单的“一报还一报”。它不过是一个以合作开始，随后只模仿对方上一步选择的策略而已。其后，罗伯特公布了这一竞赛结果，并征集了第二轮的参赛者，这一次他收到了来自 6 个国家的 62 个程序。

这一次大部分参赛者都是计算机爱好者，但其中也有进化生物学、物理学和计算机科学以及在第一轮比赛中出现过的5个教授。与第一轮竞赛一样，有些参赛者提交的程序复杂而精巧，其中，有几个是对“一报还一报”策略的改进。而“一报还一报”本身还是由第一轮胜利者多伦多大学的阿纳托尔·拉帕波特提交，结果，它又胜利了。

罗伯特把这一实验结果公布出来，并写了一本很出名的书，叫《合作的进化》。罗伯特在书中把这种策略能胜出的原因解释为：合作的最优解之所以可以实现，是因为决策者将再次相遇。再次相遇的可能性意味着，今天做出的选择不仅决定当前的对局，而且还影响对策者以后的选择。未来会在当前投下它的影子并影响当前的局势。罗伯特的这种解释很正确，而且恰好佐证了我对正义本质的分析：正义就是“一报还一报”。

人类的正义源于道德的不完美，这就是为什么在所有宗教神话里，象征正义的神手里都拿着一把杀人的剑。如果道德是完美的，也就不会有那把剑，也就不会有正义的概念。但道德永远不可能是完美的，正义之剑也必然存在。

上天给不了我们正义，所以这个世界才有了法律。法律的真正意义在于给予每个人平等的权利。当有人伤害你的时候，你就有能力和条件让对方为自己的行为付出足以后悔的代价，反过来你也不敢轻易侵害别人，这才是正义！

（三）道德

道德是有利于人类生存的观念，没有道德观念的群体在长期的生存斗争中早就被淘汰掉了。现在还生活在这个星球上的人类都是有道德感的。人类是一个有道德观念的群体毋庸置疑。

大多数时候，道德都显得很朦胧，以至于觉察不到其存在，因为它已经与我们的文化融为一体。道德已是人的基本属性，我的意思是，一个人遵守道德是很自然的事情，就像它不存在一样。只有违背道德的时候，人们才会搬出道德这个概念。

自己标榜自己的道德不是很恰当，那样会显得很不自然。这就是为什么生活中那些总是把善良、感恩、尊重挂在嘴边的人，总会令人有种莫名其妙的怪异之感。就像一个人到处宣传："你看，我有鼻子！我有鼻子！"鼻子是人身体的一部分，有鼻子并不应该成为一个人的标志，刻意强调反倒是一种讽刺。

事实上，拿道德来标榜或者绑架任何人都不恰当。正因为习惯了占别人便宜，所以偶然吃了一点小亏才会觉得自己受了天大的委屈。正因为不喜欢干有益于别人的事，所以偶尔干了一点点好事才被夸大。从里到外都是善良和仁义的人，虽然一辈子都在为他人着想，反而觉得这些都很平常。

对道德进行奖赏不仅可能无法帮助道德的进步，还会损害人们遵守道德的积极性。

我们小区对面曾经有一家超市，名字叫"老实人"。老板本意是想说经营者是善良、诚信的，但恰恰是这个名字让人潜意识中产生对比等心理不愿意走进去。我猜不只是我有这样的感觉，因为不到一年时间那个超市就因为少人问津而倒闭了，之后同样的地方办起来的超市却经营得很好，只是名字改了。当一个人把道德当成资本的时候，他的道德可能就已经沦丧了。

当道德僵化教条，像封建时代的仁义道德，或者被扭曲成一种高贵身份的标签，就会出现很多问题。

在办公室里，同事给你递上一杯水，你双手接过水，连忙弯腰点头道谢，这是一种不错的教养。我遇到过在这方面特别较真的人，非得把这种礼仪搞得很沉重，好像如果接过别人的水不弯腰点头说谢谢就是不道德一样，这是有问题的。

换一种情形，如果我在火车上为一个陌生人递水，那么我可能就会非常在乎他的那声"谢谢"。如果这个人扭头就不搭理我了，我会感觉很生气。在这种情况下，我觉得那种连谢谢都不会说的人很没有道德。

看起来道德很复杂，一会儿这样一会儿那样的，钻牛角尖能把人都搞迷糊了。其实很简单，道德的评判标准落实在影响上。可以这样认为，接受我帮助的人言行是不是有礼貌，终究取决于我的感受。一个人的行为是不是有道德，关键在于这种行为造成的影响的好坏。日常的社交礼仪其实已经包含了这种原则。当我们遵循社交礼仪的时候，本质上也在遵循这种规则。道德应该以人为本，落实于对人产生的实际影响。

> 真正的礼仪不分彼此视人如己，真正的道义不分物我各得其所，真正的智慧没有谋虑，真正的仁爱对所有人一视同仁，真正可靠的信誉无须任何凭证。①

可惜有些人只看到了形式，却忽略了本质。就好像我借给他一大笔钱，谢谢的话说得很诚恳，而当我问他讨要的时候，他理直气壮地说：我已经说过谢谢了呀，你还想怎样？或者我被人打了，跟我说对不起，所以理直气壮地说：我都说了对不起了，你还要我怎样……

现在的父母教育小孩子也是存在类似的毛病。当自家小孩接过别人的糖果或者礼物的时候，建议孩子注意礼貌，如果非得逼着孩子当面说“谢谢”，让孩子觉得东西是用这句“谢谢”换来的一样，他心中留下的不是感恩，而是冷冰冰的交换。这种情况大家都很尴尬，只是都没想明白而已。其实说不说“谢谢”都没有关系，但如果说，应该是自发和自愿的。

道德其实只能审判遵守道德的人。僵化的道德不仅打击了遵守道德的好人，还帮助了利用道德的恶人。比如利用道德投机，打击异己。比如把道德当成软肋进行勒索和绑架。脸皮厚的人可以把脸皮薄的人按在地上摩擦。遵守规则的人越来越弱势，而利用规则的人越来越强势。诚如俗话杀人放火金腰带，修桥补路无尸骸。

内疚和自责只能伤害到那些有良心的人。试图用内疚或者惭愧来惩罚坏人是不起作用的，简直就像用羽毛攻击一头大象。千万不要把“自残”当成武器来对付任何人！这种行为只会让原本心疼你的人远离你，对本来

① 《庄子·杂篇·庚桑楚》，原文：至礼有不人，至义不物，至知不谋，至仁无亲，至信辟金。

就不心疼你的人没有任何影响。试图用自杀来让他人忍受愧疚是世界上最愚蠢、最荒唐的做法。

(四) 知识

有一次我和朋友无意间谈到了一段历史，我惊讶地发现，我们对这段历史竟然有着完全不同的理解。为此我们争得面红耳赤，友谊的小船差点就在阴沟里翻了。这个朋友读过不少书，知识丰富程度不在我之下。尽管最终我们都表示尊重对方的观点，可是，心里始终闷闷不乐，从那以后我们就很少联系了。也就是从那以后，我开始留意类似的事情，并尝试去理解其中的道理。

用一个公式来表示正常的认知过程：

K（knowledge）+V（view）=M（mind）

V（view）表示观念。观念可以简单地理解为“文化”与“心理”，这整本书都可以看成是V（view）。K（knowledge）是认知形成过程中最为关键的因素。很多思想问题其实归根到底都是知识匮乏的问题。除了知识匮乏，有问题的知识也会导致严重的问题。

首先，互联网上流传着各种各样的K（knowledge），很难分辨这些知识哪些是前人的记录，哪些是后人的杜撰。对于杜撰的历史知识，也很难分辨到底是阴谋歪曲，还是无心的谬误。无心的谬误是可以理解的。我所知道的很多知识都可能存在谬误，这是没有办法的事情，大多数人都和我一样，知识不够严谨。

其次，即便能排除一切杜撰的K（knowledge），历史知识也并不都是真实可靠的。记录历史的人本身就有可能带上了自己的利益和立场。自古以来，历史书中都夹杂着记录者的私货。

另外，哪怕上面的两个问题都不存在，假设记录K（knowledge）的人是完全客观公正的，所谓真实的历史也很难断定哪些是真，哪些是假。现实中到处都是“罗生门”，更何况已经过去的事情呢。

除了专业的历史考据学领域有一部分是相对客观的知识，大部分历史知识都是不客观的，参杂了各种杜撰的成分。也就是说，我们所谓的知识，恐怕并不都是纯粹的 K（knowledge）。我和朋友的分歧归根结底也是这个问题。我们在看待那件事情上都带入了自己的偏见。仰望同一片星空的时候，我们看到的可能是完全不同的东西。自媒体上的那些历史知识也并不是纯粹的知识，实际上他们输出知识的过程可能是这样的：

V（view）+M（mind）=K（knowledge）

真正对历史有研究的人只是把历史知识收集、整理、罗列出来，然后小心翼翼地说："你看，据我所知这就是历史。"对于历史学家来说，避免曲解历史是他们努力要实现的目标，也是学者的本分。真正的历史学家不被允许在历史知识中夹带私货，那是学术道德问题。我很少看到有真正的历史学家打着"揭露历史真相"的旗号讲解历史。喜欢"揭露历史真相"的，往往是某些对历史一知半解的人或者是推销的噱头。

历史学家只相信他们所看到的，而有些人只相信自己所想到的。他们东拼西凑一些没有确证的所谓历史知识，必要的时候还捏造一些谎言，然后声情并茂地说："震惊！原来我们以前知道的历史都是错误的，真相在这里！"

历史有所谓的真相吗？过去是一张褶皱的纸，历史是描绘在这张褶皱的纸上的画。现在，你要欣赏这幅画，那么就在褶皱的状态欣赏它就行了。万物在漫长的时间中达成了某种平衡，我们本应该尊重这种平衡。当你把纸展平以后再欣赏时，你可能会发现，这幅画已经被扭曲了。自以为了解了历史的真相，其实只是曲解得更过分而已。

如今比以往任何一个时代都更容易获得知识，这是好事，但也伴随着以往任何时代都没有的问题。信息越容易获得，意味着越容易滋生谬误和谎言。我们看到的都以为是最实在的真相，想到的都以为是最实在的真理。这些知识让在不断丰富我们的思想的同时，也可能在不断毒害着我们的灵魂。

（五）才能

想了解一个地方的文化其实很简单，只需要调查这个地方的女人普遍喜欢什么样的男人就够了。女人对男人的选择倾向直接代表了这个社会最真实的文化现状。对此我有一些观察，并且有了明确的结论，但我的观察样本很有限，不足以拿来当论证材料。

观念对一个群体来说核心的作用就是一种文化向心力，其中“什么样的人算是有才能”这个问题最集中地体现了这种向心力。《庄子》的整本书其实都在讨论这个，《理想国》同样也是如此。它们的区别仅仅在于，庄子的意思表达比较隐晦，而苏格拉底的表达很直接。庄子拐弯抹角地说：“我认为这样的人不算有才能。”而苏格拉底则会直接说：“我认为有才能的人是这样的。”

1. 素质

20 世纪八九十年代关于中国人闯红灯、随地吐痰、乱扔垃圾等陋习广泛流传着。杂志上有大量批判国人素质的文章。素质教育成了一个热门话题。

到底什么是素质呢？我不能下这个定义，但是我很肯定，当我们谈论素质的时候，应该有一个确切的定义。比如公共卫生素质，公共安全素质，公共道德素质，社交礼仪素质，政治思想素质，逻辑思维素质，体能素质，哲学思辨素质，艺术欣赏素质，等等。在交流中，这样明确的东西才能让人知道究竟问题在哪里。

交警可以惩罚闯红灯的人。违反交通规则，确实说明公共安全素质可能存在问题，但是，不能仅仅因为违反交通规则就说人家“没素质”，毕竟素质的内涵太宽泛了。当我们谈论素质的时候，应该给出明确的定义，即便没有指出来，也是应该在语境中暗含这种限定的。否则，突兀地说“没有素质”，有人格侮辱的嫌疑。

现在想起来，当年流行那种素质论，类似发达地区对欠发达地区人们的一种变相歧视。

素质就是自我的基本属性。在种种复杂的人性中，缺点的另一面可能是优点，而优点的另一面可能就是缺点，综合起来就是一个完整的人格。素质不该有优劣的标准，否则跟三六九等的封建社会有什么区别呢？在我看来，这种羞辱甚至比旧社会更加恶毒。我之所以是我，是因为我的素质就是如此，那是生而为人的自由和权利！

2. 能力

为什么人与人之间的差别会那么大呢？探究这种差别的本质，可以把这些差别分为水平和垂直两个维度来看。比如，如果说理发师和设计师是水平差别，那么理发师和理发师学徒就可以称之为垂直差别了。

首先，对于水平差别，我认为这是必然的。我们是有社会分工的群居生物。类似有分工的生物还有蜜蜂、白蚁等。在白蚁种群内，不同分工的白蚁，躯体构造是不同的。人类的身体虽然没有这种区别，但是我们的思想观念千差万别。如果它有形状，一定是千奇百怪的样子。如果这种分工不平等，那么这个社会本来就是不平等的。人与人之间永远不会有无条件的平等，这无须论证。大自然让群居生物以这样的形式存在，一定有其合理性。

然后，对于垂直差别，必然提到能力的概念。垂直维度上的事物总是相互依存的，能力也是如此。有差的，才会有好的。能力是一种相对优势。刻意去比较的话，在一群人中必然存在一个排列顺序。不管天堂还是地狱，永远有所谓“最好的”和“最坏的”，但如果脱离这个整体，好坏就毫无意义了。

现在封建王权被推翻了，平等了，也自由了，马不再被关在黑暗的马厩里，但我们比以前更依赖伯乐。权利看起来是平等了，但资源是有限的，终究还是不平等的。马要证明自己是千里马，首先需要跑，要跑先得有资源，而要有资源先得有资格。资格其实就是另外一种形式的权力。

起步的差异决定了太多东西，间接造成大家越来越短视。在这种情况下如果“伯乐”能够突破这种短视，看到即将被淘汰的马有后发潜能，给予特别的关照，那他真的可以称为伯乐了。

看清楚问题的本质了吗？自始至终我们抗争的是什么呢？本质上是资源壁垒。这种资源壁垒不管是古代还是现代都存在。古代，这种壁垒体现在人上。而现在，这种壁垒体现在资源上。

社会真正的不公平不在于谁多谁少，而在于无意义的浪费。某些有资格得到资源的人其实没有利用这些社会资源的想法或能力，而真正想利用且能利用这些资源创造价值的人，却往往没有资格得到这些资源。内耗没有问题，垂直差异是内耗的必然结果，但是过度的内耗是任何社会都承受不起的。

人们总在批判这个社会太浮躁，但是大家心里都清楚，享受浮躁的人总是占尽便宜。在这种社会风气下，没有人不浮躁。如果一个社会，总是处于垂直维度的内卷，即便它堕落到谷底深渊，也还是有那个第一名，人与人之间还是有巨大的差别。

这种悲哀的终极后果是什么呢？我们可以想象一下。当内耗的行为成了主导个人命运的能力，当内耗的能力演变成一个社会的淘汰机制，这个社会最终会变成什么样子呢？

有功成之业，才有成功之人。能，因人而异，因事而异，也因时而异。能人是事成后的光环，不是事成前的资格。社会越注重人才的资格，真正的人才越难被选拔出来。

3. 优秀

游戏中经常发生争执的其实并不是对手之间，而是队友之间。主要矛盾无外乎两个：上风的时候是谁的功劳？下风的时候是谁拖了后腿？我们总是在这两个问题上产生分歧，谁也不服谁。

为了搞清楚类似的问题，我设计了一个客观评判游戏竞技水平的模型。假设在一局势均力敌的五人游戏中，五个人分别由五个真人控制，面对的是五个 AI 控制的对手。AI 对手的整体水平和这五个人的整体水平相当。具体的测试是这样的：把其中一个队友替换成 AI 控制的机器人。这个机器人也经过设置，各方面的技术都处于五个队友的平均水平。

①如果这场比赛在替换机器人之后很快转入下风，那么我们有足够的理由相信，这个被替换的队友在这场对战中起着关键的作用，没有他就会输掉比赛。任何一个团队中都存在这样的人，这样的人我们姑且称之为“人才”。

②如果这场比赛在替换机器人之后整体战力没有什么影响，那么我们可以说，这个队友不算很差，但也不是决定胜利的关键人物。这种评价并不是说这个人可有可无。整个队伍不能没有他，但是他绝对不是中坚力量。类似这样的人可以称之为“庸才”。这个词语并非一个贬义词。大多数人的才能都很平庸，实际上即便是庸才也需要努力才能做到。

③如果这场比赛在替换机器人之后突然整体水平大幅提高，从势均力敌转入上风。那么问题很明显，这个队友可能拖了整只队伍的后腿。只有把这个害群之马换掉，其他队友的努力才会得到应有的回报。类似这样的人有一个不太体面的词语——“废才”。

所谓“废才”只不过是有人占了不适合自己的位置，不能尽到这个位置应尽的义务。理想情况下，如果每个人都在适合自己的位置上尽心尽责，那么这个世界就不存在所谓的“废才”了。理想情况下，每个人都很优秀、都很重要。然而，现实偏离这种理想太远。有些人可以得到所有想要的，包括他有资格得到但不一定适合的位置，而有些人注定一无所有。你也许觉得这很合理，但正如我以前曾说过的，“这种合理只表示符合现实，但不符合道义”。

想想位置在人们的心里意味着什么吧。“位置”并不是发挥一个人价值的工具，俨然成为“价值”本身。在这种“价值”面前，人自身的价值已经不重要了。和“能做什么”相比，人们只在乎“配做什么”。这种“配”与“适合”是完全不同的。建筑工人不能当哲学教授，现实的原因并不是建筑工人不适合传授哲学，而是因为人们觉得他“不配”。

强弱是一时的，一时强不等于一直都强。不仅如此，强弱还是可以互补的。在某方面强，不等于其它方面也强。在自己强的方面帮助别人，别人总会从其它方面有所补偿，这就是和谐。现在的问题是：强僭越了强的本分，导致整体失去了这种和谐。

所有的社群生物比如蜜蜂，蚂蚁等等都是整体与整体的竞争，而不是个体与个体的竞争。如果一个整体内没有互帮互助，没有积极的配合，那么最后被淘汰的往往是这个整体。末位淘汰制看起来对企业有利，但长期来看却可能是导致企业衰落的根源。整体是否高效，取决于人内心真实的态度，与规章制度没有关系。移开一颗不起眼的小石子避免别人摔一跤，在和谐的整体中，类似这样的事情总是悄无声息地发生。对企业而言，如果失去这种和谐，无数的小石子就是挡在这个整体前面的冰冷的大山。

如果赢得同事的尊重和得到上级的赏识同等重要，人们自然会默默地把能做的事情都做好。然而，当身边的人的态度无足轻重，上级的态度决定一切的时候，人们自然有了阳奉阴违的动机，这种情况下脚踏实地还不如做一些没有实际意义的事情向上级邀功更现实。这种“合理”不符合道义，但这是企业自己造成的。

他是一个怎样的人，所以怎样。反过来，他表现得怎样，是因为他是一个怎样的人。内在的思维逻辑是：先评判一个人本身，再去验证这种评判。凡事都喜欢找原因，而这种原因往往都不客观，不独立。所以当我们谈论一个风评不错的人时，往往会刻意拔高其道德和能力甚至智力上的优越性，非要把他方方面面都抬举到普通人难以企及的高度，俗称“造神”。“造神”有多荒诞，往往“毁神”就有多血腥。抬得越高，摔得也越惨。努力证明自己很优秀，同时也会因为怕被认为不优秀而深陷焦虑。主观能动性被逼迫感取代，愉悦感和成就感的正反馈消失，创新受到抑制。精神上承受的压力激发人们内在的攻击性，呈现内卷的趋势。长链思维阻塞，短链思维大行其道，这样的文化在任何时代都是没有出路的。

4. 聪明

有一个问题困扰了我很久，人们所谓的情商到底是什么呢？老实说，某些人对情商的解释让我恶心，导致我对这个词有深深的厌恶感。佛祖和上帝可能不会左右逢源，不会八面玲珑，也不怎么会讨好别人。以现在的文化来看，他们情商并不高。

同样让我困惑的是，到底什么是智商？这个问题足以让人打开文献库，东拼西凑捣鼓一篇论文出来。但这样做毫无意义，只不过增加了一些没有任何营养的学术垃圾而已。其实我真正想探究的，是大众对智商有着怎样的认知。在我看来，很多人在错误地使用智商这个概念。

我们所看到的聪明都是一种外露的智力，其实智力还有一部分是我们看不到的。外观一模一样的手机，有的是高配，有的是低配，有的只是一具仅供参观的模型。人们所谓的智商是最外层的属性。

研究狒狒的动物学家发现，狒狒锋利的獠牙对他们的天敌威胁并不大。雄狒狒锋利的獠牙主要是用来恐吓同类的，尤其是和他们争夺配偶的雄性狒狒。这在生物学上称为种内竞争，又叫生殖竞争。我们目前所说的聪明，本质上是种内竞争的产物。就像孔雀的羽毛，大象的牙齿，驯鹿的鹿角，都是相对于自己的同类而言的竞争优势。有更漂亮尾巴的孔雀，更能吸引雌性的注意，但是它并不能帮助这个族群更好地发展。

老师说“太阳是属于银河系的一颗恒星”，有人马上就能接受并记住这句话。他们记住的，很可能仅仅是这句话的发音，没有也不会附带任何思考。那些不能接受这句话的人智力就不行吗？未必！他们流露出困惑的眼神，很可能是因为头脑中一直在进行着某些更深层的思维：什么是太阳？什么是银河系？什么是恒星？他自己都不一定能意识到在思考这些问题，这是内隐的智力，外在却显得木讷。

会说某句话的人，未必理解这句话所承载的思想。真正体现人类存在的价值和意义的智力，绝对不应该仅仅只是我们所能看到的那种外露的能力，还应该包括那些不容易外露的能力，比如自控能力，忍耐力，意志力，综合能力，协调能力，同理心，等等。

人类越来越聪明，这个世界会更好吗？我认为如果真如此，这个世界可能会越来越糟。如果真如达尔文主义者们所期望的那样，社会靠相互掠夺发展，更聪明的人当然更具有生存优势，生存斗争会越来越激烈，真正推动历史进步的长远发展，恐怕反而会滞后。男人对女人的手段越来越高明，运用科学和哲学思考问题的能力从整体上看却越来越低下。作为一个整体，人类会越来越不堪。

大智慧无小用，小聪明无大用。诸如列昂纳多·达·芬奇、艾萨克·牛顿、爱因斯坦这样的人根本无法用所谓的聪明来定义他们的特质。

5. 天才

爱因斯坦无疑是一个极其有天赋的人。人们似乎认为爱因斯坦从生下来那一刻就注定不是一个凡人。所以人们才会提出类似这样的问题："如果爱因斯坦出生在其他国家会怎样？"

自从基因这个概念被滥用以后，很多人相信某些人从一生下来就在某些方面具有超越常人的能力，他们把这种优势称为"天赋"。基因学说并没有问题，但我认为某些天才论观念是错误的。这个世界并不存在一个注定会成为"爱因斯坦"的爱因斯坦。

什么是天才？一个功夫高手因为遭到仇家的暗算断了一条手臂，后来这个功夫高手无意中得到一本武林秘籍，经过用心领悟和刻苦训练，几年后，成了称霸武林的绝世高手，将所有仇敌杀得片甲不留。

什么样的人是天才？他可能是一个高手，但并不是顶尖高手，既看不出天赋，也不是什么天才。如果这个高手就这样碌碌无为，他最多只是一个高手，不会是天才。然后他失去了一只手，这种几乎把他毁灭的经历恰恰让他拥有了某种超越常人的毅力，这是天赋的萌芽。最后，他因为偶然的机会得到了也许是命中注定的那本秘籍，加上他超越常人的求胜心，一个天才便诞生了。

在一个人成为天才之前，即便再有天赋也不能算是天才。天才不等于遗传基因，也不等于后天努力，那是人格特质和特殊经历等复杂因素共同作用的产物。普通人断一只手臂可能就废了，但总有一小部分有天赋的人会越挫越勇，越挫越强。同样的天赋，没有经历那些事情也成不了那样的天才。同样的天赋，同样的经历，没有得到武林秘籍也成不了天才。天才是天造地设的人物。

奔跑速度达到10米每秒是不是速度的天赋呢？举起260千克的杠铃是不是力量的天赋呢？一秒内记住10个以上的数字是不是记忆的天赋呢？这些都可以被称为天赋，因为普通人是很难做到的。但是你可知道？猎豹能轻松跑到20米每秒，速度是奥运冠军博尔特的两倍。大象能举起几顿重的卡车，是举重世界纪录的10倍。刚果丛林里的倭黑猩猩能在几微秒内记住10个以上的数字，有着任何记忆大师都望尘莫及的记忆力。人与人之间的天赋是有差异的，但比起人与某些动物的差距，根本不值一提。

天才之所以为天才，并不在于他有天赋。天才的意义在于他做了普通人做不到的事情。像爱因斯坦一样聪明甚至比爱因斯坦更聪明的人比比皆是，但发现相对论或者做出类似事情的人却很少。爱迪生所说的天才等于百分之一的天赋加百分之九十九的努力，绝非后来人们反转的那样——百分之一的天赋起了百分之九十九的作用，这是一个天大的误导。

论述这个问题有何意义呢？天才论思想对一个社会的影响非常深远。毫不夸张地说，这种理念可能直接决定了一个文明所能到达的高度。

天赋差异最大的影响不在于天赋本身，而在于它带来的心理上的优越感，以及客观上对有限的资源的竞争造成的资源壁垒和“马太效应”。最终我们之所以看到人与人之间差距会如此巨大，多半是因为前面两种因素随着时间的流逝叠加累计的效果。问题在于，最有可能成为天才的人，在天赋上未必是最强的。

越刻意强调天赋，越容易埋没天才。在一个人做出改变人类命运的成就之前，我们其实不会知道谁会是真正的天才。

第五章
文化之外

图 19　江西左江花山岩画（局部临摹）

文化之内就是我们通常所理解的文化，而文化之外是理念。

理念是文化的根本属性。独特的文化都有它独特的理念，它在一个群体中才能完整地呈现。所以，XX理念不可能是某个人想出来或提出来的，也不可能在一个人身上完整地呈现出来，就像某人带着口罩依然能被识别出身份一样，那只是某些特征被识别而已。

理念中蕴含着强大的能量，当我们观察某个群体的创造能力的时候，能清晰地感受到这种能量。这种能量不一定都是起正面的作用，一些不好的理念会对思想形成强大的束缚。

法律从根本的理念开始，逐渐细化成各种条款，自然会越来越完善。文化从根本的理念出发，逐渐形成各种代代相传的习俗，继而成为传统。理解了最深刻的理念，也就理解了最深层的自我。

一、道德理念

一个人可能原本不知道该如何做个好人，但身处文明的社会中，其他人总会有意或无意、直接或间接地提醒他应该这样、应该那样、不应该这样、不应该那样，人的心理适应这种外在的规范，即体现为道德。

道德是基于文化的风尚，而不是出于崇高的自我觉悟。有时候我们还会嫉妒他人的美德，我们会因为这种嫉妒变得更乐于帮助他人，更无私奉献，从而成为一个更好的人。善恶、美丑、好坏等，很多东西都是如此。

虽然这样理解的道德看起来不是很神圣，但我相信，最真实、最自然的道德本来就是如此。

（一）道德契约

我一直很好奇，上古传说中黄帝、炎帝、大禹这样的人物在现实中到底是什么样的。为什么要崇拜他们？带着这样的好奇心，我研究了很多上古神话传说。其实也不算是什么研究，主要就是对上古奇书《山海经》的文本进行反复的梳理和分析。最后我认为，黄帝、炎帝这样的英雄人物在古代文明的发展中可能有着非同寻常的意义，其中最重要的意义之一就是推动了某些重要契约的形成。

用无神论的观点来看，任何契约都不会从天而降。不要忘了，人类是从猿类进化而来的。从兽性到人性的转变，契约起了至关重要的作用。契约的形成必然会经历曲折而漫长的过程，先制定规则，再形成习惯，最后形成一种默认的契约，某些英雄人物一定在这过程中起了关键作用。我们的血液里未必流淌着英雄的血脉，但是我们的精神世界里一定有英雄们留下的影子。

图 20　东汉画像石中的龙形象（临摹）

人们崇拜神话传说中的先祖，不是崇拜具体的某个人，而是对已经建立起来的道德秩序的敬畏。有些祖先可能是虚构的，那并不重要，因为这样的崇拜本来就是一种仪式。契约的形成需要付出高昂的成本[①]，而崇拜的仪式让人们以平和的方式继承前人的精神，避免后代人进入循环往复的陷阱。

动物会杀动物，动物还会杀人，并且很多动物随时都有杀人的动机。我们不能用道德来约束动物，我们也从未用道德加以审判。动物和动物之间没有道德，动物和人之间也没有道德，那些如同动物一样的人和文明的人之间也没有道德。文明人与文明人之间才有道德，并且这种道德通常不需要明示，而是一种不言自明的默契。

道德并不是自然法则，而是人与人之间的约定。一个人从呱呱坠地那天开始，和周围的人的每一个眼神、每一句对话都无不在学习这种约定，最终他的道德观念和周围的人就是类似的。人类孩童的成长过程，本质上就是逐渐熟悉道德契约的过程。不同的文化在道德上可能会存在一些差异，他们需要遵守的约定存在差异。

① 常见的成本比如，疾病，饥荒，战争，杀戮等。

由于每个人都在不同的环境里成长，道德观可能会有一些差别。有些道德传统和道德观念纯粹是后天习得的，因为它们在不同文化中拥有不同的面貌。只要你曾出门旅行，或者你的阅读面足够广泛，你就一定知道，不同文化之间必然存在着道德差异性。希罗多德早在2500年前就注意到了这一点。他把自己的观察写入《历史》："每个人都信守自己本土的枫树传统，无一例外。而且他们还十分坚信，自己从小接受的宗教就是世界上最好的宗教。[①]"

道德需要协商和认可，直到彼此都能明白，并相互认同。就像有法律效应的契约需要签字画押一样，道德也需要相互认可才有效。处于同一个文化中的人们彼此是有默契的，只有约定可能存在争议的时侯，人们才迫不得已去讨论道德。但在现代社会，不同文化的人杂居在一起，不同的个体之间也需频繁地考虑类似的问题。

要让他人了解你的原则，同时要主动去了解他人的原则[②]。

刚从学校毕业参加工作不久，懵懵懂懂的把每个认识的人都当作朋友，甚至兄弟姐妹。那天我们一起去逛超市，买了几百块钱的厨具之类的公共生活用品。我一个人买了单，并想当然地以为他们随后会一起分摊费用。毕竟那时候工资不高，一个月也就一千多块钱。第二天，同事绝口不提钱的事。我怕他们忘了，有意提醒了一下，没想到他们装作什么事也没有。事情已经这样了，如果我继续坚持他们分摊那笔钱，他们就说"那是你买的，你不拿出来用可以自己一个人用，跟我们又没关系。"于是，我

① [美]保罗·布卢姆：《善恶之源》，青涂译，浙江人民出版社，2015。

② [古罗马]奥勒留：《沉思录》，何怀宏译，北京：中央编译出版社，2008（4），第137页。"洞察每个人的支配能力；也让所有其他的人洞察你的支配能力。"

只能干脆咬牙一个人承担了那笔费用，分摊的事不了了之。

不知道这件小事能不能说明我想要表达的观点，一厢情愿的道德是没有意义的。我把公共宿舍当成家，不代表别人也把公共宿舍当成家；我把他们当朋友，并不意味着他们会把我当朋友。付钱之前我就应该先声明，这些物品不是我一个人使用，需要大家分摊。结果要么我节约一笔不必要的开支；要么他们会按照约定给我应得的。至于他们是否遵守约定，那是另外的事了。问题是，我并没有任何声明。为公共物品买单这件事并没有错，错在我在没有达成共识的情况下做了超越自己本分的事。

就个人而言，为了保护自己的利益，相互揣测，相互提防，谨慎试探和沟通，那是迫不得已的事情。但是就整个社会而言，那并不是一个高效运转的社会应该有的状态。那样明显增加了沟通的冗余，降低了整体的劳动协作效率。往小了说，一个企业也是如此。真正优秀的企业仰仗的是人与人之间长期磨合形成的默契，而不是反人性的流程、规章、制度。制度只要能规避人情世故破坏规则就可以了。如果以制度为本，那是本末倒置。事实上人情世故是不可能完全避免的，只是和规则之间需要一种良性的平衡。忽略这个事实的管理方式会降低企业的运营效率，而且这种负面的影响很可能会随着时间的推移越来越严重。太依赖制度和不重视制度的后果一样，最终都会将整个企业拖垮。

形式上的契约越来越复杂，表明社会越来越有契约精神吗？恰恰相反。真正的契约其实并不完全仰仗形式上的约定。契约精神的沦丧，才导致了契约复杂化和形式化。

> 踩了路上行人的脚要道歉说不小心，兄长踩了弟弟的脚要怜惜抚慰，父母踩了子女的脚也就算了。所以说，真正的礼仪不分彼此视人如己，真正的道义不分物我各得其所，真正的智慧没有谋虑，真正的

仁爱是对所有人一视同仁，真正可靠的信誉无须任何凭证。[①]

（二）道德评判

什么是有道德？什么是没道德？什么是真道德？什么是伪道德？

假设道德是一个叫 D 的遗传因子，那么有这个遗传因子的人叫有道德，没有这个遗传因子的人叫没道德。一个没有 D 基因的人本来不知道该如何做一个好人，但他身边的人总会有意或无意、直接或间接地提醒他应该这样、应该那样、不应该这样、不应该那样……直到他死去的那一天，他都像有道德的人一样活着，那么他道德吗？

道德无所谓真伪，无所谓有无。符合道德的行为就是道德，不符合道德的行为就是不道德。如果一个人在做有道德的事情，那么他应该就算是道德的，反之则不是。至于他内心究竟如何，是为了名，还是为了利，还是纯粹的内心善良，除了他自己，其他人根本无从得知，实际上有可能他自己都搞不清楚。既然如此，就没有必要区分真伪。不如把道德看成人在灯光下的表演。这里说的“表演”不带任何贬义，可能显得不太优雅，但实在找不到比它更贴切的词语了。

“表演”的第一层含义是：任何道德都不虚伪。比如他捐了一笔善款给慈善机构，他展示给大家看、说给大家听，这并不虚伪。当一个人嘴巴上说道德，却不表现应该有的行为，那才是虚伪。有道德的行为就是道德，没有道德的行为就不是道德。

“表演”的第二层含义是：道德没有高下之分。你有道德，我要比你更道德。他要表现得比所有人都道德，这样比下去必然会脱离道德的初衷。在道德之下，没有谁更优越。

“表演”的第三层含义是：道德体现在人身上是暂时的。道德评判可

① 《庄子·杂篇·庚桑楚》。原文：蹍市人之足，则辞以放骜，兄则以妪，大亲则已矣。故曰，至礼有不人，至义不物，至知不谋，至仁无亲，至信辟金。

以是预判的依据，但是这种预判应该始终作为一种猜测而不应该是事实。他曾经做过好事，并不代表他现在就是个好人。他现在是好人，并不代表他将来不会做坏事。一个演员，在这部电影中扮演好人，在另外一个电影中完全可能会扮演坏人，道德也是如此。不能因为某个人曾经做过好事就有不受监督的特权，也不能因为某个人犯过错就不能做好事。

道德是一种纯粹外在的东西，它可以与一个人的内心有关，也可以与一个人的内在毫无关系。只有这样，道德才不至于沦为一种桎梏。也只有这样，道德才不至于沦为投机者的工具！

当人自身的特质与当前的道德标准不符合的时候，如果能回避不利的影响，也是可以被众人接受的。

如果一个人敢于承认自己的冷漠，谦卑地把自己的冷漠放在道德之下，尽管他还是很冷漠，也是可以被大家包容的。如果一个人敢于承认自己的自私，并为自私感到一丝惭愧，尽管他还是很自私，也是可以理解的。如果一个人敢于承认自己唯利是图，并明明白白地算计自己的利益，也不是不可以和睦相处的。

只要愿意接受道德的约束，都算得上是有道德的人。大哲学家康德就承认自己心胸狭隘，但这不妨碍他成为一个有道德的好人。

（三）道德风险

“橘生淮南则为橘，生于淮北则为枳”，这是中国古人用来描述道德和环境关系的论述。它描述了道德和环境的关系：人们的“道德”和“不道德”是环境影响的产物。所以道德不像是一种固有属性，而更像是一种可变形态。如果道德是人对自身利益权衡的结果，那么当道德对自己不利的时候，这个人有很大的概率会背叛道德。

当道德收益大于成本时，他们会竭力表现得比其他人都道德。当道德的收益不足的时候，他们就很直白地表现出不道德的另一面。道德的投机性决定了道德是有风险的。

柏拉图的《理想国》中讲述了一个著名的隐喻。一个叫裘格斯的牧羊人跟随羊群走进了隐蔽的山洞，发现一座坟墓。坟墓里有一具佩戴着黄金戒指的尸体。裘格斯发觉这枚戒指具有让他隐身的魔力。原本诚实而坦诚的牧羊人很快被这枚戒指的力量所控制，偷偷潜入国王的宫殿后，诱惑了皇后，并在她的帮助下杀死并取代了国王。

道德对自己有利的时候就道德，对自己不利的时候就不道德。裘格斯在生活中无处不在，而且比寓言更加魔幻。窥探罪恶的时候，他是隐身的。放下防备之心时，他又会原形毕露。他只在你看不到的地方做坏事，在你看得到的地方永远是道德楷模。

社会是作为一个整体存在的，但是在这个整体内部，永远都有好人，也永远都有坏人。在道德上，赞美这个整体没有意义，批判这个整体也没有意义。道德风险不是来自某些特定的人或者特定的群体，而是来自任何个体都必然存在也可能会表现出来的自私。

有权有势的人道德感或更高，那是因为维护现有秩序对他们更有利，并不是因为他们的本性比穷人高贵。或是偶然事件，或是群体性爆发，风险始终都会存在。我们是没有办法让这个社会真正完美的。每个人都有必要掌握规避风险的方法，小心翼翼地保护自己。

某些政客会通过煽动民族情绪来实现自己的政治目的。他们把最恶毒的形容词用在敌对国家的人民身上。但是任何地方都存在好人和坏人。人类的道德风险已经存在几千年了，本就是正常的社会现象，如果意识不到这一点会很危险。

（四）道德底线

一个人即便做坏事也是有底线的，这是审判穷凶极恶之人的原则。没触碰那条线也未必是道德的行为。所以，如果一个人自认是好人还拿道德底线来标榜自己，其实很可笑。

图 21　示意图

用一个数学集合来描述这一观点。把“善”与“恶”看成两个点：往“善”的那边是善的范畴（点纹区域）；往“恶”的那边是恶的范畴（斜纹区域）。注意，“善”与“恶”两点在轴线上都是空心，意思是没有一个绝对静止的善恶标准。道德底线是在恶的范畴内。比如我们说某些行为突破了人的道德底线，其实是说这个人已经到了穷凶极恶的地步，并不是说他是好人。

善与恶之间有一段灰色的距离，这个范畴既无法称之为善，也不能称之为恶。正是这段灰色的距离，隔离了真正的善与恶。我把这段距离称为“道德的距离”。

作恶也是为了自己的利益，坏人也有不能容忍的道德底线。作为一个好人，或者一个自认为的好人，宁愿放弃自己的利益也绝不做坏事，始终在那个灰色区域之外，这才是道德操守。如果一个人经常把自己逼到谈论道德底线的地步，他就是一个坏人无疑。

从这个简单的模型中，我们还可以看到，“善”与“恶”不是相融的，也不是相邻的。即便好人和坏人在同一条船上，也有各自的活动空间。不管是从好人到坏人的转变，还是从坏人到好人的转变，中间都有一个过程。一个真正有道德修养的人绝对不会轻易走进这个灰色的区域。

拍摄于 1993 年的美国电影《完美的世界》讲述了一个叫布奇的越狱犯和一个被劫持的 8 岁小男孩菲利普一起逃亡的故事。很多人把这部电影归类为讲述亲情的电影，但是导演探讨的其实是道德问题。

初看起来电影让人困惑不已：一开始，主角布奇把与自己患难与共的越狱犯同伙胖揍了一顿，最后被男主角一枪爆头；好心的中年夫妇免费搭载布奇旅行，布奇却抢了人家的车，把一家人丢在公路上；善良的黑人农民热情招待布奇吃住，他却暴揍了人家一顿，几乎拿水果刀抹了这个老实巴交的农民的脖子；布奇像父亲一样无微不至地照顾菲利普，菲利普却向他开了一枪，并间接导致这个父亲一样保护他的人死亡……很多人都喜欢这部电影。大概都感慨自己的童年没有这样一个父亲吧。作为中国人，感触最多的还是亲情。然而，导演真正想讨论的却是道德问题。

菲利普这个角色是艺术化了的。现实中孩子不可能这样。现实中孩子没有这种理性的道德。在他们看来，谁对自己好，谁就有道德。他们其实并没有真正的道德观。

逃犯布奇心中的道德是理性的。这一点在电影中恰好体现在他对菲利普的慈爱上，但是对菲利普的慈爱其实只是一个外在的形式。他会与坏人保持距离，对坏人毫不留情，同时，他还能与好人保持距离。一个人的道德感并不受制于他的身份。即便布奇在干着偷鸡摸狗的事，道德仍然在他的灵魂中发挥着作用，这才是电影最让人深思的地方。

二、求知理念

知识未必有用，但知道一点比一无所知好。如果知道一点就以为什么都懂了，那还不如一无所知。苏格拉底的知识已经很多了，但相对于他能意识到的更深奥的知识，还是觉得自己无知，所以他声称自己无知。苏格拉底自称的无知既不是谦虚，也不真的无知。神庙的女巫说苏格拉底是全世界最有“智慧”的人是基于以下两点：

一是苏格拉底确实知识渊博；

二是另外苏格拉底能意识到自己的局限。

这个世界上迄今为止最好的求知理念是苏格拉底所倡导的，但其实庄子也曾表达过类似的思想，可惜我们似乎弄丢了。

图 22　幻想与梦境

> 知识是外在的延伸，智慧是内在的觉察。再博学的人也有所不知，能看清的事物也是有限的[1]。

不可知论，或称不可知主义，是一种哲学观点。它认为除了感觉或现象之外，世界本身是无法认识的。不可知论者认为人类不可能得到真理，他们通常被算作非宗教的、世俗的，但是不一定没有信仰。

不可知论不像无神论一样否定神的存在，只是认为人无法知道，或无法确认其是否存在，因此不可知论包含着宗教怀疑主义。在对待形而上学的问题上，不可知论持不为人知，或者根本无法知道的态度。最著名的不可知论者是欧洲启蒙运动时期英国哲学家大卫·休谟。休谟是一个非常彻底的怀疑主义者，在哲学上有深远的影响。

似乎哲学上只有“不可知论”而没有“可知论”的说法，即便有也只是相对而言，谈不上对立。它们的区别并不是如何“认识世界”，而是

① 《庄子·杂篇·庚桑楚》，原文：知者，接也；知者，谟也；知者之所不知，犹睨也。

以怎样的态度去“认识世界”。从认识主体的角度来看，因为“不可知论”的不可知，所以要尽可能多地求知和探索；正因为“可知论”的可知，所以无须深究。

> 我们不知道这种力是什么，可能我们永远也不知道它真正的本质，但目前我们把这种力叫万有引力。
>
> ——艾萨克·牛顿

从这个角度而言，很多看起来像是“可知论”的思想，其实是“不可知论”。看起来像是“不可知论”的思想，其实是“可知论”。比如大科学家牛顿，仔细想想他更像是一个不可知论者。

> 我不想编造关于万有引力是如何运作，为何产生，究竟是何物的任何解释。我想说的只是我对万有引力所有描述都始终如一地来自观察，这样我才能得出解释万有引力是如何运作的方程式，引力大小与两物体之间的质量乘积成正比，与距离平方成反比。
>
> ——艾萨克·牛顿

道家鼻祖老子提出的“三生万物”，看起来是不可知论，其实仔细想想，更像是上面所说的可知论。

在中国古人的意识里，万物的存在与运行都被圣人用语言“描述清楚了”，更深入的探索被认为没有意义。

在理念上与“不可知论”相对立的，其实是“决定论”。社会心理学中的决定论体现在人们对于科学理论的认知，有决定论倾向的人很容易相信自己掌握了所谓的终极真理。中国古典的哲学思想“三生万物”算是某种“决定论”的代表。仿佛几句话把万物的本质解释得清清楚楚、明明白白，而且还很难辩驳。

道生一，一生二，二生三，三生万物。

——老子

哲学观点本身没有对与错可言，“不可知论”和“决定论”也是如此。但是，在这两种不同的理念的影响下，的确存在两个不同的极端。一个极端是“不可知”引向的神秘主义；另一个极端是“决定论”引向的荒诞主义。

神秘主义忽略人的理性认知能力，把我们原本可以理解的事物加以神秘化。荒诞主义导致人们对于自己的认知产生过分盲目的自信，对本不理解的事物强行加以错误的或者模棱两可的解释。比如在对待量子力学的问题上，不可知论的解释可能就是无法解释、无法知晓。而在决定论的影响下，人们可能会强行给出荒谬的解释，并冠以科学之名。本质上，社会中泛滥的阴谋论也在此列。仅仅就这两种思想的害处而言，我觉得可知论的害处更大。轻则失去探索的能力，重则误入歧途，导致思想长期沉沦在某种荒谬且自以为是的愚蠢中。

一开始就怀着某种自以为是的可知论，科学是很难进步的。而在避开种种极端的情况下，我认为“不可知论”对我们更有益处。很多事情都不是“尽可知”的，自以为“尽知”还不如“无知”。

我唯一知道的是我一无所知。

——苏格拉底

我们与动物的区别在于我们知道这个世界很大，还有很多我们不明白的东西，还有很多可以得到而没有得到的东西，这种探索永远没有尽头。对待自己和这个世界应该更真诚一些。超出自己理解范围的东西，完全可以大方承认自己不知道。不可知论实际上也体现出人对世界的敬畏之心。作为一种哲学思想，看似消极，实则不断激发人类探索、求知的欲望。

（一）知识的三个要素

知识的三个特点：可以比较，可以拓展，可以传播。符合这三个特点的东西都可以相互交流和学习。

1. 知识的可以比较性

知识如果不能比较，就没有取舍的自由。没有取舍的自由，就不会有进步的可能。

纵观历史就会发现，不管是思想上还是科学技术上，人类所有的进步，都是不断试错，一步一个脚印走过来的。少数聪明人提出了一些观点来解释问题，其他人学习这样的观点。基于这样的观点，另外的人通过比较提出了更好的新理论，大家又去学习新的理论。

新的理论也未必是终极正确的，但总是有一定的进步意义。如果知识不能比较，这种进步就无从谈起。西方之所以创造了现代文明，原因在于它建立在伟大的古希腊哲学之上。古希腊哲学认为知识是一种美德。不管一个人无论掌握多少知识，都是无知的。这种无知是指，没有终极的真理，只有相对的进步。

2. 知识的可以拓展性

知识不是静物，也不是圣物，它一直在发展。过去的知识和今天的知识不一样，今天的知识和以后的知识也有所不同。知识依赖于人，但是不属于任何人。一个人的生命是短暂的，有局限的，而知识是无限，永恒的。你以为你占有了知识，其实知识根本不知道你是谁。

> 吾生也有涯，而知也无涯。以有涯随无涯，殆已。
>
> ——庄子

横跨欧亚非大陆的亚历山大帝国，最终在公元前 323 年一分为四，其中埃及落入亚历山大大帝的亲密战友托勒密一世手中。托勒密一世试图将亚历山大港打造成当时世界的学术中心，于是建立起了亚历山大图书馆。据说当初建亚历山大图书馆是为了实现“汇聚所有知识”的梦想。历代国王为此都采取过各种手段，包括下令搜查每一艘进入亚历山大港口的船只，只要发现图书，不论国籍，马上归入亚历山大图书馆。亚历山大图书馆拥有古希腊著名诗人荷马的全部诗稿，并首次在图书馆复制和译成拉丁文字。藏有包括《几何原本》在内的古希腊数学家欧几里得的许多真迹原件，早在公元前270年就提出了太阳和地球理论的古希腊天文学，古希腊三大悲剧作家的手稿真迹，古希腊医师、有西方医学奠基人之称的希波克拉底的许多著述手稿，第一本希腊文《圣经》旧约摩西五经的译稿，对医学也有贡献的古希腊哲学科学家亚里士多德、阿基米德等，均有手迹存此。极盛时据说馆藏各类手稿逾50万纸草卷。公元前48年，埃及艳后的丈夫托勒密十三世，不敌罗马帝国的恺撒大帝，亚历山大港被恺撒一把火烧掉，亚历山大图书馆也在这场大火中化为灰烬。

古亚历山大图书馆或许是文化史上一颗璀璨的明珠，但是，它其实只是人类求知路途上的副产物，而不是伟大文明的基石。真正宝贵的东西是根植与人们心中的求知理念。

知识就像生命，有新生，也有死亡。知识拓展衍生出新的知识，原来的旧知识被焚毁或者遗忘都不是什么大不了的损失。人们如果仅仅满足于静态的知识带来的优越感，知识就没有了生命力。

3. 知识的可以传播性

知识，一定是可以传播的。不能被学习和传播的认识不能称为知识，不能传授他人的智慧也不能称为智慧。

阿拉伯帝国对世界文明的贡献，长期被世人所忽视。中古时期的阿拉伯帝国，物理学、医学、数学、天文学、音乐、艺术都很发达。阿拉伯帝国鼎盛时期，版图扩展到了今天的西班牙地区，他们所到之处，大量地建图书馆，搜集图书。这些图书馆并没有随着阿拉伯帝国的衰落而消失，而是一直保留了下来，成为中世纪时期雨后春笋般生长起来的大学的土壤。古代阿拉伯文明对后来的文艺复兴起到了至关重要的作用。

我认为知识 99% 甚至 100% 都来自交流。一代人创造的知识很有限，一个人创造的知识更有限。生活不需要每个人都有非凡的创造力，但要求我们必须有很强的学习能力。我们从对手那里学习各种思想和技巧，我们也从朋友那里学习各种思想和技巧，并最终形成自己所掌握的知识。

直接促进生产[①]的知识我称之为“硬知识”，比如科学，技术，手艺。这一类知识是静态的，可以写在竹简、羊皮卷，或者别的媒介上。“硬知识”的学习方向性和目的性都很明确。就像祖辈在田间劳作一样，对于这些知识，不需要太多的所谓聪明，只需要沉下心来，平静、虔诚地耕耘，终会收获。理解不了就记下来，记不下来就动手操作，不会操作再去理解。一旦积累突破了一个阈值，就像柴油机的引擎转动起来一样，后面的爆发都是自然而然的事情。

另一种知识是“软知识”，比如观念、理念之类的人文思想，这些东西很难用和知识同样的方式学习。人生路上，我们一开始并不知道自己想要什么，适合什么，走着、走着才会明白，后知后觉。

把我们的大脑比作电脑，“硬知识”就是磁盘上可以永久存储的数据，而“软知识”则是运行在电脑系统内存里的数据。任何“硬知识”本身都不会是有害的，即便它是错的。“是”是知识，“非”也同样是知识。但是我们即便把这些知识全部背诵下来，其中百分之九十九都没有用处。只有知识在大脑中运行并且能够用语言表达出来的时候，知识才有意义。

（二）知识共享

物理学、天文学、医学、建筑、诗歌、音乐、艺术，这些知识是全人类共同的财产。我认为，知识不应该有“产权”这一说。但如此一来，电

---

① 对个人来说是谋生手段。

影、小说、音乐，岂不是都应该无偿分享了吗？显然也不合理。

盗版电影，盗版小说，盗版音乐，窃取的并不是知识，而是创作者运用知识产生的劳动成果。专利制度保护的是知识产生的劳动成果，并不是知识本身。所谓的“知识产权”，叫“知识成果的产权”可能更为恰当。

如果一个人能偷走别人的电影导演风格、文学创作技巧或者音乐创作的灵感，那才是窃取知识，但这种窃取难道不应该被鼓励吗？思考会产生知识，这些知识到底是属于谁的呢？它不是某个人的，也不是某些人的，是全人类共同的财产。知识本身就不应该被拿来贩卖。如果有人运用知识帮助你解决了现实问题，那你应该补偿别人。劳动就应该得到应有的报酬。

> 实际上，即使对于那些著名的，而且显然具有决定意义的现代发明来说，就是“某人发明某物”这种不加掩饰的说法，背后有着被忽视了的先例的影子。例如，我们经常听到人们说，“詹姆斯·瓦特于一七六九年发明了蒸汽机”，据说他是由于看到蒸汽从水壶嘴冒出来而受到了启发。这个故事实在太妙了，但可惜的是，瓦特打算制造自己的蒸汽机的想法，是在他修理托马斯·纽科曼的一台原型蒸汽机时产生的。这种蒸汽机，纽曼在57年前就已发明出来了，到瓦特修理时，英格兰已经制造出100多台。而纽科曼的蒸汽机又是在英国人托马斯·萨弗里于一六九八年获得专利权之后才有的，所有这些并不是要否认瓦特大大改进了纽科曼的蒸汽机，就像纽科曼曾经大大改进了萨弗里的蒸汽机一样①。

哲学家黑格尔说：存在即合理。我认为这种合理性主要是现实上的。就像“劫匪拿着枪，走在大街上会杀人”这句话一样，这里的“会”，是一种现实上的合理，表示它的发生符合现实逻辑，但未必符合道义。黄牛党炒高的价票、炒房客炒高的房价也都是这个道理。

---

① ［美］贾雷德·戴蒙德：《枪炮、病菌和钢铁》，谢延光译，上海：上海译文出版社，2000。

知识就是知识，要么知道，要么不知道，传授别人知识并不会让自己损失什么。人类正是因为分享各自的知识才有今天的文明。在残酷的竞争下，出现“知识付费”的现实可能是合理的，但在道义上不合理。

人类会用一切可能的方式来进行斗争，斗争有好处也有坏处，最大的坏处就是走向内卷，再形成垄断。知识付费的潮流有可能是知识从开放走向垄断的过渡形态。这可不是危言耸听。就像现在的某些互联网企业抢占市场一样，先通过烧钱补贴用户，与对手竞争，当实现垄断市场后，就会提价。一旦正常获取知识的渠道退化，某些占有资源的人摇身一变，就成了奴隶主，没有资源的人，自然就成了奴隶。

有这种担忧的人并不只我一个。有人甚至因此献出了生命。

亚伦・斯沃兹从小就是计算机天才，19 岁就因为创建了自己的网站成了百万富翁，在当时也算是一个有钱人了。普通人有了钱以后都是先挥霍享受，然而亚伦有了钱以后，询问了当时一个期刊公司的负责人，永久开放这些期刊需要多少钱。那人瞅了亚伦一眼，“两亿美元”。但面对巨额的要价，也只能望洋兴叹。此后，他一直致力于网络信息开放。为此他偷偷潜入麻省理工学院地下室的机房，用自己编写的脚本大量下载这个公司的学术论文，然后免费公布在互联网上。掌握这些文献版权的公司通过监控发现后，向法院起诉拘捕了他。亚伦被判 13 项罪行，入狱 35 年，罚金 100 万美元。该案在认罪辩诉阶段，亚伦・斯沃茨拒绝认罪。2013 年 1 月 11 日，在其纽约布鲁克林的寓所内，用一根皮带结束了 26 岁的生命，离开了他曾努力改变的这个世界。

专利制度和版权制度到底是阻碍了知识的传播，还是帮助了知识的传播呢？其实很难说清楚，关键是基于什么样的理念。以飞机的发明为例。早在达・芬奇的时代，人们就已经开始研究飞行器。之后的物理学家对空气动力学的研究，提供了大量理论依据。在此基础上，人们曾经尝试过，用蒸汽机作为动力推动机器飞行。法国、德国、美国等都有大量飞行器爱好者争相从事飞行器的发明，仿佛在进行一场飞行竞赛。直到 1903 年，美国俄亥俄州的莱特兄弟，创造性地解决了飞行器的控制问题，开创了人类史上的第一次载人飞行从而载入史册。到 1905 年，莱特兄弟已经掌握了比较成熟的飞行技术，可以使飞机在空中保持平衡，并能方便地操纵转向。此后，他们注册了公司，开始保护自己的发明专利。莱特兄弟把飞机锁在机库，不向任何人透露一丁点飞行技术。他们看不起其他人的试飞，称之为模仿者、盗版者，并且声称其他人无权注册专利，只有自己有绝对的发明专利。任何人只要与飞行技术沾边，就必然侵犯莱特兄弟的专利权。然而，其他国家的人却没有停滞不前，他们不断改进设计，不断试飞，并召集人们前去观看。很快他们的试飞成果就超越了莱特兄弟。1908 年，法国人超越莱特兄弟，制造了性能更优良的飞机。到第一次世界大战爆发时，最先诞生现代飞机的美国竟然没有自己的飞机，需要向法国购买飞机投入战争。这个例子表明，专利制度如果使用不当，只会阻碍一个国家的科技进步。

通过分享知识获利的想法看起来是尊重知识、尊重人才，但最后的结果往往事与愿违，最后得利的往往是擅于经营的商人，知识分子反而更不愿贡献出自己的知识和经验。知识不是一般的东西，真正需要的不是物质刺激，而是精神的滋养。“精神的滋养”是一个复杂的大问题，牵涉到方方面面，孤陋寡闻的我只能言尽于此。

（三）求知工具

武器越是骇人，威力可能也越大，但如果它对你来说过于沉重，威力再大也发挥不出来，而你也会变得一无是处。相反，简单的武器更能灵活使用，潜能才能尽情发挥，思想的力量才能真正爆发出来。

猫科动物是自然界中非常厉害的顶级猎食动物。仔细观察猫咪，你会发现它的牙齿和爪尖都非常细小，与牛羊头顶上那招摇过市的、大而坚硬的角相比似乎显得很弱小，但是它们能把全身的力量贯注在这个简单的工具上，在关键的时候运用藏而不露的尖牙和利爪撕破比自己强壮很多倍的猎物的皮肉，咬穿猎物的喉咙。类似的动物还有老鹰，说到底它只是鸟，并不强壮，连牙齿都没有，厉害的也不过是脚趾头上的尖爪。但正是这些看似不起眼的尖爪，让它们可以猎捕很多大型动物，甚至包括凶猛的狼。

再仔细看那些取得过巨大成功的人，无论是历史上的还是现实中的，你会发现他们很多都不是全知全能的人，甚至他们都有各自很明显的缺陷。他们的厉害之处在于有意或无意地运用好了一些工具。这些工具未必有多厉害，但是很适合他们。

人首先是要从这个世界中寻找适合自己的工具，然后才能去征服世界。工具并不是创造力的核心，思想才是。人一辈子的时间都耗费在不适合自己的工具上，反而没有时间去创造了，这是本末倒置。

老师的价值不在于他本身有多厉害，而在于他能帮助各种各样的学生找到各自适合的工具，从而培养出优秀的人才。对于学生来说，每个人都有自己的长处和短板，不同的老师能教会他们不同的思想和技能，需要从中筛选出最适合自己的东西。

我读书的时候老师总是拿“技多不压身”来教导我们，希望我们多学习不同的技能。当我们有充足的时间和精力去学习的时候，这的确是金玉良言，毕竟我们需要经历不同的东西才能找到真正适合自己的。但是，当时间和精力变得很有限的时候，我们就有必要权衡一下：是让自己拥有更多不同的工具，还是训练自己把已经掌握的工具运用得更加熟练；是把精力花在修正自己的短板上，还是让自己的长处更加优秀；是花时间把自己变得全知全能，还是花时间让自己在某方面更加卓越。这些问题从来没有定论，值得深思。

（四）探索与创新

我们有今天的进步，不仅要感谢成功者，还要感恩所有失败的人。我们做错了某件事情，不一定代表我们不该尝试。探索本就意味着可能会犯错，甚至还可能意味着牺牲。

错误无外乎两种：一种暂时没有表现出来；另一种已经表现出来了。

知识建立在问题的探索之上，就像排雷一样，没有错误，就不会有新的知识。探索新知识，就是探索新的错误。

明哲保身不是人生智慧，至多只能算是一种生存智慧罢了。这里所说的明哲保身，主要是畏惧错误的思想。什么是真正的智慧我不知道，反正明哲保身绝对不是！我们的头脑里很多东西都是错误的。我们感觉不到错误，只是因为这些错误没有暴露而已。错误被巧言妙语遮盖，反而推高了犯错的风险和代价。

铅这种金属耐腐蚀，延展性好，并且易于获得。在古代，铅和锡加入铜中能冶炼一种熔点更低、硬度更大、可塑性更强、更耐磨、更耐腐蚀的合金，这就是青铜。现在我们知道，铅是有毒的，能直接导致神经衰弱，智力下降，情绪异常，贫血等多种疾病。然而，古人一直在使用这种有毒的合金烹煮食物。有证据显示，古罗马对铅的使用量大得惊人。

铅制器皿煮的酒更加甘甜，被古罗马人大量用于酿葡萄酒。考古学家在罗马帝国遗址中发现大量的铅制容器。铅制容器比青铜合金的危害性更大。罗马后期的种种怪异的现象表明，帝国的衰亡和铅中毒可能有某种联系。实际上一些罗马人知道铅有毒，但是整个罗马却没有意识到这个问题。我想说的是，人类很多习以为常的认知可能都是错误的，只是大多数人没有意识到而已。我亲身经历的类似事件让我更加确信这一点。

家乡的农民经常需要在自己的菜地和果园里喷洒一种农药，但是对于这种农药的科学原理，他们并不清楚。家乡的人一直认为这种农药是高科技产品，只会杀死那些没骨骼的虫子，对家畜和人类不起作用。其实这种农药就是毒药，主要成分是硫酸铜。我很奇怪，十多年以来，这种农药无毒的认识并没有对他们产生太大的影响。毕竟农药很贵，而且味道很难闻，不至于被滥用。

这些农民笨吗？不。据我所知，他们其实是村民中少有的上过学的那部分人。然而就是他们，在向其他村民传播错误的知识。这些读过一点书的人往往比一无所知的文盲更自以为是。就如同那些自以为有点智慧且明哲保身的人，被他们掩饰和遮蔽的错误其实极其危险！

一个失去探索精神的民族永远没有希望。就像《三体》中所描绘的智子锁一样，整个文明被困在一个封闭的狭小区间，没有办法向前发展。

很容易做到，只能代表会做，可能只是一种巧合，未必真正理解。而知识，不只是能做，还需要理解普遍的规律。犯错能丰富我们认知的角度。犯错还能帮助我们更深入地理解事物的本质。到更高阶段的时候，这种早期曲折往复的经验就是科学发展的基石。

人生一帆风顺很好，人人都希望如此。但一个人没有做错某些事情不代表他聪明到不会犯这些错。每一个错误都是深入学习的机会。坦诚面对问题，耐心处理问题，能学到更多的知识，才会变得比别人更强。

与其学习一帆风顺的成功人士，不如虚心请教那些经历过坎坷和挫折的失败者。我认为相比于前者，后者懂的可能更多。现实也表明，最优秀的教练往往不是最优秀的运动员。

早年没有经历磨炼，没有足够多的探索，没有充分地试错训练，后来的人生越容易被命运桎梏。同样的错误，早暴露可能只是让人摔一跤，多流点汗，就可以过这一关。相反，如果一帆风顺，就不会有这些经验，将来遇到问题，为之付出的代价可能很沉重。到了人生的后半程，它会让你流血，流泪，甚至成为不可抗拒的宿命。

苏格拉底的魅力并不在于发现了什么真理，至今我们也很难想到他有什么观点让人印象深刻，但他的伟大无可置疑。很多学者认为他的思想可能是批判性思维的源头。他的教育思想和教育实践中蕴含着饱满的创新精神，对现代文明有着深远的影响。

我愿意把我所有的科技去换取和苏格拉底相处的一个下午。

——乔布斯

智慧的种子有很多，只是大部分被深埋在土里，不能生根发芽、开花结果。其实创新并不一定是另外创造全新的东西。创新本质上是在惯例之外的特例。每一个特例原本都是普通的，早就已经存在过的，并且仍然存在着，只是，某些力量不允许它们颠覆已有的秩序。因为这个世界繁荣到既得利益者们已经满足于他们真正想要的东西，只想停下来享受这盛世，不喜欢改变，更不允许自己的利益受到威胁。

“圣人”是活着的人给死者戴的王冠。从当时的希腊城邦看来，苏格拉底可能只是开明的古希腊文化里，无数种可能性当中的一种。以现代人的眼光来看，他就是一个知识分子，而且是一个又穷又酸的知识分子。连自己的老婆都嫌他不务正业，经常站在街道上对他破口大骂，冷不丁地泼他一身臭烘烘的洗脚水。若不考虑柏拉图对苏格拉底的战略吹捧，我怀疑苏格拉底可能生前就是一个小人物。就像很多伟大的艺术家一样，生前默默无名，死后名声大噪。

两千多年前的古希腊，在有钱、有权、有土地、有奴隶的贵族眼里，苏格拉底的社会地位，可能就像今天蹲在破窄巷子里给人算命的糟老头一样。他要工作养活家人，要服兵役，讨论哲学只是他的业余生活。到他老的时候，确实穷困潦倒。雅典法律规定，被判死刑的人可以支付30块钱的赎金来避免死刑。苏格拉底的收入只够支付一块钱。从现代人的角度来看，很奇怪，苏格拉底这么贫穷，竟然可以这么“成功”。现在人看来，这样一个人青史留名是绝对不可能的！

民科、民哲，在很多人看来是不入流的。很可惜，或者也是必然，在今天的社会，“苏格拉底”不配、也根本不会有人注意。真的是科学发展到了普通人跨不过去的门槛那样的高度吗？恐怕不是。我们还没有达到那样的高度。

灾难真正到来的时候，站出来拯救大家的，很可能是那些默默无闻的边缘人士。我们不可能未卜先知地知道什么人能拯救世界，但我们至少能让有可能成为英雄的人不受到冷落。无论哪个时代，平等和自由都是创新的根本。

这个世界还会诞生苏格拉底这样的人物吗？我是说把人类的精神文明再次推向更高层次的那种思想家。我认为一定会有的。

我们无法制造这样一个创新型人才。古希腊并没有培养苏格拉底，只是没有打压。其实上也打压了，只是没有一棒子打死而已。雅典只不过是给了苏格拉底一个表达思想的机会，而这样的机会，和其他所有公民是一样的。如果我们按照苏格拉底的样子去培养另一个苏格拉底，最终培养出来的很可能不是一个伟大的思想家，也许会是一个投机者和阴谋家。

基因突变不是生物按照意愿长出翅膀或者改变颜色，它没有目的，也没有方向，其实就是随机的错误。自然对待错误是宽容的，所以才有了大千世界和我们的存在。何以知道某个创新就是我们需要的呢？答案是不知道！事情发生以前，往往看不清它存在的意义。在创新起作用之前，我们并不知道创新有什么用。在创新的人才做出真正的创新之前，我们根本不可能预先知道那是什么人。

1947 年，日本灵长类学家开始研究一群猴子。经过 5 年的普查，1952 年，研究者已经比较清楚地掌握了猴群结构，并可以识别不同的个体。为了近距离地观察它们，科学家开始用红薯引诱猴子。由于红薯上有很多泥土，猴子们吃之前都会用手掌揉搓一番，把红薯抹擦干净点儿。就在 1953 年 9 月的一天，一只一岁半的小母猴，把红薯拿到溪边，用水清洗。这样一来，它不仅最有效地把红薯清理干净，而且因为沾着水吃，不至于匆忙进食的时候噎得打嗝。它妈妈看到了女儿的举动，很快跟着模仿。其他的小伙伴也随之学习。这一行为震惊了研究者，他们为了记住这位“小女孩”，特为它起名伊莫。伊莫的口味重，喜欢吃咸的，它后来就把红薯拿到海水里去洗。它的妈妈、朋友、邻居又开始效仿这一做法。到了 1958 年，整个猴群 80% 的青少年和 20% 的成年都会洗红薯了。1962 年的统计显示，全群 75% 的成员都已经学会了洗红薯。最开始清洗红薯的小母猴并不一定是最聪明的，但是没有它，也许这个猴群永远不会这样做。你可以把这个聪明的猴子看成是“创新者”，但是，如果你把它抬到“创新”的舞台上让它创新，它做不到。

三、教育理念

教育是文化的一部分。有什么样的文化，就会有什么样的教育。古代教育，现代教育，西方教育，东方教育，它们的不同，本质上都是理念的不同。

（一）真情教育

我的父母是再普通不过的农民，常人有的缺点他们有，常人没有的缺点他们也有。他们一辈子都在为生活奔波，一有时间就会吵架，并没有花什么心思在我的教育上。对我而言，有能力就读书，没能力就只能去城里打工，完全听天由命。

图 23　作者出生和生长的地方

（绘画时间：2008 年东；地点：重庆永川大河镇，张坝村。）

我继承了父母身上的很多缺点，他们踩过的坑我也踩过。当然，我也不是完全重复他们的人生。任何真实的东西都可以成为认识世界的重要材料。负面的东西也可以起到正面的教育意义。我努力把父母身上的某些缺点反转过来警示自己（经常因为把握不好轻重而误入歧途）。我把所有人当成我的老师，理解他们如何行动的，从而避免自己犯错。他们没有告诉我该往左还是该往右，但他们的行为让我明白了不能往左或者往右，不该这样或者不该那样。见识多了，也渐渐地就有了自己的方向。我比同龄人成长得慢，但正因为我成长得慢，所以想得也比别人多。这样的我一生都在犹豫和彷徨，因为什么都需要自己去思考，去试错，考虑的东西太多，以至于渐渐成了某种负担。我之所以写这么一本书，跟这个有直接的关系。

现在的父母普遍比“80后”那代人的父母更重视教育，恨不得把自己知道的一切都全部灌输给孩子。好处显而易见，前人的经验确实能避免后人走一些不必要的弯路。然而，始终走正确的路也是不容易的。

知道正确的形式，不一定理解正确的理念。只做正确的事情，不一定明白何为正确，终究也是迷茫的。从小就没有犯错的人，说不定哪一天就突然把那些父辈没有踩过的坑全都给踩一遍。关键是，错过了试错的学习阶段，可能有些东西永远都学不会了。所以在教育上做到事无巨细的父母未必就是好父母。

小时候懵懂无知，很羡慕邻村那些偷东西的小孩，可能是觉得能偷东西很“酷”，也想去偷。有一次我跟着父亲和他的朋友一起在公路边的小饭馆吃饭。说是小饭馆，其实只是一个临时搭建起来不到10平方米的茅草屋。老板是一个瘸了腿的残疾人，卖点卤肉和小酒，算是做点小生意谋生。收账的桌子就在饭桌旁边。抽屉里放着钱，1块的，5块的，10块的，皱巴巴地堆在一起。趁他们吃饭的时候，我鬼鬼祟祟地挪到老板收账的桌子旁边，手伸到抽屉里薅了一把钱藏在袖子里。

回家的路上，我告诉了父亲偷钱的事，还得意地把钱塞到父亲手里。我还隐约记得当时的心情，很兴奋，没有一点羞耻感，甚至还满以为父亲会夸奖我。

父亲的朋友看到这一幕连连摇头，场面很尴尬……

现在想起来，换作别的父亲，即便不是几个耳光也免不了一顿臭骂。

但是，我的父亲并没有这样做。沉寂片刻之后，他的脸色变得铁青。父亲把钱扔到地上，说了一句我这辈子都忘不了的话："他是个可怜的人啊！"

父亲生气并不是因为觉得我丢了他的面子，而是从内心觉得，不应该伤害一个可怜的人。不知是不是因为我的关系，那个小店倒闭了。想到那个艰难求生的残疾人，再想到父亲的叹息，我为自己的行为感到深深的羞愧。父亲的话在我耳畔回荡了很多年，那是对我最深刻的教育。

责备一个犯错的人并不高尚，恶毒的批判和辱骂不会让这个世界更美好。内心真实的善总会自然而然地传递给下一代。恶，同样也是如此，不管怎么伪装都改变不了事实。最好的教育，其实只是人内心深处、朴实无华的善良。

（二）启发教育

好奇心和求知欲是人的一种天性，这种天性在不同的人身上是不同的。有的人很早就体现出求知欲和好奇心，对他们来说，获取知识和探索未知世界，几乎是像呼吸一样重要的事情，但这对某些人来说可能就是一种折磨。

勤奋也是人的一种性格天赋。骨子里就很勤奋的人和懒惰的人是不一样的，被逼勤奋和自发勤奋的人有本质的不同。

一个有强烈好奇心并且勤奋的人，根本不需要外在的强迫，只需要给予一定的启发，他们自己就会有强大的自我驱动能力。内在驱动力要求高、外在激励低的科研领域需要的是这样的人。

然而，当一个有强烈好奇心并且勤奋的人被强迫学习，那么他的好奇心和勤奋精神也将大打折扣。就像扶老人过马路是一种有道德的行为，善良的人表现出这样的行为是很自然的事，然而，一旦被强制，本来愿意这么做的人反而产生抵抗的情绪。强制性质的教育对懒惰的人有利，对勤奋上进的人是很不利的。被动的教育对没有好奇心的人有利，而对有好奇心的人是不利的。

《庄子·外篇·田子方》讲了这么一件事：

> 庄子见鲁哀公，哀公说："鲁国很多儒士，但很少有学先生的。"庄子说："不对，鲁国的儒士很少。"
>
> 哀公说："全鲁国都穿儒者的服装，怎么说少呢？"
>
> 庄子说："我听说，儒者中戴圆帽的，知道天文；穿方形鞋子的，懂得地理；佩戴五彩丝带穿系玉玦的，事至而能决断。君子有其道的，未必穿戴那样的服饰；穿戴那样服饰的，未必真有道。你既不以为然，何不号令于国中说：'不懂此种道术而穿戴此种服饰的，要处以死罪！'"哀公果真发布这样的命令。五天以后，鲁国没有敢穿儒服的人。唯独有一位男子，身穿儒服，站在哀公门外。哀公即刻召见他以国事相问，千转万变发问也不能难住他。庄子说："以鲁国之大只有一个儒者，可以说多吗？"

当教育硬把所有的孩子都变成"鲁国的儒者"，看起来好像是教育取得了巨大的成就，然而，这其实是人才的悲剧。教育资源应该由学生自己争取，而不是由教育者来分配。教育制度应该给学生一个宽松自由的环境，让其自发地选择属于自己的路。对于知识，老师要做的是鼓励学生按照自己的方式和节奏去理解。学生在这个过程中遇到理解障碍的时候，老师再主动加以指点。

教育者需要把精力集中在一件事情上：就是让学生去选择做什么，怎么做，包括愿意坚持或者放弃。一视同仁地为学生各自的选择竭尽全力地提供帮助，尽量避免刻意或者强制。老师去适应学生的节奏，而不是学生被动满足老师的节奏。如此，义务教育在这个过程中实现了，同时精英也会脱颖而出。

（三）择优理念

科学家设计了一个盒子，盒子中放置一块糖果。被测试对象需要按照实验人员的示范，完成某种敲打盒子的仪式，才能取出盒子中的糖果。但是实际上，这些仪式对取得糖果没有任何实际帮助。经过几次示范，等科学家让黑猩猩自己去拿糖果的时候，聪明的黑猩猩发现仪式和拿到糖果没有必然的联系，直接就打开盒子取出糖果，而省略掉了敲盒子的“仪式”。作为实验对比的是6岁左右的人类。相比于黑猩猩，儿童表现则似乎很“笨拙”。他们很自然地遵从示范，学着实验员的样子做了一大堆毫不相关的事情才去拿糖果。

在我们看来，这个实验仿佛证明了黑猩猩比小孩聪明。然而科学家却告诉我们，小孩的这种“笨”，恰恰是人类的不同寻常之处。如果你仔细观察，会发现有些教育把投机视为聪明，而把不擅长投机视为愚笨。看起来聪明的孩子受到太多的关注，被当成重点培养。看起来不那么聪明的孩子得不到重视。

庄子讲了这么一个简短而精彩的寓言：

> 南海的帝王名叫倏，北海的帝王名叫忽，中央的帝王名叫混沌。倏和忽时常和混沌相聚，混沌对待他们非常友好。倏和忽商量着报答混沌，说：“人都有七窍，唯独他没有，我们试着给他凿出七窍。”于是倏和忽为混沌开窍，每天一窍，七天以后混沌就死了[①]。

庄子的这个寓言出自《庄子·内篇》应帝王这一部分，从很多方面解读都很有趣。“应帝王”的意思大概是和帝王一起商讨如何治理天下的意思，而治理天下最重要的就是培养和选拔人才，所以把它用在教育理念上

① 《庄子·内篇·应帝王》，原文：“南海之帝为倏，北海之帝为忽，中央之帝为混沌。倏与忽时相与遇于混沌之地，混沌待之甚善。倏与忽谋报混沌之德，曰：‘人皆有七窍，以视听食息，此独无有，尝试凿之。’日凿一窍，七日而混沌死。”

也能说明一些问题。结合庄子其他文章中所表达的思想，这个寓言可以这样理解：

七窍代表的是人外在的感性知觉，相应的是内在的理性知觉。如果没有理性知觉，知道其实也等于不知道。混沌是个很极端的情况，获得了某些知觉，不仅没有变好，反而导致了自身的毁灭。所谓混沌，看不到内在的精神而只看到表面的浮华，不重内在的深度而重外在的机巧，没有渊博的知识却有犀利的言辞，不重事实重雄辩，不重能力重态度，不听劝谏听奉承。讽刺的是，清末随团出使国外的满族官员志刚反而借用“混沌”来贬低西方，将其不理解的科学技术形容为奇技淫巧（“奇技淫巧而无裨于国计民生”）。志刚可能熟读庄子，可惜他不知道，（从我们后世来看）他自己才是个混沌。清王朝晚期被西方开了七窍，没有变好反而灭亡了，这不就是个大混沌嘛。说庄子是个预言家也不为过。

有没有这样一种可能：教育的择优理念从一开始就错了，导致志刚这样的人越来越多。把所有的精力和资源都用在培养某些聪明人上，但其实他们和普通人并没有什么区别，这是不是另一种形式的揠苗助长呢？

我们喜欢一种颜色，是因为我们生下来就有这种喜好吗？不是。人生的经历给了我们拥有某种喜好的可能，比如经常穿的衣服，或者某种常喝的饮料的外包装。一个小孩的阅历非常有限。你让他说喜欢红色还是蓝色，可能他会很为难。即便他说出来一个答案，也是未经思索的，这种选择没有意义。同样，对他们进行“择优”教育也可能没有意义。人的智慧很复杂，孰优孰劣，没有人能真正看透，至少不能在这种事情上太过自以为是。黑猩猩看起来是比人类小孩聪明，但从长远看并不是这样。

事物何止两面性，应该说有很多不同的面。不同的人对同样的事物自然会存在很多不同的认知。智慧的人总是渴望与不同的人交流。他们能意识到彼此的不同，且会用心去了解彼此的不同之处。如果有人指出他们的问题，他们往往很乐意自我反省，这也是交流的意义。

人与人之间像地图一样是复杂的嵌合关系。两个人之间既有相合的面，也有相背离的面。一个人的某些行为遭到反对，导致这个人的一切都被否定，这是有违常理的。我们明知彼此有很多不同，可我们内心始终不愿意接受他人的不同。分歧的本质从来没有变过，没有增加也没有减少，但是人们变得越来越不能相互容忍，这在据称价值观多元化的现代社会很让人费解，到底是为什么呢？

过去人与人之间是靠现实社交关系联系在一起的，比如亲戚、同乡、同学，同事，等等，简单地说就是熟人社会。比如某个熟人在女权问题上和你持敌对的态度，你并不会攻击他，但是对陌生人就没有这种顾忌了，问题就在这里。如今，亲戚、同乡这种关系在大城市中几乎已经瓦解。同学和同事之间的关系在变得越来越冷淡。旧文化对人性的约束在减弱，新的文化尚未形成强大的约束。自我克制渐渐被自我放纵取代，人性中恶的一面就暴露出来了。很多事情佐证了这种猜测。

有天朋友突然质问我："你为什么骂我？"。我赶紧否认。我怎么可能骂他呢？他把游戏记录翻开给我看，原来我真的骂了，只是我没注意到被骂的人竟然是他。我羞愧得无地自容，又是赔礼，又是道歉，恨不得扇自己一个耳光。我是真的为自己粗鲁的行为后悔吗？其实我只是觉得不该对认识的人这样无礼而已。换句话说，对陌生人就不用有所顾忌了。这个问题在大多数人身上都存在，只是少有人认真反思。

熟悉的人之间，明知道对方错了，出于礼貌，还是会用一种不确定的语气委婉地指出来：我觉得……，好像……，看起来……。这本来是很自然的事情，并非高情商的体现，其实只是我们相互之间有羁绊。如果没有这种羁绊，往往就没有这种敬畏之心。在互联网中，有些人但凡了解一点点别人不知道的东西，一定会迫不及待地当成优越感秀出来，尖酸刻薄的嘴脸暴露无遗。出现分歧的时候很容易丧失应有的理性与分寸，不能就事论事，动辄对他人进行人生攻击。

（四）人文教育

教材总是告诉我们知识是这样，但很少告诉我们为什么是这样。我们总是困惑：我为什么要知道这些？我凭什么要认为它是正确的？相对于知识本身，我们更需要了解的，是关于知识的知识。知识的来源，知识的时代背景，发现这个知识的人，关于他的人生经历，生活习惯，生活态度，有什么朋友，等等……这些才可能是我对知识感兴趣的诱因。知识的背后就是人文精神，可惜这些东西恰恰被忽视了。

法国哲学家福柯在《疯癫与文明》中这样写道：

> 知识是抽象的，客观的，独立于我们的感官世界之外的信息。但是除了它所描述的事实外，历史，背景，人文环境也是它的属性，恰恰是这些属性使得那些抽象的知识成为能融入生命的精神。[①]

老师最应该讲的不是知识本身，而是那些看似知识之外的东西。你也许会说，这些本该是课外的东西，有兴趣的自己去图书馆找资料就可以了，但是，这样就失去言传身教的教育意义了。正如启蒙运动思想家孟德斯鸠所说："科学离不开人文，否则会祸及人类自身。没有人文的科学是一种恶。"

仔细想一下，年轻人和孩子们为什么喜欢明星呢？原因可能很简单，就是因为明星身上的人文信息。其实我们未必喜欢他们的歌，或者他们的电影。喜欢他们，往往是从关于他们的一些传言开始的。顺便说一个事，我最开始对康德感兴趣不是因为康德的哲学理论，而是关于他的种种八卦。

> 如果说知识的进步能驱散谬误，那么它也能传播一种趣味，甚至一种嗜书疾。书斋生活，完全陷于抽象思辨，劳心不劳力，这些会产生极其灾难性的后果。梯索解释说，在人体中，经常工作的部分首先变得强壮坚实；体力劳动者的手臂肌肉和纤维首先变得强硬，使他们

① [法]福柯：《疯癫与文明：理性时代的疯癫史》，刘北成，杨远婴译，版，北京：生活·读书·新知三联书店，2003（1），第200页。

身强力壮，健康长寿。“读书人的脑子首先硬化，使他们常常变得无法连贯地思维。”其结果必然是痴呆症。知识变得越抽象复杂，产生疯癫的危险性就越大。按照普莱萨万（Pressavin）的说法，如果一种知识接近于直觉，只需要大脑器官和内部感官的轻微活动，那么这种知识只能刺激起一种生理快感：“如果科学的对象是我们的感官能够很容易感受的，那么这种和谐的共鸣便使灵魂处于和谐一致。……这种科学在整个身体机器中进行着一种有益于各部分功能的轻微活动。”反之，如果一种知识与感官的联系过于薄弱，过于脱离直觉，那么就会引起大脑的紧张，进而使整个身体失调；“有些事物的联系人们很难把握，因为我们的感官不容易接近它们，或者因为它们的关系过于复杂，需要我们费力去研究它们。（有关的科学）使灵魂陷于这样一种活动，即不断地使内部感官处于极度紧张状态，从而产生极大的疲劳感。”这样，知识就在感觉周围组成了一种抽象关系的环境。在这种环境中，人有可能失去生理快感，而这种生理快感通常是人与世界关系的媒介。毫无疑问，知识在激增，但是，它的代价也随之增大。谁能断定今天聪明人比以前更多了呢？但是有一点是可以断定的：“当今有更多的人患有智力病症。”这种知识环境的发展比知识本身更迅速[①]。

现在的人们心底都有这种观念：学校里的而孩子是纯真无邪的，社会上的思潮都是污秽不堪的。甚至觉得有必要将两者进行物理隔离，避免学生被社会思想污染。每一所学校都有高高的围墙。我们把人文当成了一种校园教育，这才有了所谓的人文教育这种东西。但事实上，人文教育远非如此简单。

人文教育根基于复杂的人文环境，而学校只是个封闭的、单一的、纯

---

① [法]福柯：《疯癫与文明：理性时代的疯癫史》，刘北成，杨远婴译，版，北京：生活·读书·新知三联书店，2003（1），第200页。

粹的小环境，承担不了这个功能。学校的人文精神是校园里产生的吗？并不是。只是学校就是聚集人文的载体人的地方。文化始终是会相互渗透的。人文思想从社会渗透到老师和同学，再从老师和同学渗透到学生的心里。但最终，社会才是真正主导人文教育的因素。校园里从来就没有完整的人文教育。

西方校园普遍不修建围墙，因为他们对待人文教育的理念与东亚有根本的不同。这道围墙在心理上的意义远远大于安全的意义。

（五）启蒙教育

启蒙教育具有超长的递延效应。一些重要的启蒙教育，需要等到几十年之后才会爆发出能量。因此启蒙教育不是所见即所得，而是一项伟大事业。如同愚公移山一样，启蒙教育需要大智慧，大格局，超长远的眼光。文化赋予教师这种职业神圣的地位，我们传承尊师重道的文化，也承认教师的地位。但并不是所有教师觉得自己有义务为学生的未来殚精竭虑，他们更关心学生在当前这个阶段的升学率等指标，思想启蒙不能仅靠教师，也不能苛责这样一群人。

那么教师在启蒙教育中应该是一个什么角色呢？我来讲一讲我眼中的一个好的启蒙老师。

她是一个乡村代课老师，据说我们的父辈也是她的学生。当我班主任的时候，她已经到了花甲之年。在学校里，她是我们的老师，回到家里，她就是一个普通的农民。教师在她眼里只是一份工作，简单工作，简单生活，最后悄悄地离开人世，一生默默无闻。她没有毕生奉献教育事业的思想觉悟，但是，她真的是一个很好的启蒙老师。

如果说教育的本质是考试拿高分，她则在被开除的队伍之列，因为我们的考试水平实在太差了。当时我们班的平均成绩都不足以达到及格线。如果说教育的本质是帮助孩子健康成长，那她的教学成绩可以说是满分。在那个年代，教师殴打、辱骂学生是太正常不过的事情。但她从来没有对学生采用粗暴的方式这样的行为，在她看来简直不可想象。她从来不体罚学生，但神奇的是，她教育过的学生没有一个出现问题，连有智力障碍的残疾学生都得到了很好的照顾，快乐地学习，过着正常人的生活。没有犯罪，没有霸凌，没有逃课，甚至没有人说脏话。对比那个年代的教育现状，这样的成果真的很了不起。

在科学教育上我也给她打满分。她曾告诉我们，天上还有另一个世界。曾经有苏联飞行员去过那里。她说海底可能有另外一种人类，他们会抢劫运送粮食的商船，还会奴役船员到海底充当他们的苦力。这要换到今天可能要被家长举报封建迷信了吧？说不定还会因此丢了饭碗。然而，这些看起来像迷信的东西对我们并没有坏处，就像童话故事一样，看似荒诞，其实并没有妨碍我们相信科学，反而是保护了我们对这个世界的好奇心和探索欲。为什么她讲的故事不是迷信，而很多人讲的故事就让人迷信了呢？我也不知道，这也是她的高明之处。如果非要讲出个原因，我想可能是因为她骨子里有着一个知识分子最高贵的品质：谦逊。我对科学的热爱正是从她那里开始的。是她教会了我用心仰望星空。如果我有更高的天赋，真的能成为梦想中改变世界的科学家，那么她必然是对科学有功的教育家。

并不是什么都教育的才是好的教育者。有时候正是因为教育者在某些方面的缺位，学生才能释放自己的内在天性。某些无用，就是大用。这也是启蒙教育的意义之所在。

说到底，所谓的人文教育到底是什么样的教育呢？很难具体描述。教师的真情实感如果不能倾注于他的教学中，启蒙教育可能就无从谈起。教育之所以是人类最高尚的事业，可能恰恰就在于此。

第六章

文化的边界

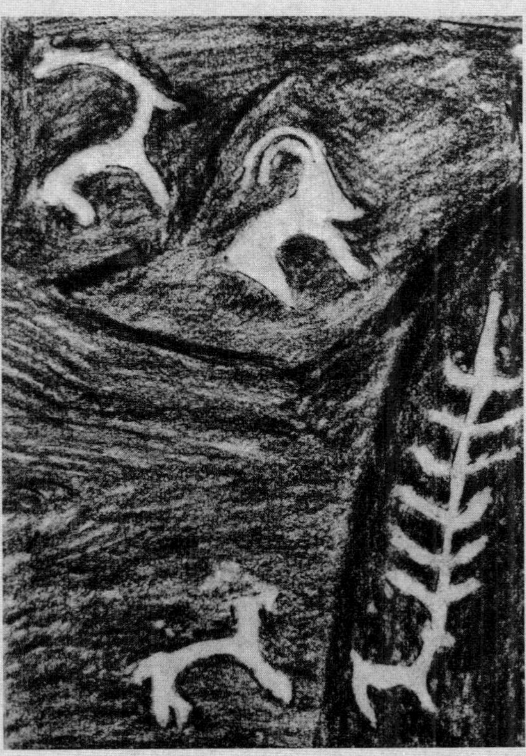

图 24　宁夏回族自治区卫宁大麦地岩刻

有一年冬天，我在结霜的草丛里看到一只冻僵的小黄鸭。我把它兜在衣服里带回了家，随着院子里的小鸡一起喂养。也许是对它有了感情，后来父母将它卖了，为此我伤心了很久。再后来，当我看见鸭棚里密密麻麻的鸭子，联想到那只特别的小家伙，恍然发现它并没有什么特别的地方，只不过，它和我有一段时间和空间的交集。人与人之间，人与物之间，人与事之间，甚至人与神话之间都是一种交集，中国人称之为“缘”。“交际”就是一种特别的“交集”。这些交集构建了各种关系，各种关系构建了人的情感，进而塑造了我们的文化。

一、领地意识

图 25　云南省沧源岩画（临摹）

地球上几乎所有形式的生命都有各自的领地。狭隘的领地就只是脚下的土地，广义的领地包括各种形式的时间和空间。生存竞争本质上就是“生存领地”的争夺，而人际关系也可以看成是某种“领地意识”的延伸。

每个人的脑海中都有一个领地模型：最里面的领地是纯粹的自己，一个绝对自私自利的小世界。紧挨着外面是一个大圈，小圈和大圈中间是被自己接纳的人，包括父母，配偶，孩子，亲戚，朋友。再往外面是一个更大的圈，这中间的是合伙人以及利益相关的盟友或者说熟人。再往外面就是陌生人了。

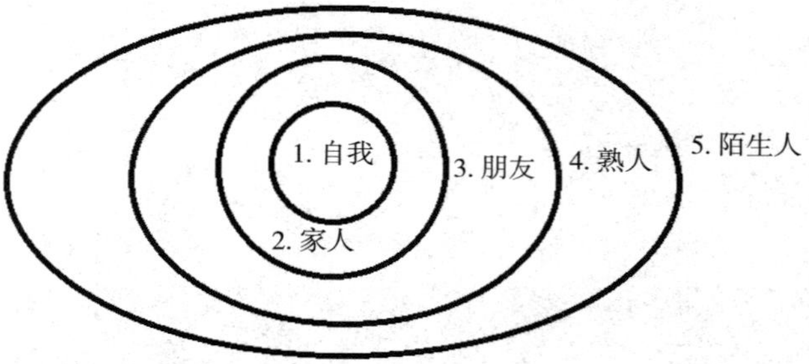

图 26　领地意识示意图

通常情况下，我们的友好程度的顺序是：家人 > 朋友 > 熟人 > 陌生人。对家人关怀备至，对朋友则可能有逊；对朋友慷慨大方，对熟人就精打细算；在熟人面前彬彬有礼，面对陌生人就可能漠然。反过来，如果要和另一个人建立更紧密的社会关系，会把他往更靠近自我的位置拉拢。陌生人变成熟人，熟人变成朋友，朋友变成“家人”，比如称呼朋友“兄弟”或者“姐妹”。社会学家费孝通对此有过详细的描述。他创造了一个在人文学领域很著名的概念：差序格局①。

“差”就是指这种层级差异。“差序格局”表明人都以自我为中心，可以简单表示为上面这个层级图。根据这个模型，国家意识也是一种格局。随着国家意志的形成和强化，分歧也会随之凸显。

有人遵守规则，也有人破坏规则；有人遵守这样的规则，也有人遵守那样的规则。这些分歧只有上升到比分歧本身更高的格局层面，矛盾和冲突才能避免。所以国家这种社会组织形式会长期存在，并且始终都很重要，只是存在形式会因时代的不同而有所不同。

其实费孝通先生的差序格局模型主要是批判中国人狭隘的观念以及相对自私的处世原则。在这个强调集体性的过去，自私自利的现象反而更为严重。

① 费孝通：《乡土中国》，北京：北京出版社，2004，第 37 页。子曰：“为政以德，譬如北辰，居是所，而众星拱之。”这是很好一个差序格局的譬喻，自己总是中心，像四季不移的北斗星，所有其他的人，随着他转动。

二、人际关系

我有一个学生时代就很要好的女性朋友，眼光独特，性格倔强，是一个很有主见的人。她和一个她曾经特别讨厌的人结婚了，我问她为什么。她毫不避讳地说：与那些曾经讨厌的人相比，她发现曾经喜欢的人身上有她更难以容忍的问题，相比之下，那些曾经讨厌的人也不那么讨厌了。所以，并不是她变了，她依然是那个有主见的她，只是她对人和事有了不一样的看法。

这个世界并不简单，而且从来都不简单。人的一生需要结交各种各样的人。不同的人有不同的价值和意义。有的人能带来实在的经济价值，我们不能失去这样的人的支持。有的人不能带来任何经济价值，但却有着不可替代的情感价值，生活里不能没有他们。有的人不能带来任何利益，而且非常不友好，但有时候偏偏只有这样的人能刺激我们不断前进。对他们不必亲近，但也不必憎恨。

如果你能做到不轻贱，不谄媚，不卑不亢，平等对待每一个人，那么你的能力绝对不会很差。如果你能看到周围人身上独特的价值，并且能帮助他们利用好这种价值，那么你绝对是一个出类拔萃的人物。至于庄子说的那种“万物齐一”是圣人的境界，常人很难做到。我们多少都会有这样或那样的偏见，而我们也最好承认自己有偏见，承认自己有局限。很多取舍只是基于自身利益的选择，不是什么公允的评判，下面细则也是如此。

（一）人际关系的选择

人的社会生活环境分为两种：一种是所有人共同的大环境，另外一种是特定的人对应的特定的人际关系，后者我称之为微环境。微环境对一个人心理的影响非常大，这一点已经引起了一些心理学家的注意，但是重视程度还不够。大环境我们都没有能力改变，但是自己周围的微环境是可以改变的。必要的时候我们需要做出一些取舍。

1. 远离堕落的人

有些人的堕落并不会损害你，你可以帮助他们，也可以置之不理。但是有些堕落的人是很危险的。当他们处境不好的时候，排解痛苦的方式不是努力解决自己的问题，而是把周围的人都拉下水。这样的人内心不希望别人过得比自己好。

在互联网世界，人们尤其喜欢看丑陋的事物。他们试图通过关注比自己更堕落，更不堪的人满足自己的消极期待。当安慰剂的安慰效应无法再满足其心理需求以后，他们会把现实扭曲成他们期待的样子。他们会变得具有很强的攻击性。言语上越来越喜欢恶毒的批评、挑刺、抬杆、贬低、谩骂，等等，甚至更疯狂的事情都能干出来。

2. 远离消沉的人

我其实是一个非常消沉的人，但我认为自己不应该被讨厌。对于一个受伤无力的人来说，消沉是很自然的事情。如果有人说看到消沉的我会很不舒服，尽管与我有关，但责任不在我。

应该注意的是消沉带着控制欲的人，总是想强迫他人跟他一样。因为消沉，他会朝鲜花吐口水，会往别人伤口上撒盐，会消解别人的乐趣、打击别人的自信。

3. 远离势力的人

人们对你的言行有赞同也有反对，这很正常。不要以为那些反对你的人才叫“势力”，一个人是不是“势力”跟他支持你或者反对你没有绝对关系。如果你只亲近表面上与你苟同的人，很容易招致你身边聚集的人都是势力的小人。我们努力表达自己的观点，绝不是为了与这样的人苟同。

不要亲近那些见你“优秀”的样子才把你当人看的家伙。也不要过于亲近时时刻刻都活在“优秀”的人。以名利结交朋友，为的就是“名”和“利”。不要有太多幻想。因为你的强大才对你恭敬的人不能过分信任，因为你的名声而亲近你的人不值得深交。

4. 远离无知的人

人最大的“恶”在于暴虐无辜的生命，最大的“蠢”在于看不到自己无知，有的人集这两者于一身。人无法辨别大是大非的时候，就很容易受“恶”的影响。我们也会跟着自私，转身又去害人。

卑劣的人格像传染病一样，很容易从一个人传递给另一个人。在这样的伤害链中，原本友善的人也不再友善，原本开朗的人也变得自闭，原本容易亲近的人也会变得冷漠。

5. 远离控制欲过于旺盛的人

对于控制欲很强的人，满足他们的控制欲有可能比他们自己的命更重要。不用说违抗他们的意志，就连摆脱他们的控制对他们来说都是一种不可饶恕的行为。最好一开始就不要与这样的人有任何瓜葛，否则你就像掉进沼泽一样，很难脱开身。

6. 远离喜欢算计的人

有些人为他人所做的一切付出都是算计。和这样的人在一起最大的损失不是利益，而是时间和精力，因为很多时候你不得不像他们一样。

7. 远离优越感爆棚的人

人与人之间有高下，但刻意去强调这种高下的人，往往都不是善类。总是强调他比你优秀，总是强调他在你之上，总是强调他优先，那不是自信。真正自信的人能让身边的人和他一样自信，一个只有优越感的人会让身边的人自卑。承认别人是一种气度，但是你要清醒，心甘情愿地把别人举在肩膀上，和被人踩在脚底下完全是两码事！

8. 不与无法独立的人深交

无法独立的人没有什么原则，也可能没有底线。他们始终指望别人为自己操心，仿佛别人对自己的责任比他都大。可能这样的人并没有什么坏心眼儿，但总是要求别人为他承担本来应该由他自己承担的东西。如果你负担不起，最好和这样的人保持距离。

（二）人际关系的建立

人与人之间在思想层面有着巨大的不可逾越的鸿沟。我们成长于不同的环境，有不同的习惯，有不同的经验，有不同的价值观。人能对一个从未谋面的陌生人表达自己的思想已经是一件很了不起的事情了。即便一个再简单不过的观点，如果真正要在不同的人之间辩论清楚的话，恐怕不要三年也要三天。有些东西争论了几百年都没有结果。人与人之间的相互理解，多半都是相互妥协。人际关系就是建立在这种妥协之上。

1. 获得注意力

大脑处理信息的能力有限，所以感官接收外界信息一向都是有选择的。我们更愿意倾听与自己亲近且熟悉的人，而对其他声音则本能地加以屏蔽。最近几年，神经科学家研究发现，人的关注能力的调整不是做“加法”，而是在做“减法”。当我们关注某个事物的时候，并不是像“探照灯”那样把注意投射在事物上，而是让自己的注意力屏蔽与它无关的信息。

2. 试探回应

试探能得到有效的回应是沟通的前提。

当一个人试图和另一个人建立关系的时候，通常会在对话中包含一些弱[①]请求。如果对方捕获到这些请求信息并且给出了有效回应，则代表有建立沟通的可能。比如我们在初次见到某个人的时候，通常会说一声看似没有意义的“嗨——”。这个招呼实际上就是试探，确认是否有沟通的可能。

① 强请求就是必须做出应答的交互请求，相对而言，弱请求就是可应答也可不应答的交互请求。这种行为通常是下意识的，就是我们不知道这样的原理，但我们实即上就是这样做的。

在沟通之前，试探是非常有必要的。对方若响应，有何困难或麻烦，何时响应恰当等，都是我们希望得到的情报。不管是试探还是回应都能照顾到他人的感受，才能算是一个有教养的人。

一个美国短篇小说讲了这样的故事："一个男人被判入狱很多年。他很爱自己的妻子，但是进监狱以后就一直没和妻子联系。他一出监狱门就往家寄了封信，信上说如果妻子还在等他，就请她在门前的树上系一条黄手帕。如果他看到树上有黄手帕，就会回家，否则他就不再回去了……"这个故事如此简单，却非常感人。从当前这个话题来理解，我认为这就是一种美好到极致的沟通。

3. 确认身份

言语经常是违心的，说白了就是不诚实。或者是出于自我保护，或者是出于利益需求，还有成千上万的各种缘由。假如沟通的双方没有身份限制会出现什么情况？可能就像戴着永远不会被戳穿的面具。从上帝视角来看，这种交流的气氛可能会很诡异：人们会表现得很反常，就像灵魂出窍一样；小孩儿可能像历尽沧桑的老人，老人可能像天真烂漫的小孩儿；恶人说出来的话像是好人，好人说出来的话听起来像是恶人。互联网社会就存在这样的情况。

身份决定了很多东西，包括人与人之间是否能有效地沟通。为什么你总是和自己单方面喜欢的人没有话题可以聊？实际上并不是你的聊天技巧不够高明。交流不需要太多技巧，即便什么话也不说，就这样相互看着也是一种交流。多数尴尬其实是因为对方已经确认了你的身份，而你与对方的期待不符。用一句简单的话来说：不是对的那个人。

4. 达成共识

我在和朋友交流的时候经常发现这样的矛盾，对于同样的问题，比如，生活中一些琐碎的争执是否应该深究对错。有时候我的观点是"是"，而他的观点是"否"。有时候我的观点是"否"，而他的观点又成了"是"。

又比如：对某样东西发表看法的时候，有时候我非常强调它“有利”的一面，有时候我又非常强调它的“弊端”。好像我们从来没有定论，但我们始终在争论着什么。

人生就像大海中航行的船，没有什么“向左”或者“向右”是绝对正确的。有时候要将船舵向右转，有时候需要将船舵向左转。每个人都在不同的航道上，有不同的路要走，更没有什么定论。即便是生活在同一个屋檐下的夫妻，也都有各自不同的处境。对于生存而言，道理可能并无用处。

处境不同，心境不同，对错的标准自然就不一样。很多事情不要太较真，就是这个道理。

不能轻易评判别人的是非，更不能轻易把自己认为正确的观点强加在别人身上。你认为正确的东西，在别人的世界里可能是谬误。此一时彼一时，你觉得别人的想法是错误的，然而一旦让你真正处在别人的立场上，你可能更不堪。

不用急于反对别人，或者急于澄清自己。可能的话，多了解，多接触。在大方向达成共识，才有从细解上争辩的意义。大方向都没有共识，这种关系从根本上也没有必要建立了。

5. 建立信任

建立信任感是所有人际关系最根本的一步。通常我们很难准确判断陌生人是善意还是恶意，是竞争对手还是合作伙伴。我们谨慎言行，同时察言观色，实际上是在消耗精力相互防御。但面对朋友，我们通常会选择信任，这份信任让我们节约了时间和精力，这也是朋友的价值和意义。

（三）人际关系的维持

友情需要细心地经营才能维持。朋友之间在道义上会有利他责任，也就是有相应的经营成本，所以一个人能亲近的朋友总是很有限的。我列举了一些友谊的经营之道，但其实经营好友谊需要做好的远不止这些。

图 27　云南沧源岩画

1. 友情是相互信任

在可靠的关系中，即使朋友说了很过分的话，也不会引起矛盾。因为无心的言语而生恨，说明这段关系本来就不牢固，没有建立起真正的情义。一句话就断送的友谊，大多数时候根本原因都不是这句话本身，早就已经不再相互信任了。

2. 友情是相互成全

一个从来不想有朋友的人不可能有朋友，而一个太渴望得到朋友的人也不太可能有真正的朋友。真正的朋友是相互成全。你对他有益处，他对你也有益处。如果暂时没有这样的人，不要太过于心急。

3. 友情是共同担当

既然是友情，就不应该总是把压力推给对方，应该时时刻刻和对方站在一起，共同承担压力，即便责任在对方。遇到麻烦首先考虑怎么解决麻烦，而不是首先推卸自己的责任。不同的选择有不同的收获，也会伴随不同的责任。

4. 友情是相互坦诚

在真正的朋友面前，你只需要坦诚地做你自己，而不需要刻意去扮演朋友这个角色。甲在做一件错误而不自知的事情。朋友乙对甲犯下的错误和可能承担的可怕后果看得清清楚楚。但如果乙试图阻止这样的错误，甲可能非但不会理解乙的好意，反而会产生怨恨。如果你是乙，你会怎么做呢？朋友到底是什么。你努力守护的，是友情这种人际关系，还是这个人呢？如果你对友情的定义是前者，那么处在乙的情况下，你就不会有阻止甲犯错的想法。毕竟从现实的角度来看，这样做绝对是不划算的。但如果你对友情的理解是后者，处在乙的情况下，你就会阻止甲犯错，即便明知对方会对自己产生误解。

友情可以分很多种。有些朋友是那种表面上的朋友。所谓的“为你好”其实只是为了“我们的关系好”。对于你这个人，其实他并不那么在乎。为什么有些人一辈子都结交不到真正的朋友。因为不真诚。我一直很担心“情商”这种东西，它会把人教坏。在所谓高情商的伪装下，你的朋友可能一大堆，但没有一个是真诚的。

5. 友情需要驾驭能力

不同的人驾驭能力不尽相同。同样的事物，有些人可以驾驭，有些人则不行。特别的友情需要特别的驾驭能力。同样的缺点，在某些人那里水火难容，而在另外一些人看来却可能丝毫不会介意，只要不存心作恶，真的不一定非得铲除一切缺点才配有朋友。随着我们从小孩逐渐长大成人，必然会越来越多地发现自己身上某些被人嫌弃的难以改变的东西。不必为此太过担心。有嫌弃它的人，也会有接受它的人。

6. 友情不应该被买卖

利用一个朋友对自己的善意去讨好另一个朋友的时候，就是在利用友情做买卖。一方面我们可能觉得给予自己的那个人是应该的；另一方面我们又觉得自己给予的那个人欠了自己什么。自己能给予多少，就给予多少，量力而行。不要把友情当成做生意的资本，不要损害一个人的利益去讨好另一个人。

7. 友情不应该过分隐忍

天下不存在没有缝隙的友情。不要假装看不到问题，那对大家都没有好处。大家都抱着愿意吃亏的思想也未必就能避免矛盾。主动退让，短时间内矛盾是平息下来了，可从长时间来看这其实是祸根。这样的友情也许是更硬了，但也更脆，一旦断裂极难修复。你的每一次忍让，其实都深深地刻在你心里。一旦你们之间出现问题，曾经的每一次忍让都会全部翻出来，聚成一剂毒药，让双方都受到伤害。

宽容是在双方差距明显的情况下优势的一方主动做出的让步。胜负已分的情况下才有所谓的退让。赢的一方对输的一方的主动让步是宽容，成人对小孩儿的不懂事是宽容，老年人对年轻人的冲动是宽容。没有明显的优势和劣势，仅仅为了形式上的和谐而妥协不仅不能解决问题，还可能集聚更深的矛盾。大家都认为自己是优势的一方，其实总有一方或者双方都在自欺欺人。矛盾会积累到大家都忍无可忍的地步，最后剑拔弩张，小矛盾酿成深仇大恨。

我们以为的宽容未必是真的宽容。在争执中先主动退让是一种教养，但是我们可能意识不到，很多时候主动退让的目的，不过是以退为进。我们在思考谁是谁非的时候，总觉得自己的品质更为高尚。看起来是反省自己，其实是把自己的错误原谅了，转而把责任强加给对方。

与其自欺欺人地“宽容”，还不如承认自己的自私，大胆地争取自己的利益。朋友之间，夫妻之间，父母与子女之间，都必然会产生分歧与矛盾。任何一方都没有必要随随便便“宽容”。好的关系应该能处理矛盾，绝对不是无原则地压制或者忽视矛盾的存在。多数矛盾都是小事情慢慢积累变大的。有气没处发、敢怒不敢言才是最危险的。

矛盾也许是无法彻底消除的，但可以建立一些处理矛盾的机制，双方都适应这种机制，让矛盾处于一种可控的状态。类似于“演习”。就是说有必要让矛盾通过某些合理的渠道释放出来，而不能为了表面的和谐，让矛盾在暗中升级。

处理人际矛盾是一门艺术。一个群体总是一派和睦的景象未必是好事。如果任何矛盾都不被容忍，没有人敢打破这种“和睦”，矛盾会悄悄转移。这种转移是不可预料的。一旦找到可能或稍有可能的突破口，有可能突然表现出极大的攻击性。

8. 友情不应该刻意计较公平

小时候我经常把自己的零食给一个小朋友，还在他生病的时候背他回家。后来有一次我们吵架，我就骂他是白眼狼。他很生气，但没有这样骂我，因为他摸了摸自己的脑袋，想不起来他以前对我好的事情。其实他对我也很好，只不过他不记得了，或者说没有刻意记。长大以后我才发觉，自己小时候太奸诈，不是一个好小孩。真正为别人好，不会刻意把自己的付出记在心里。牢牢记在心里肯定是有目的，不是真的为别人好而是在算计。

通过斤斤计较的小事情草率地对他人贴标签并不是明智之举。总是故意从朋友那里占便宜固然不是好的品行，但是你要知道，从你这里占便宜的人未必都是处心积虑。如果是无意的，有一天他处于吃亏的那一方的时候也不会意识到。真正坦坦荡荡的人根本不会把心思花在这样的事情上。那些在无意中就被你得罪的朋友，不值得你花心思去挽回。

无论多么平等的关系都避免不了“一方吃亏而另一方占便宜”的情

况。只有你不去斤斤计较，别人才可能不去斤斤计较。大家都想着总是自己吃亏就一定很好吗？未必。如果是大家都刻意为之，可能恰恰证明都是斤斤计较的人。这样的关系其实很脆弱，经受不起考验的。

9. 朋友有聚也有散

社会在不断变化，人也会跟着变化。友好或不友好，不是命中注定，只不过是在特定场合中的特定呈现而已。当你和他在一条船上的时候是朋友，不在一条船上又是另一回事了。人如果不能辨析这种变化并时刻调整自己的思维，而是始终被错误的心理预设左右，会经受很多不必要的挫折。

不知道你生活中有没有这样一些人：你们很久没有联系了，你开始回忆起关于他的往事，想到的都是他如何的好。你开始联系他们，想找回曾经那些美好的感觉。但这时候你可能会失望地发现，他们已完全不像你回忆中的样子。你以为的“他的好”，其实对方都不记得了。是那个人变了吗？其实那些回忆中美好的东西可能根本不存在，只存在于你的想象里。

我这个人比较念旧，总是喜欢回忆过去的事情，总是想起某个故人，想起那些消失在时间里的面孔，我甚至会为他们流泪。然而，当我见到他们的时候，发现人家早就把我忘得一干二净，可能在内心都不承认我们曾经是好朋友。人长大了，成熟了，渐渐就少了一些这样的情愫，意识到某些东西还是永远留在回忆里比较好。

很多所谓美好的回忆都可能只是幻觉，沉溺其中并没有好处。人生若如初见，生活也未必会多美好。不要过多沉溺在旧的回忆中。很多能刺激情绪的东西让人难以释怀，但是仔细探究，最终会发现多半只是偶然和误会。其实，他可能从来没有你想的那么好。

时间带走了那些枯燥、乏味、烦人的东西，在你脑海中留下一些不容易被遗忘的所谓美好的片段。即便这些片段是真实的，在和那些枯燥、乏味、烦人的琐事混在一起后，和你现在所面对的是一样的。过去的人和事已经成为永远的过去，不管曾经多么美好，现在的才是最真实的。

到了青少年时代，喜欢回忆过去的童年。到了中年以后，几乎不会有什么美好的回忆了，因为那时候才看清了自己，看清了这个世界。

（四）浅析两性心理

图 28　幻想与梦境

科学家为了繁殖日渐稀少的红毛猩猩，把成年母红毛猩猩和公红毛猩猩关在一个封闭的空间。结果发现，它们对交配似乎根本不感兴趣。并不是它们没到发情期，而是它们似乎不愿选择对方作为配偶。这表明红毛猩猩对于配偶有自己的选择，或者说有自己的想法。

1. 美感主要是文化心理而不是性心理

何谓“美”？美食，美女，美景，美的音乐，一切所谓“美”的东西，都不是客观存在的。我们认为某样东西美，看起来是感官刺激，实际上是文化影响的结果。两性中的“美”不是自然界的客观规律，不是与生俱来的先验知识，而是文化认同感。

第一、美本身不客观，只有文化现象才是客观的。美感并不是独立存在的心理，而是依附文化形成的一种感受。

第二、审美具有从众性。别人都追捧的东西自己也跟着喜欢。不是由内而外，是由外及内，是人与人之间相互影响的结果。

第三、审美具有表演性，是从他人的眼光来感受的。孤立的自我无法欣赏这种美，只有分享或者炫耀才会有满足感。

第四、审美还有盲目性，今天觉得这个是美的，可能明天就不美了，到底什么是美的可能自己都搞不清楚。两性问题其实是一个文化问题。决定我们择偶倾向的主要是文化，而不是纯粹的生理需求。在两性关系中，人们对美的认识是心灵被文化影响的结果。人们的审美情趣其实是被电影、社交媒体主导，而不仅仅是被自己的生理需求主导。

2. 外貌偏好是性偏好

仔细观察我们的文化，会很明显地感受到人们对外貌存在一些偏好。

有一次我和表妹去逛超市。表妹说："我只喜欢那些长得好看的苹果。"我说："好看的苹果不一定甜哟。"她说："就算不甜我也只喜欢好看的。"作为哥哥，我真心希望她有一个不一样的人生观，但是那一刻，我只是笑了笑，没有反驳。

外貌还左右着人们的道德观念。如果一个年轻的女孩儿嫁给了一个比她年龄大很多的男人，并且这个男人恰好比较丑，这个女孩会受到人们的指责。在人们看来，为了钱财嫁人是丢脸的。同样一个年轻的女孩嫁给了一个比她年龄大很多的男人，但如果这个男人比较英俊，人们通常并不会觉得这有什么不妥。

好色就是喜欢好看的外表。我也喜欢长得好看的异性，但我很清楚，在两性关系中外貌偏好本质上就是性偏好，这是不可否认的事实。人类对性的追求是没有错的。但是，好色不应该比贪财更有道德优越感。

人类有时候也受到权利、荣誉、金钱、地位或者任何其他物质或非物质的驱动，但是，成功地获得它们会影响个体交配和成功生殖的概率，在这种意义上，所有这些动机都与生殖有关。[①]

人类好色的程度远远超越其他生物。可能从自然界进化出有性生殖这种繁殖方式以来，人就是自然界最好色的物种。公认好色的海豚、猴子和猩猩也远不及人类。事实上，绝大部分生物都是性冷淡，只在一年中的特定时间才会发情。只有人类这种生物才一辈子把“性”当成乐此不疲的享受，从十五六岁到八十五六岁都不会改变。“好色”是人的一种天性，文明诞生以前就已经是这样了，即便饥寒交迫也改变不了。

我对人类的这种“好色”并无贬低之意。相反，我认为“好色”对文明的发展有着积极的意义。从生物学的角度来看，人类的繁殖成功率相对于其他物种太低。面对这种问题，自然界的生物一般通过多产子，或者多次产子来解决的。一些小型的哺乳动物一年能生育好几次。人不可能一次生育那么多，也不可能一年生育几次。好色代表精力旺盛，是优良的品质。人类祖先走出非洲以后分布在世界各地，在不同的地形和气候中生存了几万年，不但没有因为地理隔绝进化成为不同的亚种，反而是不同的亚种不断融合，其中人类对性爱的热衷绝对是主要原因之一。我们的祖先基因交换频率更大，更广泛，加上两性繁殖的优越性，进化速度自然也更快。“好色”还可能促进了不同地区的人类和平沟通，有利于部落的形成，为区域范围的人类合作进行农业生产打下基础，然后通过战争实现部落兼并、文化融合，渐渐发展成部落。

有人可能认为，性动机并非如上述分析的那样重要，因为，很多动物很少进行性行为，并且通常只有当雌性动物接受时，才会进行。然而，这一点事实上支持了相反的观点，也即是说，生殖是如此的重

① ［美］皮特里：《动机心理学》，郭本禹等译，西安：陕西师范大学出版社，2005（10,）第 4 页。

要，以至于个体必须保存能够导致受孕的行为，只有当它们极有可能产生后代时才能进行。埃米莉·里斯曼（EmilieRissman，1995）发现，回归线上的哺乳动物，其性感受性大约一年一次，但研究者最常研究的生活在热带的动物并非如此。热带的温度、食物以及其他地方都有季节性的变化，这使得动物更有可能在一年中的某些时刻进行成功的生殖。我们可以认为，由于季节变化，周期性的性感受性进化成将性行为限定在那些能够成功地进行生殖的时间内。在人类，或者还有其他如黑猩猩的灵长类动物中（参见deWaal，1995），性行为在某种程度上并未与生殖相结合。人类和黑猩猩为了生殖以外的原因进行的性行为；然而，这些原因（如减少攻击，形成亲密的社会关系，获得食物等）也提高了延续生命以进行成功生殖的概率。因此，即使性行为不直接针对生殖，最终也会促进生殖。[①]

女人对男人的称赞永远都是那句话："他对我很好。"什么叫"好"？她们根本解释不清楚。如果非要较真，她会说比如给她买她喜欢吃的零食啦，送她玫瑰花啦，去机场迎接啦，等等。稍微动脑子想想就会明白，其实对她好的男人有很多，而她只接受某些男人。所谓的"好"只是在掩饰某些东西。

男人们对女人的称赞永远都是那句话："跟其他女人不一样。"听起来好像是发现了女人灵魂里什么了不起的品质，其实是掩饰。

美貌就是美貌，但是人是一种复杂的生物，值得我们关注的东西还有很多。两性关系中最虚伪的莫过于把与外表无关的东西关联起来。

外表是天生的，不管自身是美的还是丑的，都会想办法追求美貌的异性。对于在外表实在没有什么优势的人来说，一般会通过其他方面来弥补这种缺憾。所以理论上外表不出众的男人更倾向于积极提高其他方面的竞争力，至少说主观上更愿意在其他方面努力。这也是人类的天性，不甘心

① ［美］皮特里：《动机心理学》，郭本禹等译，西安：陕西师范大学出版社，2005（10,）第5页。

被淘汰，越是遇到阻碍越会想尽办法达到目的。

而那些长得好看的男性则完全没有这个必要，毕竟“长得好看就能为所欲为了”，谁还努力呢。正常情况下，品德和外貌并没有正向的关联。并不是外貌越好看的内在越好。集美貌、品德、才华于一身只是有可能，没有必然性。才貌双全是小说和电影夸张出来满足人们意淫的东西，而意淫是贪婪无法满足之后的自欺欺人。

是否在乎外貌以及多大程度上在乎外貌都不是问题。到底是外貌更重要还是其他（金钱、地位、情感等）更重要呢？这是一个博弈问题。站在自己的立场，任何选择都没有错。我们的私事不应该受他人干涉，也不应该去干涉他人的私事。

3. 男女情感是一种仪式感

这个世界从来没有任何一个物种的两性关系是随随便便建立起来的。每一种生物都有自己选择配偶的方式，包括声音、气味、光（萤火虫）、舞蹈，等等。

人类是所有生物中外貌差异最明显的生物，身高、胖瘦、五官、肤色都形态各异。也许正是因为如此，人类是所有生物中最注重外表的，包括体型、仪态、衣着打扮等。外表的意义何在呢？可能还真的存在某些与生存有关的现实意义，比如丰满的女性可能意味着更强的生育能力，高大的男性更有能力照顾和保护后代。

其实情感并不是人类特有的。火烈鸟是一种非常美丽的鸟。和人类一样，它们自觉地实行一夫一妻制，并且对配偶非常忠诚。但是有个问题，它们长得都一个样，从外表几乎很难区分，那么它们是怎么选择配偶的呢？

每到繁殖的季节，成千上万只火烈鸟聚在一起翩翩起舞。舞蹈会持续很多天，在这个过程中，雄性不顾一切地模仿某些雌性的舞蹈，直到它们的动作能够协调一致，到了心心相印的地步，雌性火烈鸟就会同意和它交配，从此以后不离不弃。

从火烈鸟的生存方式中能看到一种更纯粹的东西，那就是情感。两性关系中的情感还是以繁殖为目的，就像火烈鸟跳舞就是为了找到伴侣一样。感情也并不完全等同于繁殖。人类的感情非常复杂，这和生存方式有关，但本质上和火烈鸟的择偶模式是一样的。通过某种仪式感获得异性的好感。情感可能本质就是一种仪式感。

4. 性选择会深深地影响文化

达尔文对孔雀的羽毛很是困惑。为什么会进化出这样不合理的器官呢？孔雀华丽的大尾巴不利于躲避天敌的猎杀。作为进化论的补充，达尔文又提出了性选择理论。就是性选择倾向会影响这个物种的进化方向。雌性孔雀喜欢华丽的大尾巴，孔雀就会慢慢进化出华丽的大尾巴。

图 29　各种动物的雌性对比

性选择塑造了这个物种。性选择不应该是物种竞争的补充，至少它的作用范畴比原来我们以为的要大。性选择有很多不同的形式。一种决策权偏向于雄性，大多数掠食动物都是如此。这种模式下雌性处于被动选择地位，不能主导进化的方向。雄性之间存在激烈和残酷的竞争，强者有优先选择权。这种机制下雄性会演变得越来越强壮、越来越有侵略性。千万年以来，男人都是通过决斗和战争来解决这个问题的，男性身体普遍比女性高大威猛就是这个原因。

另外一种决策权偏向于雌性，采用这种模式的一般都是比较温驯的素食动物，比如大多数鸟类、昆虫和食草动物。这种模式下，雄性的外貌会越来越符合雌性的审美。

雌鸟喜欢鲜艳的羽毛，这个鸟类种群的羽毛在进化中会越来越鲜艳，比如极乐鸟的羽毛已经达到了夸张的地步。这些长得浮夸的鸟类无一例外都是雄性，而雌性的外貌都很普通。

雌性甲虫喜欢犄角发达的雄性，雄性的犄角就会在进化中越来越发达，雌性则不会有什么变化。比如，雄性独角仙进化出发达的额角长15~35mm，向前伸出，而雌性额头顶部仅有一小型隆起。这种对生存毫无必要的器官完全是性选择的结果。

> 自然界中也存在另一类自然选择的过程，这就是众所周知的性选择（sexual selection）（Darwin[①]，1871）。当雄性间在竞争，或配偶中的一方被其他成员“选中”时，性选择便产生了。在存在性选择的物种中，通常由雌性进行性配偶的选择。因此，性选择通常是一种施加在雌性物种的基因上的选择压力（selection pressure）。这种选择压力似乎主要影响生育能力；被雌性选中的雄性所具有的任何优势特征——包括生理或行为特征——都会成功的交配。性选择似乎是以一些生理特征为基础的，例如雌性孔雀的尾毛，雌狮喜欢有黑色鬃毛的雄狮（West & Packer[②]，2002；Withgott[③]，2002），还有一些动物观察中

① Darwin, C.R. (1871). The descent of man, and se-lectionin relation to sex. New York: Appleton.

② West, P.M., &.Packer, C.(2002). Sexualselection, temperature, and the lion'smane. Science, 297, 1339–1343.

③ Withgott, J. (2002). Coolcatsloseoutinthemaneevent. Science, 297，1255–1256.

观察到奇异的雄性行为（如草原雄鸡在交配仪式中的夸张舞姿）。[①]

过去几千年来，一向是男性之间的斗争主导了政权更迭，好像是男人们主导了这个世界。实际上，无论人类还是动物，雄性始终是被驱动的一方，这才导致雄性的进化速度快于雌性。女人才是这个世界的幕后大佬。

处于生态链顶端的人类，进化模式更倾向于鸟类和昆虫那种“争取”模式，而不是食肉动物那种“争夺”模式。这种模式塑造了如今的社会。整体上女性对男性的审美偏好对文化的发展有深远影响，而反过来，文化又会进一步强化女性对男性的偏好。

三、人际边界

人们在地理空间、文化习俗和心理形态方面本来就存在极大的差异。所谓人际边界，并不是刻意的划分一道界限把自己或者某些人区别出来，而是尊重和接受已经存在的种种差异。

（一）私德与公德

“公”和“私”是相对的，即一个领地相对另一个领地而言。比如一对夫妻对于整个家族而言是“私”；整个家族对于这对夫妻而言是“公”。一个家族对于整个国家而言是“私”；整个国家对于这个家族而言是“公”。一个国家对于整个人类而言是“私”；整个人类对于一个国家而言是“公”。

新闻报道过这样一件事：一个人请好朋友吃饭，当被邀请的朋友得知餐桌上的肉是珍稀野生动物的时候，随即举报了这个朋友。根据对举报者

① [美]皮特里：《动机心理学》，郭本禹等译，西安：陕西师范大学出版社，2005（10,）第7页。

的采访，这个举报的人本来就对他所谓的朋友有意见。所以，他的动机究竟是“公德”还是“私愤”？除了他自己，恐怕没有人知道，我也不能妄加评判。不过我留意了这个事情的评论，包括报道这件事的媒体本身，关注的重点都在狭隘的人情世故和法律手续上，几乎完全没有关注生态环境的问题。

恰巧最近在我身上也发生了一件类似的事情：我在某电商平台上购买了一批树苗，家乡的老父老母辛苦培育了两年，结果发现并不是想要的品种。气愤之下，我通过官方途径找到了这个商家的营业执照，按照营业执照的登记信息，我直接投诉到了当地的工商局。由于证据充分，投诉明显起了作用。商家很快给我打来电话，说愿意给我赔偿，让我和解。我做了一件我以前从未想象的事情，我说：“我不要赔偿，我只想让你们的行为得到应有的惩罚！”为什么说“我以前从未想象呢？”因为其实我已经不止一次在电商平台上买到假货了，一旦得到商家退货或者赔偿，一般都会选择沉默。只要自己的利益不受损失，其他什么都不在乎了。

我想说的问题是：我们似乎都不太关心公众利益。如果自己的利益得到维护代表“私”，相应的公众的利益得到维护代表“公”，可能在我们的文化里非常缺乏“公”的意识。

1. 私德

人与人之间始终都会有利益纷争，而绝对的公平和稍微的不公平都会滋生矛盾，如果没有额外的什么东西来掩盖这些矛盾，再深厚的友谊也难以维持。

（1）共同利益关系

因为共同利益而结盟的关系，包括被动形成的利益捆绑。建立在亲缘关系基础上的感情虽然被称为亲情，但本质也是利益结盟。这种情况下，为一点利益影响到双方的关系不符合共同利益，自然彼此都会用心考虑对方的感受：宽容、大度，主动避让，积极化解矛盾。

（2）依赖或者需求关系

每个人，不管是物质上（权力、安全、利益）还是精神（鼓励、慰藉、名誉）上，还是其他方面，都会有需求或者说依赖。依赖促进双方建立亲密关系。对于被依赖的人来说，“被依赖”也是一种精神需求，但是，这种单方面的需求必然会造成地位的不平等，导致这种亲密关系很脆弱。情爱本质上也是这样，不管被包装得多么美好。

最稳定的依赖关系是互通有无，但这种关系也不是万年不破的。不同的环境、不同的时期，会有不同的取舍。这种依赖关系不复存在以后，亲密关系也可能会延续一段时间，但终究会消失。

③共同信仰关系

图 30　云南沧源岩画

并不是只有共同利益，也不是一定要有依赖，共同的信仰也可以产生紧密的联系。在古代，前面两种关系成本都很高，所以人们普遍通过宗教信仰建立人际关系。古人普遍都是利用宗教关系组织生产和开展战争。现在，交通、通信、制度都很发达，人们不再那么依赖宗教结盟。但是对于某些环境下的人来说，宗教依然是建立人际关系的重要途径。

人情世故不过是遮蔽这三种关系的面具。只要这三种联系瓦解了，面具也就没必要存在了。而当人们突然因为某些原因又重新形成了某种共同利益，“面具”还可能会被重新戴上。随后根据情况还可能会再次反转，如此反反复复，这就是私德。

正因为看不透私德的本质，所以在我们的文化中，人际关系呈现出这样的状态：熟悉的人是朋友，不熟悉的不是朋友。对待朋友才友好，不是朋友就不用友好。我们缺乏一种客观公正的处世态度，呈现出两种没有分寸的极端。既没有把一个人当成朋友的真诚，也没有对一个人承认“我们不是朋友”的勇气。

2. 公德

公共道德是人类文明发展到某个阶段的产物。现代公共道德是 17 世纪欧洲思想启蒙运动的产物。只有理解了启蒙运动，才能理解公共道德。公民意识，公共利益，理性精神，这些都是形成公共道德的思想根基。

法国思想家卢梭在 17 世纪阐明了“公民意识”的觉醒。在他的著作《爱弥儿》中讲了这样一个故事：一个斯巴达妇女的五个儿子都在军队。这天来了一个奴隶，她颤抖地询问对方带来的消息。奴隶说：“您的五个儿子都战死了。”妇女怒斥：“卑鄙的奴才，这个谁问你了？”奴隶赶紧说：“我们已经大获全胜！”听闻此言，这位母亲就跑到庙中去感谢神灵。可见，公民意识在西方有坚实的文化根基。

孟德斯鸠在了解世界很多国家的政治制度和文化思想后写下了《论法的精神》。这本著作批判了害人害己的专制制度，把人们的注意力引向“公共利益”的思考，并直接产生了现代化的政治体制。“公共利益”作为一种自由、平等的共同体组织的意识，逐渐形成并被全世界所接受。

伏尔泰的文学作品极大地宣扬了人类固有的“理性精神”，以至于人们总是用那句流传甚广却未必是他说过的那句“我不赞同你的观点，但我誓死捍卫你说话的权利”来概括他的思想。

中国人经常喜欢讲千秋万代。真往上万代，可能我们都有一个共同的父亲或者母亲。往下万代，在这片土地上生活的人到底是谁的后代已经无法区分了。

> 我们回溯的时间越长，一个人的基因组就被分散到越来越多的祖先 DNA 片段中，涉及的祖先人数也会越来越多。如果追溯到 5 万年前，我们的基因组将会分散到超过 10 万个祖先的 DNA 片段上去，这个数字可比当时任何一个人群的人口都要多。所以，对于那些生活在遥远过去的个体，只要他们的后代数目足够多，我们都可以几乎肯定，现在的每一个人都从他们那里继承了部分 DNA。[①]

有大智慧的人都会热爱集体，热爱人类这个大家庭。你对陌生人友好——这个陌生人可能再也不会和你相遇，他不会报答你，但如果这份爱心能传递下去，或许在将来的某一天它就会回到你或者你的孩子身上，对陌生人做的恶也是同样的道理。最终，一切还是不得不回到道德问题上。文化的秩序建立在道德的秩序上。

时代在不知不觉中强大，也在不知不觉中衰落，以至于我们其实根本无从判断何时是文明的巅峰，何时是文明的低谷。秩序的建立和崩塌是同时发生的。

人与人之间环环相扣，即便你能想象到的能与你亲近的只有区区几个人，最终依靠的还是最大的那个整体。人不管怎么独立都离不开这个整体。就是在这样的基本意识下才有了部落的概念。人们处于一个超越血缘、种族关系的整体之中，才逐渐形成并完善了国家的观念。在民主国家意识的基础上，逐渐形成了公共道德的意识。

所有人类都是自私自利的，虽然形式有区别，但本质没有任何不同。在这个问题上批判自私没有任何意义。我认为形成这种现状的主要原因可能是：缺乏公民意识。这不是一个让人意外的问题，几千年来根本就没有的东西，现在缺乏并不奇怪。写到这里，我又想起了很多年前的往事。

那是在我十七岁的时候，我和表弟一起乘坐摩托车去一个远方的亲戚

---

① ［美］大卫·赖克：《人类起源的故事》，叶凯雄，胡正飞译，杭州：浙江人民出版社，第 33 页。

家。摩托车不幸在崎岖不平的乡村公路上失控，摇摇晃晃冲向公路旁边的悬崖。我在摩托车的最后排。由于路面崎岖，加上此时是上坡路段，车速不快，这让我有机会从座位上跳下去。几乎在跳下去的同时，我双手拉住摩托车的货架，用力将摩托车拽倒在地上，奇迹般地避免了一场可能会流血的事故。后来，当表弟向众人激动地讲述那惊险一幕的时候，家人不仅没有对我的勇敢表示出任何称赞，还责备我们太老实（笨），理由是我们没有找司机索要赔偿，还支付了打车的费用……

在公民构成的社会关系中，私人利益与公众利益并不冲突，有时候公众利益其实就等同于私人利益，维护他人的权利和利益就是在维护自己的权利和利益，这需要深刻的公民意识才能理解到这一层关系。然而现实是，这两者在我们的潜意识中似乎没有关系。有时候即便短暂联系起来，也多半是出于某种算计，并没有长远的思虑。公共利益在个人利益面前一文不值，这就是现在普遍存在的心态。不过，我倾向于认为这种现状在将来会慢慢变好。自私的本性也许无法改变，但文化是可以改变的。

（二）私权与公权

1991 年，刚满 20 岁的克利斯和好朋友高定翻越柏林墙的时候被东德士兵们发现，一颗子弹准确无误地射入克利斯前胸，而高定的脚踝也被子弹所伤。9 个月之后东德、西德统一，柏林墙被推倒。克利斯成为柏林墙下的最后一个遇难者。射杀克利斯的东德士兵，叫英格·亨里奇，被法庭判定 3.5 年徒刑，不予假释。他的辩护律师辩称亨里奇只是服从东德官方的命令，没有选择的权利，不应该受罚。法官解释道：东德的法律要你杀人，但是你明知他是无辜的，杀死他就有罪。你有把枪口抬高一厘米的权利，这是你应主动承担的良心义务。

1. 私人情感被利用

上大学的时候我接了一份兼职，为某个英语辅导报推销报纸。报纸每周一份，一次缴一年的费用，价格不菲。我卖出去一百多份，主要是卖给大一新生。他们很多是看在我的面子才买的（我在社团做事认识一些人）。半年以后，供货商突然消失。我的顾客（学弟学妹）付了全年的钱，却只拿到半年的报纸。我没有那么多钱赔给他们，被我推销过的学弟、学妹也只能认倒霉。每当我走在校园里，总是感觉身后有人在骂我。也许我可以向他们理直气壮地辩解说：我也是被骗了，或者假惺惺地给他们道歉，但我做不到，我没有办法就这样原谅自己。学弟、学妹的私人情谊感被利用了，责任在于我。

很多年以后，某个朋友推销一种又贵又难吃的零食，说是在做销售竞赛，第一名有奖励，她很想要那个奖励。我想起了当年的事情，我说："我可以买你推销的零食，但你要记住，我是因为看在你是我朋友才买的。"

作为一个销售，只值一块钱的东西能卖 100 块钱是本事。但作为一个朋友，应该是诚实的、值得信任的。将两者混淆在一起很不应该。我尊重一个卖高价罐头的销售，我也喜欢我的朋友，但是当这个朋友利用我们之间的友情推销 100 块钱的东西，我不会尊重这个销售，也看不起这样的朋友。

2. 私人空间被侵犯

生活是情感，工作是交易，两者是有边界的。然而很多人的意识里已经完全没有了这种边界。这大大方便了商家把商业植入雇佣者的私人空间，从而把雇佣者的人格和尊严变成牟利的工具。

诓骗别人的时候把自己和商业绑在一起，成为商家的人肉武器。逃避责任的时候又把自己和工作撇得远远的，自己是好人还是坏人连他们自己都分不清楚。

在职责范围内做职责应该做的事情就足够了，任何人没有义务为他人奉献自己的人格和尊严。在复杂的社会中，利用无知的人达成自己的目的是常见的手段，有时候深陷困境无奈被挟持作为人质也是无奈。我们是人，我们的心始终应该是独立的人的样子。这个世界上从来没有迫不得已的恶。没有任何东西可以阻止我们作为正直和善良的人活在这个世上。

（三）友情与友好

友好是一种态度，对你友好的人你应该对他友好，这是人与生俱来的道德感。但友情是一种责任，需要不计回报地付出。一个人的情感看似无限，其实是很有限的。就像国家发行的货币如果大于他的黄金储备，货币就面临贬值。

不要随便挥霍自己的情感。你的心灵承受不起太大的情感负担。大多数人一辈子都没有几个真正的朋友，原因正是如此。我们对所有人都应该友好，但是最好不要刻意把某个人当成朋友，这是对自己的爱惜，也是对他人的尊重。

友好是平等互利，就像一笔生意。情感不是生意，需要投入真情实感。那意味着需要设身处地为对方着想，有时还需要不计回报地牺牲自己的切身利益。自我牺牲能力是有限度的，所以我们终其一生不可能有太多真正的友情。

你真心喜欢一个人，别人未必会喜欢你，不是对方不知道你的善意，而是拒绝接受你的善意。这时候你一定会感到很困惑，有种说不上来的痛苦。似乎违背了某些东西，但是好像又是合理的。凭什么你喜欢别人，别人就必须喜欢你呢？被自己真心喜欢的人伤害固然心痛，而站在对方的立场，他可能并没有刻意去伤害你。你的确很受伤，但你没有理由去责怪人家。虽然有点残酷，但是这样的事总会发生。

对于一个不愿意接纳你的人，即便你再真诚、再努力，也无法和他（她）建立起亲密的关系。你感觉自己好像做错了什么，其实可能什么都没有做错。面对一个不喜欢你的人，“不喜欢”三个字就可以代表一切。不是因为他（她）不了解你，也不是因为他（她）了解你，人家根本没有考虑过要了解你。因为不喜欢，所以不接受，就这么简单。如果你非要从自己身上找原因，只有把自己变成另外一个人。不过，有可能即便你愿意付出这样的代价可能也无济于事。

感兴趣的东西自然愿意接纳，不感兴趣的东西理应拒绝，就算勉强接纳了也会不高兴。我们各自都可以也应该顺应自然，而最自然的关系就是相投则聚，相异则散。亲疏离合都是自然的事，没必要过分在乎人际关系的亲疏远近。这个世界上不存在能把每个人都当成朋友的人。我们结交朋友，我们寻找伴侣，都是为了更好的生活。朋友是帮助我们实现更崇高的价值，绝不是阻碍我们去实现更高的价值。自己更好，同时别人也更好。如果一段关系失去了这个意义，放弃也在情理之中。有舍，才能有所得。

也不要轻易接受他人的情谊，那会束缚你的身心。生活中能让人感动的事情固然美好，但友情的建立并不需要刻意去做什么事来让对方感动。真正的朋友是让你更好地做自己，而不是让你整天提心吊胆地扮演“朋友”这个角色。这样的友情是人生的负担，最好早点丢弃。相互真诚，但适当保持距离。分离的时候随时可以挥手道别，再相遇亦可是朋友，这才是美好的关系。

总之我们有必要区分“友好”和“友情”。你对他人友好，如果他人对你不友好，这是对方道德上的问题，应该加以谴责。而当你把这种感情上升到友情的时候，就要谨慎小心，不能轻易责怪他人。

（四）仁义与道义

我们称呼陌生人“老师”，称呼年轻女性“美女”，称呼年轻男性“帅哥”，其实他们并不是真的老师、美女或帅哥。我们称呼别人“朋友”，并不表示我们之间一定能建立起亲密的关系，这只是一种礼仪。自由买卖、公平交易、利己思想无可厚非，但人类社会还需要更多精神层面的东西，比如下面要描述的两种非常重要的意识——道义和仁义。

道义是一种无形的约束，这种约束很重要。生活中相敬如宾的两个人，内心如何，谁也不知道。除了对他本人来说很重要，谁都不觉得重要。有可能大家内心坚守的东西完全水火不相容，但在道义的约束下仍然可以存在共识。小人也是会讲道义的。有时候我们就把道义用文字表述出来，写在纸上，这就是契约。即便大家不是值得信赖的亲密伙伴，在道义的框架下仍然可以和谐相处。

仁义的层次不一样。道义是平等的交易，而仁义是不平等的奉献。仁义很简单，没有谋虑，但普通人很难做到，那需要一颗白璧无瑕般纯洁的内心。

仁义是一种奉献精神，初衷不是为了寻求任何回报。父母对自己孩子的奉献不算是仁义，因为养育自己的孩子是有回报的。不计较对方如何，把自己的付出看成理所当然，这需要很大的决心。一个人能负担的道德成本总是很有限的，只有伟大的人心中的仁义才像雨水一样润泽万物。他们能够舍生取义，为世界更美好而甘愿自己下地狱，这也是他们的伟大之处。

很多情况下口口声声的仁义并不一定是仁义。有时候人们用这种假仁义来骗人，有时候人们也用这种假仁义骗自己。你可以怀着一种自我感动的情怀默默无闻地帮助那些你认为需要帮助的人，但是，千万不要自以为仁义。过于主动地去帮助对你没有期待和尊重的人，那对他人来说可能是一种多余的负担，对你自己的尊严来说也是一种伤害。

讲道义要审查对方，考察对方是否讲道义。对讲道义的人才能讲道义。讲仁义要审视自己，审视自己是否吃得起大亏。

（五）情感与道德

人有情感，动物也有情感。动物情感很真，也很纯粹。比如只要你善待狗，狗就会对你绝对忠诚。人和动物不一样的是，人有道德。别人对你好，你也会本能地对别人好。别人施舍你，你会感恩，但是当这个施舍的人让你做有悖原则的事情，你应该断然拒绝。在革命年代，即便是面对生养自己的父母，如果违背了自己的革命信念，照样划清界限。

（1）情感是自由的

内心喜欢什么，讨厌什么，这是情感问题，应该由自己真实的内心决定。情感没有对错，但是道德有对错。当问题从情感跳转到道德层面以后，有些事情就不一样了。

面对朋友的倾诉，我把她当成我的“王”。她讨厌的我也讨厌，她喜欢的我也喜欢，感情上这样的附和并没有问题。然而，当倾诉上升到道德审判的高度的时候，我便开始警惕了。每当这时候我一定会善意地提醒：你是我的朋友，我希望自己总是能站在你这边。我希望能给你勇气和安慰，但我不能仅仅因为你的一面之词就站在你的立场去憎恨任何人，我也不希望我的附和让你误入歧途。

（2）情感是私密的

一个人可以在任何场合表现自己的真诚，但是他没有义务付出自己的真情。餐馆服务员对你微笑、点头、鞠躬，听从你的吩咐，因为你是顾客。你付出金钱，她们为你服务，公平交易。服务员让你的消费得到应有的回报，她的本分就是让你感觉到她的友善。但你们彼此心里都清楚，她不可能为你付出感情。她让你明白这只是一笔交易，并让你们之间的情感止于这种交易，那也是一种本分。

好人不都是慈眉善目的模样，慈眉善目的不一定都是好人。

某些表面看似热情的东西会让人迷失方向。你以为自己什么都有，其实你一无所有。相比之下，情感上的冷漠也可以是一种善意，因为这种冷漠让人清醒，不容易误入歧途。

（六）忠与孝

东亚地区的人集体主义意识普遍更强，也许正因为如此，东亚人的“忠诚”意识明显比其他地区的人强烈，这种差异无论是在战争还是婚恋中都能很明显地体现出来。“忠诚”不是坏事，但这种潜意识也可能会阻碍文化交流，至少说有某种负面的关联。

针对亚裔美国人的 SCM 研究[①]表明，亚裔在美国社会被认为是“模范少数族裔”，它们在能力上的表现得到了主流群体的承认；但是，在社会性维度上它们却被贬低，人们认为他们社会交往能力不强、不够热情友善、封闭、过于关注自我发展。因此，他们虽然在才能上受到尊重，却不被喜欢。[②]

春秋战国时期，国家与国家之间相互争斗的程度未必不如其他时期激烈，一个封国的人到另一个封国去发展，帮助另一个封国灭掉自己原来所属的封国是很常见的事情。甚至很多封国的最高统治者本身就是来至另一个封国的子民。

自秦以后的历史就不同了。国家长期以来都维持着相对单一的集权统治。为了维持这种秩序，渐渐有了“忠诚”意识。国家的概念更清晰，民族观念和血统观念越来越重。“忠诚”意识强调人应该始终站在一个立场，如果背离这个立场就会遭到道德审判。但是，为什么要忠？忠的动机是什么？忠的真正对象和意义又是什么呢？几千年来人们一只在讲忠诚，可是这些最基本的问题并没有得到充分的关注。

从道德上看，每个人都应该无偿孝敬父母，就像父母当初无偿抚养子女一样。有些人可能根本不爱自己的父母，但也必须履行道德上的义务。有的人特别爱自己的父母，但有的人对父母的情感不是那么依赖，有的甚至还和父母有很深的积怨。从情感来看，不应该强迫每个人都对父母有同样的情感。

传统文化的“孝道”只强调道德上的考察，却忽略了情感上的观察。我认为这是孝文化存在的问题。孝道应该分别从两方面来看。道德中的

---

① LinMH, Kwan VSY, CheungA, FiskeST. Stereotype Content Model Bxplains Prejudiceforan Envied Out-Group: ScaleofAnti-Asian Amerieans Stereotype. Personality and Social Psychology Bulletin, 2005，31, 34-47.

② 俞国良等：《社会心理学前沿》，第 3 版，北京：北京师范大学出版社，2016（12），第 193 页。

“孝”义不容辞，但是，内心的情感则应该是自由和自然的。

每个子女和父母的关系都会存在一些差异。有些父母可能在家庭教育或者亲子关系上做得更好，能够和子女保持非常亲密的关系，子女在情感上对他们也更依赖，这很好。如果你就是这样的孩子，你确实应该感到幸福，并且尽量去珍惜这种幸福。子女该如何赡养父母，首先很明确地写在国家的法律里，违背这些原则肯定是不被允许的。该做的，必须去做。但是，这个世界很复杂。可以不做的，我们也有权利不去做。

理想情况下子女“爱”父母的同时尽自己的孝道，但是，并不是每个父母都是合格的父母。如果父母不称职，子女应该可以选择“不爱”。情感上的平等更有利于孩子的心理健康，更适合现代家庭的伦理道德。家庭幸福的人，请不要把自己“孝”的标准硬生生地套在别人身上。不要把一个“孝”字当成武器去伤害那些本来就被伤害过的人。

我们来到这个世界的确应该感恩父母，但我们成为现在的自己，感恩的不只是父母，还有艰难求生的祖祖辈辈，还有认识或不认识、见过或没见过的许许多多的同胞。父母有义务扶养我们，就像你也有义务扶养你的孩子一样。子女也可以反对父母，不应该因为他们是父母而始终唯命是从。

一个人存在的根源，并不是简单的一个男人（父亲）和一个女人（母亲）结合的产物。父母给了你一个血肉之躯，但并没有赋予你灵魂。赋予你灵魂的是这个多姿多彩的世界，包括读过的每一本书，交往过的每一个人，看到的每一个日出，听到的每一声鸟鸣……孝敬父母并不是至高无上的道德。这个世界的很多人都值得我们心怀敬意。我们被父母带到这个世界，但我们不属于父母，而是属于这个世界。我们有自己的尊严和自由。

人必须走出父母的世界才能更好地生存；否则，不管是对家庭和睦还是对人的成长发育都不利。所谓叛逆期，是孩子到成年人的必经阶段。第一次，他们开始意识到自己和父母的不同，这其实是好事。幸运的话，如果这时候在孩子的意识中能对父母有一个平和的，客观公正的评判，这种叛逆不仅对他没有害处，还能帮助他早早地独立成人。

这里就自然牵涉到了“忠孝”思想最根本的问题——边界。

被利用的忠诚是自我边界的混乱。丧失了独立自主的人格，就跟狗的忠诚一样。狗没有是非观，没有善恶观，没有道德原则，跟着正义的人就干正义的事，跟着坏人就干邪恶的事，所以狗这种动物不管多么忠诚，都不值得人们发自内心的尊敬，它们的作用本质上不过只是工具而已。

没有独立思想的孝是父母和子女边界的混乱。在我们的文化潜意识中，子女和父母是一体的。在父母的思想观念中，子女就是另一个自己，是自己生命的延续。这种想法本身是没错的。老实说，当我想生一个孩子的时候，心里也隐隐有这种意思。但是，我绝对不会真的把子女当成另外一个自己。也就是说，子女终究是他们自己，而父母，只是父母，两者应该是有边界的。

随着当下迅猛的社会发展，传统文化之于现代生活则行缓。孝文化就是其中之一。我很少担心子女受到传统“孝敬”思想的束缚，但是由于根本的问题没有搞清楚，我们又表现出了另外一个可能不曾出现过的问题，就是父母为自己的孩子付出太多，已经超出了应有的边界了。

每一代人都有自己的责任和义务，应该有自己的追求。子女将来怎样，应该放手交给他们处理，他们和我们是不同的两代人。他们将来过得好了，那是他们的福报，不是我们的。他们将来不如意了，那也是他们的责任，父母做好自己就行了。

现在我们的问题是：我们把太多本来应该靠自己努力实现的东西寄托在了孩子身上。太多的时间、精力和财力，几乎是一切都投入孩子身上，这也许是很多人一旦有了孩子之后就开始变得平庸的原因。问题是，等我们的孩子有他们自己的孩子，他们又将如何面对他们的孩子？谁为自己的人生负责呢？

第七章

自我实现

图 31　东汉画像石

亚伯拉罕·马斯洛在他的著作《动机与人格》中，通过对一些熟人和朋友的访谈，以及阅读一部分公众人物和历史人物传记的方式，总结出了需求层次理论中最重要的“自我实现者”的特点。虽然这种研究方法作为一种“社会性研究”来说有很大的局限性，也遭到了同行的诟病，但是作为一本个人著作来说，确实能给读者很多有益的启发。

坦诚地说，在读到《动机与人格》以前，我就系统地思考过类似的问题，只不过我不知道该怎么描述。“自我实现”这个说法很棒。不管是心理的研究还是文化的研究，最终目的无外乎“实现自我价值”。但具体而言，我觉得没有必要把他总结出来的种种特点当成一种标准。事实上，他的本意也并不是搞一个类似的标准。并非最终的人生都必须像他所研究的那些公众人物和历史人物那样才算得上自我实现者。只要能实现自我价值，都是值得过的人生。

我到底想成为怎样的人，到底想要怎样的一生？

马斯洛提到的一点非常重要，那就是“独立[①]”。不管一个人想朝“自我实现”这个方向努力，还是一个可以被称之为“自我实现”的人，都有独立这个特点。这种独立包含了两种层面，第一种是思想层面的自由，第二是精神层面的独立。

---

① [美]亚伯拉罕·哈罗德·马斯洛：《动机与人格》，颜雅琴译，台海出版社，第191页，“自我实现者的特征之一是相对独立于自然环境。”

一、自由思想

从来没有一种叫“自由”的思想。对有些人来说，不用思考就是一种自由。对某些人来说，自由思考比生命更为重要。

（一）天性的自由

“我怎么配得上！”当这句话从你的口中说出来，如果是出于一种自谦，那很正常，但如果你是因为别人的暗示或者迫于形式有这样的想法，最好反省自己的思想是不是出了问题，或者想一想让你有这种想法的人是不是有问题。人与人之间本来就不平等，这是现实，但现实是可以改变的。普通人之所以不能爱上女明星，并不是因为普通人不配，只是现实不允许。现实不允许我们在火星上生活，但现实不会说我们不配。人因为弱小被羞辱是不得已的现实，但无论什么情况下，绝不能自己羞辱自己。有时候现实的确很残酷，但现实从来都尊重每一个人。

《庄子·内篇·德充符》讲了这样一个故事：

> 申徒嘉与子产同为伯昏无人门下的弟子。申徒嘉受过刑罚，断了一只脚，是个残疾人。子产是郑国的执政宰相，地位尊贵。老师讲学的时候，子产很不情愿地与申徒嘉同席邻坐。下课后，子产离席，申徒嘉也一同离席。子产出门，申徒嘉也一起出门。
>
> 子产回头对申徒嘉说：“下次若我先出门，你就留步。若你先出门，我就留步。”说完登上马车就走了。
>
> 第二天两人又同席。下课后，子产特意叮嘱申徒嘉说：“若我先出门，你就留步。若你先出门，我就留步。现在我要出门，你可不可

以留步呢？”

见申徒嘉没有搭理他的意思，子产有些生气了，强调说：“你一个受过断足之刑的人，怎么好意思跟执政官走在一起。怎么就没点自知之明呢！”

申徒嘉也不生气，平静地说：“游于羿之彀中。中央者，中地也；然而不中者，命也。知无可奈何而安之若命，唯有德者能之。”

子产不愿与申屠嘉太近这件事本身没有问题，每个人都可以有自己的选择，不管他的内心如何。如果子产用合理的借口让申屠嘉不要离他太近，申屠嘉应该不会再次“尾随”他，也不会有后来的故事，这一点很重要。即便子产不愿意与申屠嘉太近的原因是歧视，只要他不表现出来，问题也不大。子产的行为恶劣之处在于暗示申屠嘉“不配”，这实际上是强迫申屠嘉自我洗脑。申屠嘉并不是懂不起的人，他知道该做什么，不该做什么。正因为如此，子产让他远离他，他偏不照做。后面申屠嘉的一席话其实是早有准备的。

申徒嘉的比喻非常精妙。“游于羿之彀中”，其实是说“你我皆游于羿之彀中”。意思是：同在一片天空下，你我本来并没有什么不同。你就是命比我好点而已。关键在于后面这句：“知不可奈何而安之若命，唯有德者能之。”安之若命这个成语就出自这里。

面对羞辱，申徒嘉既没有否定自己身体残疾的现实，也没有对子产的身份比自己高的事实加以否定。大家的目的都是求学问道。不管身份有着怎样的悬殊，此时此刻，此情此景，同样作为老师伯昏无人门下的弟子，至少作为读书人而言，身份的差异并不重要。“德”是读书人的修养。“唯有德者能之”暗讽子产没有“德”。

作为读书人，本应该心无旁骛地专注于自己的本分。古人求学是真挚而虔诚地求学问道。申徒嘉的话直击内心。所以子产听过申徒嘉的话后红着脸，用羞愧的语气求申徒嘉不要再说下去了，算是道歉了。

在《庄子》中，类似的寓言还有一个。

宋国有两个人，一个叫右师，另一个叫公文轩。右师只有一只脚。

公文轩初见到右师十分惊讶的样子，问："这是怎么回事呢？何以只有一只脚，是天生如此，还是什么原因造成的？"

右师回答说："天也，非人也。天之生是使独也，人之貌有与也。以是知其天也，非人也。"

公文轩的心思不在于寻求答案，就跟子产对申徒嘉的质问类似，不是什么善意。右师的回答不好翻译成白话文，翻译诚白话文会导致有些意思没有原来那么精妙。注意，他说的"天也"不是说脚天生就长成这样。回答绕了半天，好像什么都解释了，又好像什么都没解释，其实就是不想解释。一只脚就一只脚，没什么好解释的。

很多人都问过我："你不是什么专家，不是什么学者，也不是什么教授，为什么要自己花钱出书？你这样做有什么意义？是为了名吗？是为了利吗？"如同子产在申徒嘉面前的傲慢一样，这样问的人大概存在子产那样的心思。我出生在农民家庭，我没有高人一等的学历，我毕业于普通大学。"普通人"三个字就像断足之刑一样，成为我感到自卑的烙印。我该怎么回答这样的问题呢？我根本就不想回答！

虽然现在自卑极少会给我带来烦恼，但是不知不觉中对自卑的掩饰却时常让我感到不安。当我陷入这种困扰时，我意识不到真正的问题在哪里。那时候的我只是简单地掩饰，随时都在准备为自己辩解，这让我感到心累，这是我以前的心态。现在已经明白了很多事情，不再受困于此。

人贵有自知之明，没错。但自知之明在一个人的心里，而不在别人的眼睛和耳朵里。内心有着什么样的自知之明，应该是个人的私事。人可以卑微，也可以努力不卑微。不管我们得到什么还是失去什么，不管我们能做什么或者不能做什么，不需要解释，也没有义务解释。

（二）拒绝的自由

过去的老师夸奖学生一般不用“聪明”，而是用“接受能力强”。言外之意，接受能力不强的学生笨。但这种教育观念是对的吗？

所谓接受能力不强，未必是真的接收信息的能力有问题。人的心智自成体系，有独特的逻辑链，有独特的价值导向，这些是“我”之所以为“我”的根本。当新知识和固有的认知冲突时，潜意识会告诉我们：我不明白，我不接受。实际上只有真正聪明的人才会这样，因为他们有独立思考的能力。有独立的思考才会拒绝，只不过他自己可能没有意识到这一点。

这种拒绝不是“不看，不听，不想”，而是能根据已有的思维逻辑和价值体系做出“不”的选择。这样做的前提是有时间和空间上的缓冲，也就是要有选择的余地和考虑的时间。

就好像内心有一个信息缓存区域。先承认其存在，再判断它的“合理性”。这些信息开始都处于未被接纳，也未被拒绝的中间状态。经过某些筛选或者处理之后，有选择地进入我们内在的思想，和自我融为一体，相当于自己说服自己的过程。如果这个过程比较慢长，看起来就会显得有点愚笨。这样的愚笨其实是自我意识强的表现，这恰恰证明有聪明的潜质。反而是那些接受能力强的人，未必是真聪明。

在心理上，人会本能地保护内在的自己不被外界扰乱。有了这样一个缓冲信息层，先接纳，再了解，最后考虑是否接受的过程。没有那一层信息缓存才会出现极端的心理：要么莫名其妙从众，要么鲁莽攻击新事物。没有拒绝的自由，也不会有真正的接受。

（三）评判的自由

人不能没有评判他人的权力，也不能没有正确评判他人的能力。评判是自我意志在群体社会中的体现。如果一个人不能被评判，也不能评判，或将失去作为一个人的意义。

1. 评判生活的自由

假设有这样一件衣服：你穿了很多年，领口磨损得厉害，肩膀上还有个破洞，但是，它穿起来很合身，那个破洞让你的感觉很舒服。你会喜欢这件衣服吗？你有勇气穿它吗？其实你不喜欢这件衣服的真实原因，可能只是因为别人不喜欢你穿这件衣服。被自己的内心评判为好东西的东西，不一定能被自己接受，很少有人注意到这个问题。

发卡[①]流行的年代，我的表姐有很多发卡，各种样式，各种颜色。但是我妈一直就用一根红头绳。我以为是她不舍得买。有一次我跟表姐要了一个漂亮的发卡送给妈妈。我以为她会很高兴，但她根本不感兴趣，让我把发卡还回去。

一个人并不会因为没有发卡而变丑。你觉得它是美的时候它就是美的，反之则不是。生活也是这样，你觉得自己是幸福的，你就是幸福的，反之则不是。这是我妈妈教会我的道理。

图 32　90 年代重庆地区乡村小学校的书桌和板凳

（桌子下面用稻草搓成的粗绳缠绕在一起存放书包，书桌上基本都刻有一个或多个歪歪扭扭的“早”字。）

① 20 世纪 90 年代发卡是一种文化潮流，大人小孩都使用，现在已经不流行了。

你的幸福来自你内心深处的评判。失去这种评判的自由是很悲哀的事情。无论一个人有多好的条件，一旦对生活失去评判的能力，很快就会陷入迷茫。有些东西你以为是自己的渴望，可实际上你根本不需要。你以为你在追求自己的幸福，实际上你只是在追逐别人的眼光。这样的你永远也不会幸福。

那时候我们都很穷。冬天的时候我习惯了赤脚上学，因为穿鞋子没用，总会被小路上的霜打湿。学校破破烂烂的，书桌也破破烂烂的。我很羡慕城里的学校，这种羡慕越强烈，越觉得自己的生活很糟。直到有一天我离开了那个小乡村，并且知道自己再也回不去的时候，我才开始感觉那里其实也不是那么糟，甚至挺美好的。并不是贫穷让我不快乐，而是“对贫穷的评判”让我不快乐。

其实穷山沟有穷山沟的快乐。有蓝天，有山野，有河流，有树林，那有很多城里人没有见过的野外的小动物陪伴，咬着一根狗尾巴草就能品尝到甘甜，有看着蓝天和溪流就能快乐一整天的心境，而现在这些我再也不会有了。很多时候我们拥有的生活其实是快乐的，只是我们失去了评判它的自由。

2. 评判自我的自由

一个人对自我的认知不需要完全符合现实，没有必要非得迎合他人的评判，甚至没有必要符合现实。假如用一个数字代表一个人的价值。我们对自己的评估往往高于这个数值，这有问题吗？没有！

自我评判会引导我们对自我迭代更新。这个自我本来就应该高于实际的自我，这就是自我意志。也许你穷困潦倒，也许你一无是处，也许你在社会底层，不管怎样，你的意志都不能屈服于现实。

你是一个好人。严于律己，宽于待人；宁愿亏待自己，不愿意辜负他人。你遇到一个自己喜欢的女孩儿，你很想去追求，但是某些人说你长得丑，长得矮，不优秀，不成功，劝你要有自知之明。你想了想，觉得自己的好像真的配不上，所以你退缩了。朋友，我不希望类似的事发生在你的身上。你可以失败，但不能懦弱！可能你刚偃旗息鼓，另一个比你更矮、更丑、更差劲的男人就把她追到了，因为，不是每个人都会屈服他人的评判。

人生的结局不仅取决于现实，还取决于人的意志。我们在做任何事情之前都有一个设想，也就是一个主观上对事情成功的期望，这个期望值会影响事情最终的成功率。如果期望值比较低，我们对应的行为将是消极的。投入的热情大打折扣，效率也会很低。如果期望比较高，我们自然会很卖力，相应的成功率也会提升。从纯统计学来看，如果某件事成功的概率是百分之百，而我们的自我期望值为 0，结果我们完成这件事情的概率也为 0。

人各有不同的智慧，自然会有各自不同的评判，这是我们的自由。

3. 评判他人的自由

经常在美剧上看到“不要评判我”这样的台词。我们真的不能评判他人吗？我认为这个问题不是那么简单。在某种边界内，我们有评判任何事物的自由。只有当这种自由超出正当的边界，威胁到他人时，评判才应该被禁止。至于这种边界是什么，那是另外的话题。

评判是我们认知这个世界最基本的方式。不能评判的东西是无法形成认知的。人们应该有评判事物的自由，而且这种自由的重要程度等同于人们有认知这个世界的自由。你也许会反问，人们现在难道没有这样的自由吗？确实，我不能说没有，但是我认为人们还没有认识到这个问题有多重要。

如果长期不能表达自己的评判，人可能逐渐形成认知障碍，变成容易被操纵的提线木偶，他的一切言论和行为都只是盲目的从众。你可以仔细想想，当你表现出从众行为的时候，是自发行为占主导，还是被周围人裹挟的因素占主导？如果是后者，你可以再思考一下，你是不是会感觉被什么东西压抑着？如果是，你可以尝试对身边的事物做出一些自己的评判，不用太在乎对错。

4. 被他人评判的自由

最好的咨询对象其实不是权威，是那些和自己水平差不多的人。学生可以从老师和长辈那里得到标准答案，但是不一定能得到关于自身的认知。在人的成长过程中，对自身的认知远远比答案本身更有用，因为评判才是促使人进步的最强大的驱动力。

若从同层次的人那里找到了答案，反过来才会审视自己：他都知道，我为什么不知道？这种反思会促进自己努力提升认知水平。

若从同层次的人那里找不到答案，反过来才会明白：原来不知道也不是什么大错，由此才能安心。如果这个人野心勃勃、争强好胜，才会在这种对比中得到正向的激励，进一步增强自己的求知欲。

人最理想的成长环境是身边有各种各样的人，也只有这样才能塑造一个健全的人格。不必羡慕那种身边都是所谓优秀的人的高级环境。天天仰视这些东西，反而形成一种意识囚笼。

我曾用镜子作比喻分析同理心，这里我还要借用镜子分析评判的问题。当你能从他人身上观察到自己可能存在的缺点时，这个人就是你的一面镜子。成长不止源于向上的模仿，也有水平向的观察以及向下的审视，并且我斗胆地认为后者的成分需要的更多，因为后面两者是主动思考构建起来的认知体系，更具创造性和稳定性。在一个极度单一的，充满优越的环境中成长起来的人，往往可能存在一些人格上的缺陷。这个问题在文艺界早就已经积重难返了。

（四）选择的自由

选择是痛苦的，人在没有选择之后就会意识到，没有选择其实更痛苦。一旦失去了选择的自由，尊严和利益都可能受到威胁。商人如果夺走了客户选择的自由，就会盘剥客户的利益；下属如果让老板没有了选择的自由，就会让老板很难管理；上级控制了员工选择的自由，就会剥削员工的劳动价值；朋友一旦控制了朋友选择的自由，就会利用其谋取利益。

你愿意成为油漆工还是亿万富豪？这不是我所谓的选择的自由。我这里说的这种自由是我们自己给自己的，只取决于我们自己的思想是否能够真正独立。简单地说，你若不能独自承担选择的责任或者后果，就是不独立。

人若总是不经思考地选择最简单、最舒服的方式生活，必然会一点点滑向深渊，最后丧失独立选择的自由。不愿或不勤于思考的人无外乎两种结果：要么心甘情愿放弃选择的自由，然后用“知足常乐”来麻痹自己；要么无知地放弃了选择的自由，然后又一副怨天尤人的样子。

这个世界并不简单，也不是复杂到不可理解。不管是对于“不可能”还是“很简单”这样的言论都不可以轻信。人的思想容易被简单粗暴的定论挡在探索求知的大门外，也同样容易被类似的定论囚禁在意识的牢笼内。文学家的误导，商人的引诱，政客的怂恿，还有各种各样的文化和习俗，无时无刻不在对我们产生这样的影响。

小时候父母吵架十之八九都是因为当初的某个选择。每一次遇到问题时，他们总能追根溯源到当初的某个选择，然后激烈斥责对方，仿佛当初只要所有人都完全听从自己，就什么麻烦都不会有了。这样的争吵在我耳旁响了二十多年。不知道是不是受到他们的影响，我的得失心很重。做任何选择都犹豫不决，生怕自己后悔。然而，几乎每一件事情都会让我后悔不已。哪怕是在路边捡到一块金子，还是会后悔自己没有多捡一些。任何选择都会在我的内心深处埋下种子，当我遭受挫折时，种子会生出痛苦的根，发出痛苦的芽，开出痛苦的花，最后结出痛苦的果。

很多年以后我才明白，这不过就是一种心理“归因偏差”。人的时间是一维的。任何事情只能经历一次，只能有一个选择，也只能验证一种结果。当我们受到打击时，总会把当初没有选择的路想象得非常美好。实际上如果能切换到另外一个选择的平行时空，遇到问题时，人们也一定会对这个选择抱不切实际的幻想。我们似乎总是这样。

水流到了崎岖不平的地方，可能向左也可能向右，甚至还会回流，纵然千回百转，大方向始终是不会变的。溪流成川，百川归海。人的大部分选择都有某种必然性在里面。哪怕时间能够倒流，给你重新选择的机会，到了那个环境，大概率还会是现在这个样子。

从上帝视角来看，任何选择最后都可能会导致不好的结果。复杂的环境总是充斥着谁都无法左右的变数。世事多变，沧海桑田。随着大环境的变迁，小环境也会发生变化，原来的优势与劣势就会变得毫无意义。能占得先机固然是有好处的，但那样的好处会随着时间流逝逐渐变得微不足道。

执着于已有的优势不一定最终会有好的结果。在兴衰变化的洪流中，必然有部分人有意或无意撞到猪都能飞起来的风口，也必然有些人因为贪恋固有的优势而从风口跌落。

人生的旅途上，一念之差都可能会导致完全不同的命运。面对同样的现实，人们的情绪可能千差万别。对某些人来说那一念之间的选择就意味着结局的不同，而对某些人来说，选择仅仅只是意味着经历的不同。对某些人来说不管往左还是往右都是“风险”，而对某些人来说不管往左还是往右都是“风景”。

庄子很少讲道理，多讲寓言故事。这些故事流传两千多年，至今都让人惊叹不已。

子祀、子舆、子犁、子来在谈论道：“谁能够把无当作头，把生当作脊，把死当作尻，知道生死存亡为一体，我们就和他做朋友。”四人相视而笑，内心契合，于是相互成为朋友。

不久，子舆生病了。只见子舆四肢蜷曲，身体佝偻，肩部高过头顶，颈椎朝上突出，下巴几乎到了肚脐。连呼吸都成了问题，他心中却闲适安静，一副若无其事的样子。

有一天，子舆生蹒跚着走到井边，照见自己的影子，乐呵呵地说：“奇妙啊，造物者把我变成这样了！”

子祀说：“你讨厌变成这样吗？”

子舆回答：“没有，我怎么会讨厌呢！如果造物者把我的左臂变成鸡，我便用它来为人们报时辰。如果造物者把我的右臂变成弹弓，我便用它来打斑鸠烤了吃。如果造物者把我的脊柱变成车轮，我的精神就是马。正好乘着它到处游走，还省得坐马车的麻烦。人的一生不管得到什么都是时运，失去什么也是顺应造化。安于所得，顺应失去，无所谓悲，也无所谓喜。”

不久，子来也生了病，气息急促将要死去。

子犁靠着门对子来说：“伟大的造物者会把你送往何方？要变成什么样子？老鼠吗？虫子吗？”

子来缓缓地说：“自然对人，就像父母对孩子。造物者赐予我生命，让我在人世间游走。现在我老了，疲惫了，它用死亡让我安息。我有什么理由拒绝它的安排呢？人欣然来到这个世界，也应该欣然离去。大地就是熔炉，造物者就是铁匠，变成什么有何关系，到哪里有何不可呢？”①

（五）认输的自由

如果有人质疑苏格拉底的观点，我并不会觉得奇怪。苏格拉底的观点不一定就是真理。他的所有观点都只是他自己对这个世界的一种理解而已，有不同的理解也很正常。实际上，我认为能对苏格拉底的观点提出质疑的人都是很厉害的人。

但我很难理解那些为“能把苏格拉底的观点驳倒”而沾沾自喜的人。

---

① 《庄子·内篇·大宗师》，原文：子祀、子舆、子犁、子来四人相与语曰：“孰能以无为首，以生为脊，以死为尻；孰知死生存亡之一体者，吾与之友矣！”四人相视而笑，莫逆于心，遂相与为友。俄而子舆有病，子祀往问之。曰：“伟哉，夫造物者将以予为此拘拘也。”曲偻发背，上有五管，颐隐于齐，肩高于顶，句赘指天，阴阳之气有沴，其心闲而无事，胼□而鉴于井，曰：“嗟乎！夫造物者又将以予为此拘拘也。”子祀曰：“女恶之乎？”曰：“亡，予何恶！浸假而化予之左臂以为鸡，予因以求时夜；浸假而化予之右臂以为弹，予因以求鸮炙；浸假而化予之尻以为轮，以神为马，予因以乘之，岂更驾哉！且夫得者，时也；失者，顺也。安时而处顺，哀乐不能入也，此古之所谓县解也，而不能自解者，物有结之。且夫物不胜天久矣，吾又何恶焉！”

苏格拉底本就不是一个辩才。如果苏格拉底站在我们中间，他很可能说服不了我们中的任何人，估计还能被某些人驳斥得哑口无言。

苏格拉底的对话表面看上去是相互争辩，实际上是在讨论中学习。柏拉图办的学校就鼓励学生和老师边走边讨论问题。据说，《几何原本》的作者欧几里得就是这样成长起来的。

我们似乎关注的只是输赢，参与讨论也是为了争输赢！庄子为什么批判诸子百家？因为诸子百家太关注争论的输赢，忘掉了争论的本意。这样对于学术发展和社会影响难有实质的帮助。

> 天下大乱，善恶不分，道德出现严重的分歧，天下人多固执己见而孤芳自赏。如同耳目鼻口，各有其功能，但却不能互相通用。诸子百家各有所长，虽然时有所用，但不系统和完备，都是孤陋寡闻[①]。

争强好胜本身没问题，很多卓越的人都有这种性格特点。但如果这种性格的内在驱动力来自文化中的某些心理压迫感，这种性格就会有很大的问题，最明显的一点是导致我们很难交流和学习。

你会明显感觉到在和他们的交流中，真正的核心往往并不是事物本身，而是自尊心。别人思考事实和逻辑的时候，他们却在盘算如何进一步彰显他们的见识和影响力；别人低头自我反思的时候，他们则会沾沾自喜；别人好意想指出他们的错误，他们却会认为自己遭到了羞辱。所以他们在辩论中不会认输，即便认输了，也会心怀怨恨。

他们和你说话的动机基本不是为了满足思想上的好奇心，而是为了获得某种优越感。他们渴望获得“碾压”“降维打击”的力量，当然他们显然也知道自己不可能拥有这种力量，所以他们会幻想自己站在拥有绝对力

---

① 《庄子 · 杂篇 · 天下》，原文：天下大乱，贤圣不明，道德不一。天下多得一察焉以自好。譬如耳目鼻口，皆有所明，不能相通。犹百家众技也，皆有所长，时有所用。虽然，不该不遍，一曲之士也。

量的人一边。若得不到这种情绪刺激，在他们心里才萌生怨愤。

“不可战胜的人”不值得学习，也不值得尊重。遇到这样的人，宜躲得远些。

（六）改变的自由

人有改变的自由。

人在成长过程中，在不同的阶段，会有不同的初心、计划等。有的人立志高尚，可能后来都流于鄙陋等等，但有这样的人中不乏前后不一，褒己抑人者，皆因他们不知道，人是有改变初心等的自由的。

1. 被动的革新

很多人喜欢批评别人自我膨胀，同时又很讨厌被别人认为自我膨胀。

内心引导我们如何选择，如何面对，或进或退，或去或留，如果仅仅是这样，人生的痛苦会少很多，但思想没有刻度，一念之间就相差十万八千里，不知不觉就自我膨胀了，这本来就是很自然的事情。

日中则昃，月盈则食。《周易·丰》

太阳升到最高点的时候就开始向西偏，月亮到了最圆的时候也就开始缺损了。先自我膨胀，然后自我坍塌，坍塌以后再重建，然后再膨胀，再坍塌……这种反复膨胀和坍塌的过程未必是坏事。有些人在膨胀和坍塌的过程中心智的容量扩大了，成长了，进步了。所以我们总是看到这样的现象，那些折腾的人，最后大概率都会取得更高的成就。

没有人总是一帆风顺的，生下来总是要受挫折。天不会塌，塌的只是自己的思想。每一次挫败都是成长的绝好机会，越大的挫折成长的空间越大，任何时候都不应该轻易放弃自己。反而是有人从来不曾膨胀过，这才更像是一种不幸，因为这样的人连重建自我的机会都没有。我一直都不太看好明哲保身的人，这样的人可能刚开始还挺厉害，之后，往后都在走下坡路。

2. 主动的尝试

每个人过去的经历都不一样，将来要走的路也不一样。每个人都有自己独特的命运，独特的命运赋予一个人独特的能力和独特的智慧。命运掌握在自己的手里，他人的现实不应该成为自己的牢笼。

我们之所以走到今天这一步，往往都是因为一些偶然的选择。从统计学的角度看，有人之所以过得更好，是因为他们有更多的选择，从更多的选择中更有可能做出更优的选择。我相信这些额外的机遇主要是人们积极主动的尝试争取到的，运气只是其次的因素。走一步，想一步，再走一步，再想一步，这才是人生的常态。有时候没有走出那一步，往往就不能想到那一步。

在人生的每个阶段，我们并不是一开始就知道自己想要的是什么。成长是后知后觉。你所想的未必是你自己，你做出来的往往才是真正的自己。上了路你才能真正搞明白自己究竟是怎么回事。人生不需要画地为牢认定自己一定要得到什么东西，达成什么目的。很多事情只有亲身经历过了，比较过了，才会知道什么是真正需要的。

固守只会把我们囚禁在狭窄的地方。适当跳出固有的自我，去体会不一样的东西，做不一样的事，在这个过程中犯点小错难以避免。如果你喜欢跳下悬崖，这未尝不可，只是这辈子你再也没有机会有别的尝试了而已。总之，人生很短暂，在有限的时间和能力范围内，一定要尽量多地尝试。

如果你确实不喜欢自己现在的生活，有两种可能：一种是你确实不适合继续这样活下去。还有一种可能，本来这是你能拥有的最好的生活，但因为你没有可以比较的经历，身在其中却没法真正拥有。就像在蜜罐里长大的虫子不知道甜味。如果没有改变的自由，即便降生在幸福的天堂，也无法拥有天堂的幸福。

（七）反抗的自由

1973年，瑞典首都斯德哥尔摩市内发生了一起人质绑架案。两名罪犯抢劫银行失败后，犯挟持了四位银行职员。在警方与歹徒僵持了130小时之后，因歹徒放弃而结束。这起事件发生后几个月，这四名遭受挟持的银行职员对罪犯显露出怜悯的情感。他们拒绝在法院指控这些绑匪，甚至还为他们筹措法律辩护的资金。他们都表明并不痛恨歹徒，对歹徒非但没有伤害他们却对他们照顾表示出感激的情绪，并对警察采取敌对态度。更甚者，人质中一名女职员竟然还爱上劫匪，并与他在服刑期间订婚。这两名抢匪劫持人质达六天之久，在这期间他们威胁受俘者的性命，但有时也表现出仁慈的一面。在出人意料的心理错综转变下，这四名人质抗拒政府的营救。而后来的研究显示，这起事件被学者称为“斯德哥尔摩症候群”。研究者发现这种症候群的例子见诸各种不同的经验中，从集中营的囚犯、战俘、受虐妇女与乱伦的受害者，都可能出现类似的心理。

当人遇上了一个疯狂的杀手，杀手不讲理，随时要取他的命，人质就会把生命权渐渐托付给这个凶徒。时间拖久了，人质吃一口饭、喝一口水，每一呼吸，他自己都会觉得是恐怖分子对他的宽容和慈悲。对于绑架自己的暴徒，恐惧会先转化为感激，然后变为一种崇拜，最后人质也下意识地以为凶徒的安全，就是自己的安全。这种屈服于暴虐的症状，就叫“斯德哥尔摩精神症候群”。

我们经常说某样东西也有好的一面，似乎在某种程度上依赖于它。其实某些所谓好的一面不是真的“好”，只是我们适应了而已。超强的适应能力有双面性，有时候恰恰正是这种强大的适应能力导致了苦难。

有句话非常扎心：“苦都是留给能吃苦的人。”仔细一想，现实中可能每个人都有不同程度的斯德哥尔摩综合征，只是我们遇到的问题比心理学家描述的更为复杂。

地震以后，营救人员必须谨慎翻动废墟，因为下面可能还掩埋着幸存者。幸存者之所以能幸存，可能是因为卡在他旁边的某块石头。如果这块石头倒下，可能会对幸存者造成严重的二次伤害。从某种意义上来说，这块石头可能救了他的命。但这些石头纵横交错，相互支撑。现在如果说这石头救了他，那为什么不说这整个倒塌的废墟救了他呢？人生有时也是这样。福兮祸所伏，祸兮福所倚。我们都本能地知道趋利避害，但是现实中总是很难真正做到。

有些人很容易被洗脑和控制，一旦如此就会自我麻痹，自愿抓住压迫自己的东西不放手。比如面对旁边一块压着自己但是还没有把自己压死的石头，他的本能不是反抗，而是顺从。可能在潜意识里，人总要依附于某些东西才能活下去。反抗就是背叛，背叛了就会被抛弃，被抛弃了就会失去一切……

二、独立精神

我曾执着地认为这个世界就是我当初以为的样子，经历很多事情后，巨大的反差让我感到无比困惑。我曾努力去适应“现实”，包括消耗很多精力去学习各种所谓的道理，但我发现不管明白多少道理都不够用。

哲学家康德认为真实的世界无法被认知，我们觉知的物质与世界，建立在我们的主观感知上。按照这种思想，这个世界其实很像一种游戏。我们都在游戏之内，不能脱离游戏。我们头脑里的理想，信仰，道德，欲望等等都不是孤立存在的东西，只是参与游戏得一种形式。道理是玩家的约定，而这些约定并不是恒定不变的。所以庄子说：“胡可得而必乎哉”，就是说人世间并没有什么懂了就能让人过好一生的道理。而我这里要说的是：人要有独立精神，不用一味跟随、模仿、学习。

（一）思想独立

学校的墙上常贴着关于“追求真理”的名人名言。写作文的时候我们无数次引用过，但是，很多人似乎从来没有思考过追求真理意味着什么，就像宗教信徒一样。别人说什么是对的，什么就是对的。

1. 决策和判断独立

当有利益冲突的时候，大家都有各自的立场，都会为自己的利益而努力。驶向前方的船舵，与其交给聪明的朋友，不如留给不那么聪明的自己。即使你知道靠自己做不了一个英明的决定，你也始终不能放弃自主决策的权利。

对生活的判断也应该独立把握。生活并没有绝对的好与不好，幸福与不幸福。你觉得好就好，你觉得幸福就幸福。无论如何必须要有自己独立的评判。

有的人不是不够真诚，只是不够独立。西风压倒东风时，他们就随西风；东风压倒西风时，他们就随东风。这样的人代表不了任何人，甚至不能代表他们自己，只能被别人操纵。与他们交往总会面临这样的窘境：本来答应得好好的，过几天就反悔了。答应的时候很真诚，反悔的时候也很真诚，令人无所适从，也令自己失去信誉。

2. 宽广的学识和见闻

如果你以为保持独立就是沉溺在自己的世界里，那就大错特错了！思想独立需要了解他人的想法，越多越好，越广越好。人的思想是不可能孤立存在的，一定会有自己之外的支撑，一定会有自己之外的标尺。只有更深入地了解世界，才能成为更坚定的自己。

3. 承当信任的责任

我们从一无所有来到这个世界，头脑中的一切都是别人给予的，我们都是因为信任过某些人或者相信过某些东西才成为今天的样子。我们选择信任某个人，不是说可以把责任推到这个人身上。

感恩他人的建议，但是真正能依赖的只能是我们自己。当你失败的时候，别人会间接、被动地承担你失败的负担。

修筑堤坝需要很多人辛苦劳动很多年，而毁灭堤坝却很容易。人生的辉煌需要长时间的殚精竭虑，而败落可能只因为一转念的糊涂。我们因为某个人成就一生的可能性微乎其微，而我们因为某个人毁了一生却再平常不过了。如果你人生的失败最终被归结到一个人身上，那也不奇怪。但是，人生在世都有各自的生存之道，为自己的行为负责。你要从他那里得到利益，就要承担可能的风险。不管面对什么样的人，不管你最终从别人那里得到好运还是灾祸，终究是你自己的选择。

（二）立场独立

每个人过去的经历不一样，现在的处境不一样，将来要面对的也不一样。正因为如此，大家都应该有不同的想法，不同的选择，不同的人生态度。有些事情只能自己去面对，尽心尽力应付自己要面对的事情是一个人的本分，特定的时间站在特定的立场也是一个人的本分。

最好不要站在自己的角度按照自己的逻辑去左右别人该做什么或者不该做什么。

> 任何人不能替我思考，就像任何人不能替我戴帽子一样。
>
> ——维特根斯坦

善良的人会把别人想得和自己一样，这是非常错误的认知。没人有义务站在别人的立场为别人的利益考虑，不能想当然地推己及人。

（三）价值观独立

“自我价值感低”是非常普遍的心理问题。总是敏感多疑，喜欢猜测别人的心思，喜欢过度解读身边人的言行，这种密集的心理活动并不是有效的思考，而是消极的胡思乱想，不利于心理健康。

同时，“自我价值感低”本身也是非常现实的社会问题，与我们的现实处境（工作、学习、生活）有关。如果现实问题得到解决，大部分问题都能迎刃而解。只是面对现实，我们往往都无能为力的。尽管这样，我还是不主张通过所谓“调节心态”来解决这个问题。这样做或许能暂时麻痹，但始终无法从根本上解决问题。

一个人社会地位比较高，自然会觉得有价值，自我价值根本就不足以成为问题。一个人社会地位很低，才迫切想证明自己的“价值”。似乎看上去问题还是在价值观上。

试想，如果你和艾隆·马斯克共用一套价值体系，又非要和他比高下，可想而知会怎样。没有横向观察的眼界，至少可以从时间纵向上（历史在发展，文化在变迁，很多东西都在改变）看到这样一个事实——人与人之间并不是非得要有一样的价值观。

何不按照不一样的标准来审视自己的价值呢。当然这种转变并不容易，不是一碗心灵鸡汤可以解决的。价值观是身体里流淌的血液，是支撑我们站立的骨骼，是我们大脑深处挥之不去的欲望。它的形成需要漫长的时间，短时间很难改变。每个人都有自己的价值观，其从众的成分往往很大，真正独立的价值观是很难的。

（四）生存独立

学生时代的我总是习惯于依附他人，只要有比我强的同学，我就会主动跟他们交朋友。所谓比我强是指我考 80 分而别人能考 90 分。本来向优秀的人学习是很好的。倘若那个考 90 分的人是艾隆·马斯克，或许能为我一路指明方向，但是其实，不管那时还是现在，大家都是很普通的人。

把天当成天至少不会有什么害处，把屋檐当成天就不一定了。把本来应该是对手的人变成朋友是作茧自缚，挣脱自己的束缚远比挣脱别人的束缚难得多。有时候这种自我束缚的不利影响可能不止发展受限这么简单，简直就像是一种“精神自杀”。

人生很长，弱小往往只是暂时的。与强者保持距离，不惧怕强者，也不要依附强者。做真正的自己，为自己真实的想法而努力，也为自己的所作所为担当。我们都可以有有追求美好事物的愿望，不必为强者当道而自卑、自弃。

（五）情感独立

为什么有时我们谨慎还是会被算计呢？这是因为我们被情感羁绊了。心理学家把这个机制叫作“情绪键”。情绪键就是人们内心最脆弱的部分，存储着恐惧感，责任感和罪恶感。

> 到底发生了什么事情？为什么总有人会让我们有这样的感觉：我又输了，又是我屈服了。我没有说出自己真实的感受。为什么我的观点从来都不被理解？我们知道自己被骗了，知道自己饱尝挫折、愤愤不平，知道自己因为愉悦他人而失去了什么，但是我们就是不知道该怎么办。为什么总有人能够从情感上压倒我们，让我们感到被击败了？我们所面对的是老练的操纵者，他们总是使我们处于无法制胜的境地。当有所欲求时，他们会用亲密的言行来安慰和包围我们，而为了得逞，却又最终会采取威胁的手段；抑或，即使无法得逞，他们也要让我们背负内疚和自责。他们的所作所为似乎经过了精心策划，然而，他们往往也没有意识到自己都做了些什么。实际上，许多人表现出的是善良、坚韧，而根本就不是什么威胁。一般而言，经常操纵我们的人可能是我们的爱人、父母、兄弟、姊妹或者朋友，他们是如此的特别，以致我们忘却了自己是个心智健全的成年人。虽然我们经恶意熟练和成功地处理生活中的其他事务，但对于这些人我们会感到困惑和无能为力，即使他们把我们戏弄于股掌之间。[①]

---

① ［美］苏珊·福沃德、唐娜·弗雷泽：《情感勒索》，王斌译，北京：金城出版社，2010。

譬如现实中人们说跟某人借钱是因为觉得这个人值得信任，但事实往往并不是这样。某些人之所以容易被借钱，主要是因为容易被控制。会借第一次的人通常也容易借第二次、第三次、第四次……没有任何人在上一次没有还钱的情况下再被借第二次会高兴，事实上内心都是崩溃的，但是很多人恰恰会因为上一次的钱没收回来才答应借第二次，因为担心关系闹僵从而导致上次的钱要不回来，所以很多人还是会继续借第二次，然后还会有第三次、第四次。这种因为怕得罪借钱人而背负的压力会像滚雪球一样越来越大，债主会越陷越深，借钱的人只会越来越肆无忌惮。这就是主动权逐渐从债主转移到欠债人的手中的过程。把借钱换成其他的事情也是类似的原理。

生活中人们心灵上所受到的最大的伤害往往是亲人和朋友造成的。并非亲人和朋友不值得信任。通常他们并没有险恶的用心（即便有也是极少数，这无须怀疑），但无心并不代表无过。

强大的对手对你的羞辱只会让你更强，而来至亲人的羞辱却会让你崩溃。这样的羞辱是你无法抵抗的，因为它总是穿着能绕过你自身“免疫能力”的“为你好”的外衣。但总的来说，亲情和友情羁绊越严重，对一个人的心智越不利。

这里所谓的独立不是绝对的孤立，而是相对的独立，简单地说就是为人处世的分寸。越是内心软弱的人越需要注意这一点。

三、命运与抗争

有一天，我偶然在马路边裂开的钢管中间发现了几片嫩叶，以为是无聊的路人插在上面的。过了一段时间，我发现它似乎并没有枯萎的迹象，始终鲜活地立在那里。在好奇心的驱使下，我绕道走近仔细查看了一番，这一看把我震惊到了。

原来那是一棵长在钢铁缝隙里的葎草。它穿透了混凝土，从钢铁栏

图 33 实景拍摄

（拍摄地点：重庆江北区五里店；拍摄时间：2020 年秋。）

杆的夹缝中探出头来，那样鲜活，那样朝气蓬勃。

这片被封印的水泥地下埋葬了千千万万这样的小生命。没有哀嚎，没有哭泣，只是在默默地挣扎，在黑暗中慢慢消耗掉体内储存的营养，然后死去。这棵小草在快要因为得不到阳光而死亡的时候，突然从钢铁的缝隙中探出头来，喝到了清晨的露水，沐浴到了久违的阳光。我轻轻抚摸着它的嫩叶，敬畏之情油然而生。

过了两天，当我再次经过这里的时候，裂开的钢筋被工人重新焊死了。它好不容易从地下长出来，又再一次被封禁在了无尽的黑暗中。我站在它曾经灿烂过的地方，抚摸着那冷冰冰的钢铁。那一刻，我仿佛听到了一种从来没有听到过的歌谣。歌声里没有喜，也没有悲。如同获得重生时候的淡然，离开的时候，也在悠然地哼着它们的歌谣。

我们该怎么面对苦难的命运呢？那棵小草给了我最震撼心灵的回答。

一个人经历过多少挫折，相应的就有多少潜能。这也是他特有的。生存的压力下，大多数人都能激发自己特有的潜能。外在的帮助会对我们的思想意识造成干扰，让人失去锻炼自己的机会。

天将降大任于是人也，必先苦其心志，劳其筋骨，饿其体肤，空乏其身，行拂乱其所为，所以动心忍性，曾益其所不能。（《孟子·告

子下》）

这个世界的确存在某些事情，一部分人能做到，另一部分人无论如何都做不到。这是无法忽视的现实。事实上，人与人之间最大的差异不是体现在老天爷给我们安排的宿命上，而是体现在各自对命运的把握上。

把完成某件事情的努力看成一种能量的输出，这个输出对任何主体来说都是一样的。同样一件事情，虽然某些人可能只需要稍微努力一下，而某些人需要付出很多的努力。但人自身所能付出的努力是没有任何阈值的，关键是人可以选择各种不同的方式实现。

（1）时间和空间的延展

把水从井里提到高处的水缸，不管是力气大的还是力气小的，最终完成这件事所需要做的功都是恒定的。如果你的力量小，可以用较小的容器来装水，多跑几次，通过量变形成质变，一步一步完成从水井打水回家这个事件。

你的力量可以比别人小，但你可以通过多往复几次来弥补。对于这个事件来说，最终效果完全是一样的。在力学中，也可以叫杠杆原理，即通过空间的延展来减少对力量的要求，最终的力矩是平衡的。也可以叫斜坡原理，当你攀登的山峰太过陡峭的时候，可以沿着之字形的路线前进，通过延长攀登的路程来降低攀登时所需的力量。也可以叫龟兔赛跑原理，乌龟没有兔子跑得快，但是它可以坚持不懈，通过延长运动的时间来弥补速度的不足，最终一样可以到达终点。

（2）运用和改良工具

轮子是人类历史上最伟大的发明。人们在无意间发现运用滚动摩擦力代替滑动摩擦力可以使移动重物的时候节省体力，从而减少完成事件的过程中消耗的无用功。人类历史上所有宏伟的建筑都建立在轮子的运用上。同时，人们也在不断改进轮子。根据生产的需要，马车、汽车、火车逐渐出现，这些工具帮助我们建立了现代文明。

对于我们每个人来说也是一样的道理，我们完全可以使用各种各样的工具来弥补自身的弱点，或者不断改进工具以让我们更强。近视也许是不幸的，但是你可以去佩戴眼镜；耳聋也许是不幸的，但是你可以购买助听器；瘸腿是不幸的，但是你可以使用拐杖或者轮椅……

（3）改进方法

微积分的本质就是人类数学运算方法的一种改进。古希腊人崇尚数学，毕达哥拉斯认为“万物皆数”“数是万物的本质”，是“存在由之构成的原则”，而整个宇宙是“数”及其关系的和谐的体系，任何东西都可以表示为一个整数或者整数比的形式。然而，这个世界存在一些让这个宇宙不再“和谐”的问题。比如边长为 1 的正方形，其对角线长度是多少呢？

这一长度可以用几何图的方式实实在在地画出来，但是不能用“数”表示。一个叫希帕索斯的学生把这个篓子捅了出来，动摇了数学家们的信仰，结果被众人扔到爱琴海里。后来的“芝诺悖论”和“飞矢不动悖论”也暗示古希腊人的数学方法存在某些缺陷。直到微积分被提出来，这些问题便迎刃而解了。科学家们使用微积分解决了无数工程学上的难题。

（4）系统优化

如果说哲学思想是地基，那么工程思维就是地基上的建筑。工程思维就是系统性地思考，解决复杂的实际问题。单个事物自身的结构，不同事物相互的组合，不同物体在时间轴上的序列，都是可以被修改并对现实世界造成完全不同的影响，这条路是永远也走不完的。我的意思是，在困难面前，我们可以努力的途径有很多很多。

不管有何种局限，不管处于何种困境，只要愿意，为完成一件事情可以付出的努力是无穷无尽的。通过个人奋斗，人们有各种各样的办法来完成那些看起来不可能做到的事情，犹如“愚公移山”。

第八章

语言

图 34　新津老君山崖墓出土的汉画像石（局部临摹）

不知道你有没有玩过这样一个游戏：多人站成一个队列，然后从队尾的一个人开始，用非语言的方式依次向前面的人表达一件事或者一个东西，等信息依次传递到最前面那个人的时候，原来的事物总是变得面目全非，让人忍俊不禁。这个小游戏体现了语言的重要意义——信息载体。

如果人们能用抽象的语言封装信息，后面的人只需要重复这句抽象的语言，当语言被传递到最后一个人那里的时候，信息会被按照原来的意思还原。这才是信息传播的正确方式。如果语言是一种发明，应该算是人类历史上最伟大的发明了。

一、语言的起源

公元前 7 世纪后半叶，埃及古文明发展到了巅峰状态，成为当时最先进的人类文明之一。埃及人大概觉得自己的文明是最古老的，包括埃及的语言也是世界上最早、最先进的交流方式，其他国家的语言都是基于埃及语诞生的。为了验证这样的想法，法老萨梅蒂库斯征召了两个出生于底层阶级的婴儿，把他们交给边远地区的牧羊人抚养。两个孩子被安置在互相隔离的小屋里，丰衣足食，但不让他们听到任何语言。就这样过了两年，两个孩子也长大了，但他们不懂得张嘴说话，只会一些简单的肢体动作。突然有一天，其中一个孩子喊出了“别克斯”这个单词。牧羊人急忙把这个消息告诉了法老，他很兴奋地召集王宫大臣们去翻查典籍，看看这个“别克斯”的来历是什么。但无论怎么查阅，大臣们都找不到相关的记载，不得以只能查找其他地方的文献。最后终于让他们查到，在小亚细亚地腓尼基的语言中，“别克斯”是面包的意思。这种结果让法老非常失望，但他不得不承认腓尼基的语言是最古老的语言。这件事被古希腊历史学家希罗多德记录在了《历史》中，成为人类最早探索语言起源的科学实验。

除了埃及法老之外，罗马帝国的腓特烈二世、苏格兰的詹姆斯四世、莫卧儿皇帝阿克巴也都做过类似的实验。实验的方式都是把两个婴儿放在一起，不教他们使用语言。后来结果发现，这些婴儿在成长过程中，除了用手势比划表达自己的想法之外，不会创造出新的语言。

古埃及人对语言起源的探索精神有可敬之处，但是他们的理论基础是错误的。如今我们已经知道，人类的语言能力是需要模仿学习才能掌握的。如果一个人类小孩从生下来就没有在人类的语言环境中，或者不接受任何语言的系统性学习，他就不会有任何语言能力。并且人们还确切地知道，语言的学习有一个窗口期，过了这个阶段无论怎么训练都无法掌握语言。

心理学上有个著名的野孩子的例子。1957 年，一个美国婴儿吉妮（Genie）出生后被其父亲严重虐待，从不到一岁到十三岁之间都被关在地下室。禁止其母亲和哥哥和她交谈。十三岁被救出后再也没法学习语言。从此心理学家语言学家，结合了其他研究资料，判断人类幼年会出现一个“语言学习窗口期”，这个时期语言学习很容易，一般认为是一岁到三岁。过了这段时间语言学习能力会逐渐退化。吉妮一生都没学会语言，同时带来的后果还有与其他人社会性隔离，智力未开发等，直到 2011 年吉妮（还生活在美国加州的一个特殊看护所里。

对语言起源的探索有很多角度，需要更多的实验，但是以人类为实验对象的实验往往涉及伦理道德问题，所以人们不得不从动物身上下手。黑猩猩与人类在基因上的相似度高达 96%，可谓是和人类最亲近的物种了，看起来是一个不错的代替实验对象。

1951 年，美国的海斯夫妇收养了一只名为维基的雌黑猩猩。黑猩猩的智力大概和人类 2、3 岁的婴儿相当。海斯夫妇把维基和自己刚出生的孩子养在一起，给予同等的关爱和学习语言的机会。他们预设的理想结果是，维基将会和人类孩子共同进步，掌握说人话的能力。实验的最初阶段，黑猩猩维基的确能学着发出几个简单的英语元音，模糊地表达几个简单的词汇，但它对于人类语言的学习再也没有任何进步了。而与人类婴儿共同抚养的初愿本是促进黑猩猩的学习过程，结果它反而“教坏”了婴儿。黑猩猩比人类婴儿发育成熟得更快，于是维基更早地学会了各种调皮捣蛋的把戏，给“同龄人”海斯的女儿做出了坏榜样。同时，糟糕的语言能力也拖慢了海斯女儿的语言发育进程。眼看实验正在往恶劣的结果发展，海斯夫妇只好放弃了这个实验。后来，人们通过手语的方式教黑猩猩使用语言，取得了一定的实验效果。据说经过训练的黑猩猩能够掌握一定数量的手语词汇。但是，它对抽象语言的掌握始终有限。总的来说，迄今为止的所有的黑猩猩实验都表明，黑猩猩无法掌握人类的语言。

非人灵长类具有许多认知技能来处理物体和事件，包括对关系范畴的理解和基本的事件先后次序，但它们却没有感知或理解一些基本原因，正是这些基本原因调解着这些物体和事件之间的动态关系。它们因而也就没有显示出那种行为的灵活性，也不理解一般的因果关系原则，而这些能力则是人类幼童具备的特征。非人灵长类能够理解世界的许多前因后果关系，但它们没有显示出理解调解这些关系的因果力[①]。

海豚的智商可以达到人类儿童 6、7 岁时的水平，比大猩猩的水平更高。1963 年，NASA 进行了一个颇具争议的“人豚实验”。实验计划是让志愿者和海豚朝夕相处，尝试教海豚用气孔发声，使用人类语言。人类的小孩到了 6、7 岁就可以通过语言自由表达自己的想法了。如果能培养出一只会说话的海豚，那将是一件让人很兴奋的事情。但实验最后不了了之[②]。没有任何可靠的证据表明这只海豚能够掌握人类的语言。

天生的聋哑人不能通过声音模仿和学习人类的语言，但是，通过特别的学习也可以掌握语言，重要的是，能有和正常人几乎一样的交流能力。最著名的一个例子就是海伦凯特。她不仅聋，而且失明，但她通过亲人和老师的精心教育，奇迹般地掌握了语言，还成为了一名享誉世界的作家。

海伦凯特的成功表明，语言的本质可能是一种思维能力，这种思维能力可能是遗传基因决定的。根据著名语言学家艾弗拉姆·诺姆·乔姆斯基（Avram Noam Chomsky）的观点，语言就是基因决定的。看似只要学习就能掌握的语言，实际上只是语言相关基因的行为表达而已。

---

① [美]迈克尔·托马塞洛：《人类认知的文化起源》，张敦敏译，北京：中国社会科学出版社，2011（11），第 30 页。

② 人豚实验出现了一些意想不到的结局。海豚对女志愿者产生了依恋的情感。在实验因为无法取得预期的结果而不得不终止的时候，海豚因为和女志愿者的分离而选择了自杀。海豚的语言实验同样失败了。不过这个实验从另外的角度证明了在情感上，动物和人类或许没有多大的区别，且由于动物不会掩饰和欺骗，它们的情感比人类的情感更真实。

如果真如乔姆斯基所言，那么过去人们对语言的起源的研究方向都搞错了。并不是人类先有类似语言的行为，然后才慢慢有了语言能力，而是先有了类似语言的遗传物质基础，然后才有了语言的起源和发展。“摹声说”“手势说”“契约说”等这些语言起源的假说都不成立。

人类的骨骼在地层中留下很多化石痕迹，科学家根据这些化石可以了解人类身体的进化过程。很可惜的是，人类的发声器官都是软组织构成，不会形成化石，语言也不会在时空中留下任何痕迹。我们无法像研究身体的进化那样去研究人类的语言是如何进化的，多数相关的研究基本只能靠推理和想象。

基因发生特定突变的概率非常低，多个人类产生同样一个基因突变几乎是不可能的。可以大胆推测一下，现在人类的语言基因都来至于同一个母亲或者父亲。这个时间比神话中所有造人的始祖都早，因为造人之前，这些所谓的“神”已经掌握了语言。

在人类的直系祖先诞生的时候，地球上有很多人类亚种。大胆想象一下，人类的直系祖先可能是所有人类亚种中唯一能用语言交流的。否则很难解释为什么偏偏只有“Y 染色体夏当”和“线粒体夏娃”的后代，能够得以在残酷的生存竞争和严酷的冰川气候的考验下生存下来。在基因突变之前，人类也可能存在类似用语言沟通的行为，但如果没有这种语言基因的出现，真正意义上的语言也不可能出现。

人属的很多人类亚种都可能有使用工具的能力，但是科学家们无法确定它们是否有自己的语言。也许人类和动物的区别，甚至人类和其它人类亚种的区别就在于此。如果这个星球上有幸能有一个人属生物能够活到现在，人们把他抓起来进行研究，可能发现他会制作精巧的工具，但不会使用真正的语言。

宠物圈流行这样一个有趣的说法：这个世界上只有两种狗，一种叫狗，另一种叫边牧。意指边牧天生就是一种智力远远超过普通狗的牧羊犬。边牧的全名是“边境牧羊犬”，因原产地在英格兰与苏格兰国界附近而得名（边境柯利牧羊犬：BorderCollie）。据说，现在所有的边牧都是

1894 年出生在英格兰北部的一只名叫 OldHemp 牧羊犬的后代。

图 35　Oldhemp（牧羊犬）（1893.9—1901.5）。

故事要从 1807 年英格兰废除奴隶贸易说起。这场社会变革带来的结果之一，是此后的几十年里英格兰农场用牧羊犬代替了大量人工放牧。在这个过程中，农场主意识到通过比较，优选种犬进行繁育，能让他们获得更优秀的牧羊犬后代。为此，英格兰人成立了很多养犬协会，还通过举办牧羊犬竞技比赛选出最优秀的牧羊犬。但这一时期的牧羊犬大多数性格都不是太友善，对待羊群很粗暴，也不太容易操控。直到 OldHemp 的降生，这一切迎来了很大的改观。

OldHemp 是一只三色边牧，1893 年 9 月出生在英格兰北部的 Northumberland 郡，它是 Adam Telfer 用 Roy（公犬）和 Meg（母犬）培育出来的。据说 Roy（公犬）和 Meg（母犬）都是很普通的牧羊犬，但是 Oldhemp 很特别。它在没有被教授牧羊技能的时候就学会了牧羊，与其他牧羊犬不同的是，它驱赶羊群的时候从来不吠叫，而是靠眼神和气势，被它盯上的羊总会被赶到合适的地方。边牧的高智商不是驯化而成，是基因决定的。人类的语言能力或许也是如此。

语言基因只能代表具有语言能力，并不是语言本身。也许人类有了这种基因很久之后才偶然发现可以用语言交流。然后又用了几万年时间的积累才最终成为语言。不同的语系分化较早，差异较大，但是追根溯源，都有同样的起点。语言的产生是人类历史的最初起点。我估计这个时间点大概在距今 5 万年前左右，伴随的可考证行为是岩画。

语言思维是人类最重要的一种能力，一切的智力活动都是以语言能力为基础。可以这样说，真正的人类历史是从有了语言能力的那一天开始的。

二、语言的抽象

光投射到从物体表面上，再从物体表面反射回来。光谱中带着物理、化学数据，光线带着物体的几何数据，然后光与神经系统发生信息传递，所以我们能用眼睛感知事物的状态。运动的物体与空气发生交互形成声波，声波带着物体的物理数据与人的听觉神经发生交互，所以我们能用耳朵感知事物的运动。物质的气味分子与空气分子发生扩散运动，分子带着物质的化学信息从空气中进入人的口腔，与味觉神经发生化学反应，所以我们能感知物质的化学成分。神经系统接收各种外部信息，大脑根据这些信息在意识中还原出客观现实，这是直观认识。

直观认识被抽象，编码成文字、语言和数字，写在纸张或者显示在屏幕上或者编码在声音里。人的大脑接收到这些信息以后，大脑中有专门的区域负责对这些信息进行解码，依靠推测、判断和想象模拟出现实，这是抽象认识。

不管是直观认识还是抽象认识，都是大脑在模拟客观现实。感官是基础，抽象是对感官材料的抽象，而抽象思维是对抽象材料的思维。据说，目前只有人类才具有抽象思维能力。其中最大的区别之一在于动物无法建立抽象材料和直观认识之间的联系。

在人类的语言中，大部分词汇和具体的事物都有既定的对应关系，比如苹果、猫、房子、高兴。另一些词汇则是对词汇的抽象，比如食物、动物、朋友、情绪。还有一些词汇是对抽象词汇的进一步抽象，比如生命、友情、幸福等。当然，这些抽象词汇与事物之间不是简单的一一映射关系，但至少可以肯定抽象词汇与事物之间存在既定的连接，而人的思维包含了对这种抽象连接的解析过程，最后都会回归到直观认识上。

从具体的事物到抽象的概念之间存在着一种隔阂。不论是从抽象概念穿透到对应的具体的事物，还是从具体的事物穿透到对应抽象的概念，都不是一件容易的事情。在我们的日常思维中，尤其是人与人之间的交流中，这种问题体现得非常明显。

> 没有内容的思想是空洞的，没有概念的直观是盲目的。
>
> ——康德

（一）没有概念的直观

概念是人的自由意志创造出来的。一个事物怎么定义完全仰仗于人们最初的想当然。但概念一旦形成，必然具有明确的指向（习惯或者约定俗成），也就是对应具体的内容。

如果我们放弃对抽象知识的探索而仅仅停留在表象上，也许依然生存，说不定还生活得更惬意，但是长远发展必然会有局限。这种惬意也不会长久。表象始终在变化，环境稍微改变就可能带来毁灭性的打击，或者在竞争中被淘汰。

树叶与树是连在一起的，我们可以用来表示具体的事物到抽象概念的穿透。“没有概念的直观”是这样的：“树叶”长在这棵树枝上是这种形状、这种颜色的。有些人不会将自己的具体认识上升到抽象的“树”的概念。所以你跟他们说“树”的时候，他可能完全不知道你在说什么。没有形成概念，会导致思想只能局限在很狭小的范围，虽然有实用性，但很难形成知识体系。

从直观到概念，形象地说就是思维穿透。思维穿透让我们的行为不仅仅停留在模仿上。它使得我们能理解事物的因果联系，制定符合客观规律的策略。思维穿透力不是一眼看透真理的能力，而是思维逻辑的严密程度，以及意识穿透具体表象接近客观的抽象规律的程度。更具体而言，就是语言能确定一个可以推而广之的标准，定义一个站得住脚的概念。

1. 概念缺失

很多我们理解的东西只是不会用语言表达而已，而很多我们所表达的东西可能并没有真正理解。无，可能是有。有，也可能是无。

日复一日地重复着一些事情，却不知道该如何定义这些行为。这种问题在我和我的父辈之间的对比非常明显。由于历史原因，他们那一代人普遍文化程度不高，虽然生活经验丰富，但很难抽象出准确的概念。没有概念不一定代表无知，但没有概念一定很难交流。

缺乏概念的情况，交流和思维才主要靠所谓的悟。悟是适合圈层内部的交流方式。圈层内部有大量历史和文化的沉淀，需要多年的积累才能做到悟，这是老一辈人喜欢的思考方式，但是大多数年轻人不喜欢也不合适。老一辈人解决纷争依赖诉诸权威，而不是以逻辑思维为基础的辩论，这也让年青一代很难适应。他们与下一代人之间总是存在隔膜。在与他们的交流中，我能体会到那种差异，就好像两套不同的语言体系。

概念的缺失对生活本身影响并不大。蛋白质的分类并不影响食物的口味，不知道心理学不会导致心理不健康。问题是，今天的大环境与以往任何一个时代都不同了。父辈在他们的小文化圈里交流没有障碍，但是跨文化的时候，这种交流就显得异常困难。至于跨国家，跨文化体系的交流，不存在普遍的可能性。概念的意义就在于此。

2. 概念混乱

维特根斯坦有句流传甚广的名言："凡能够说的，都能够说清楚。凡不能谈论的，就应该保持沉默。"一方面，维特根斯坦认为哲学是可以说的，但应该避开故弄玄虚的把戏。另一方面，哲学只能表达一部分事实。可能是因为我们的语言不够精细，也可能是我们的智力尚不可及，总之有些东西是说不清楚的。对于说不清楚的那部分，则最好不要强说。其实庄子也表达过类似的观点。

> 有人问道就回答的，是真不知道。问道的人，也没有听闻过道。道无可问，问了无可回答。本来无可问的却要强问，这就是空洞地问。本来无可回答的却要强答，就是没有内容的回答。以没有内容的回答去回答空洞的问题，对外不能了解天地宇宙，对内不能觉察自己的内心①。

人们在没有明确相应内容的情况下，接受（二次定义）了不明所以的概念，就容易形成概念混乱。造成这种混乱的人感受不到这种混乱，他人却能轻易察觉到。比如幸福是什么这样的话题，一千个人就有一千个答案，并且言必称"真正的"。何谓"真正的"？我们定义的时候就已经在犯错了，在这种错误的基础上去寻找真理，何以可能?

柏拉图在《理想国》中讨论正义的时候，首先不是发表正义的观点，而是讨论正义的定义。不同的人对正义的定义不同。苏格拉底的几个朋友就什么是正义发表了不同的看法，苏格拉底都认真地分析了一番，找出他们的观点中存在的问题，但没有发表自己的观点。《理想国》30 多万字，基本都是这样。

---

① 《庄子・外篇・知北游》，原文：有问道而应之者，不知道也；虽问道者，亦未闻道。道无问，问无应。无问问之，是问穷也；无应应之，是无内也。以无内待问穷，若是者，外不观乎宇宙，内不知乎大初。

为什么苏格拉底的话是哲学，而多数人的话不是呢？苏格拉底的座右铭是：我唯一知道的就是我很无知。大多数人总是沉浸在一种不自知的自以为是中。自认为什么都懂，什么都知道，其实很多都是混乱无知的。

（二）没有内容的思想

浮标和渔网是连在一起的，可以表示抽象概念到具体事物的关系。浮标是用泡沫做的，质量非常轻，便于浮在水面作为标记。渔网一般是用结实的尼龙绳制成的，质量比较重，后面还有铁坠，让网得以伸展。用过渔网的人应该都知道，把水中的网拉起来非常费力，如果是在有暗流的河道中，巨大的拖拽力可以直接把撒网人拽入水中。

当我们用抽象概念来解释具体事物的时候，就像站在渔船上看撒入水中的网。沉入水中的渔网是看不到的，只能看到浮标。虽然我们只能看到漂浮在表面的概念，但相当于看到概念之下具体的事物了，它们具有严格的对应关系。我们之所以能这样做是因为我们认识到了“抽象的概念和具体事物之间的联系”。这种联系是需要学习和培养的。如果我们在这方面做得不够好，可能会出现下面的一些问题。

1. 内容缺失

有些人的思维是没有内容的，浮标就仅仅是浮标，就像鹦鹉学话一样。抽象和实体的分离并不是问题，哲学家非常小心地抽离两者的时候，始终保持着对这种联系的敬畏之心。即便从一种抽象跳跃到另一种抽象，也是确有所指，就像在负重前行一样。相比之下，很多人丝毫没有这种负重感。如果先天的生理结构上就无法建立起知识和对象之前的关系，那应该属于一种生理疾病，但大多数人只是因为思想上的懒惰。单纯地记住抽象的词汇确实相对较为简单。这就造成在使用抽象概念的时候，在脑海中没有应该有的实体认知。喜欢听别人夸夸其谈，看着别人捧着一把浮标就以为自己掌握了捕鱼的本事一样。抽象的概念不能穿透到具体的事物，即便记住了也没有任何意义。在水平方向上丰富多彩而在垂直方向上空洞无物，这是对“华而不实”的哲学解释。

> 无论语词听上去多么有道理，为你的思想进行辩护和坚持它是非常不同的。例如，说自己信仰“自由”可能会使你备感骄傲和充满正义感，但如果你不能说清楚你所赞成的是什么，你所相信的是什么，以及为什么你所谓的“自由”如此值得追求，那么这将与哲学或自由没有任何关系。然而绝大多数学生，甚至很多职业哲学家，都会受这样一些听上去富有亲和力的令人赞叹的词语迷住，我们姑且把这些词语成为“时髦词语”（buzzword）。乍听上去，这些词指的好像是一些非常明确而具体的东西（就像“狗”这个词语一样），但实际上，这些词应该被归于那些最难理解的词之列，它们引发了哲学中一些最困难的问题。“自由”听上去好像意味着摆脱了监狱的恶束缚，或者能对政府糟糕的政策提出自己的反对意见；但是当我们试图说出是什么东西把这两个例子（以及许多其他例子）联系在一起时，我们其实并不真正清楚自己所谈论的到底是什么。事实上，任何人都信仰“自由”，但问题在于他们所信仰的到底是什么。与此类似，许多人都把诸如“真理”“实在”“道德”“爱”甚至“上帝”这样的作为时髦词来使用，这些词之所以能让我们感到快慰，仅仅是因为我们说出了它们。但要说明这些词所表达的含义，却不仅仅是将它们说出来，而且要说清楚它们的含义是什么。时髦词语就像我们用来证明自己的徽章，但弄清楚这些徽章到底代表着什么也是同样重要的。[①]

---

① ［美］罗伯特·所罗门、凯思林·希金斯：《大问题简明哲学导论》，第九版，张卜天译，南宁：广西师范大学出版社，2014。

2. 内容错位

有些人能够建立抽象概念和事实之前的关系，但是没有规范。他们能理解浮标下面有具体的东西，但这东西只局限在他们狭隘的世界观中。

即便概念上保持高度一致，内容上还是会千差万别。一群人盯着水面的浮标的时候，有的人想到的是渔网，有的人想到的可能是天上的月亮。内容存在差别是常态，是符合常理的。每个人都不同。讲着相同的道理，其实怀着不同的动机。说着同一个名字，想到的是完全不同的事。这种差异并不会造成特别大的困扰，只要我们能够意识到这种差异，就一定有办法协调这种差异。但是如果我们意识不到这种差异，就会造成价值观的混乱。比如一个小学生的成绩单和一个本科生的成绩单同时摆在他们面前，他只会认为分数高的那个更厉害，而对于分数代表的真正意义一无所知。

严重的问题在于人们既不接受客观的规范，又没有自己的原则。他们关注于抽象概念的修饰，对具体的内涵始终含糊其词，甚至是空洞的。他们有一定的洞察力，但是擅于诡辩。你永远不知道他究竟在想什么，也无法与之辩论。

（三）概念和内容的综合

我读庄子文章的时候产生了这样的困惑：到底是我在阐述庄子的观点？还是借用庄子来表达我个人的想法？或许主要是后者。我用思想家“库斯卡亚”说过的某句话来佐证自己的观点的时候，其实大多数人根本不关心这个人是谁。人们只会觉得这个人可能很厉害，至少比我说的话更值得相信。所以当我表达自己的见解的时候，人们总是嗤之以鼻。而同样的观点，当我从古籍中解读出来，哪怕是牵强附会，也会得到广泛的认同。

孔子、孟子、庄子，这些前人的文章更多的是被后人拿来当成工具。后世没有人去在乎他们的本意是什么。不同的时代对他们的解读会非常不同，因为不同的时代思想潮流是不同的。后世文人头脑里存在“以人为本”的思想，就能从孔子的文章里解读出以人为本的思想。后世文人头脑里存在“忠君”思想，就能从孔子的文章里解读出忠君思想。恰好古代思想家的语言隐喻很深，需要领悟才能得到明确的观点。

先有内容，然后才有概念。也就是用我们头脑里的内容去综合已经存在的概念，就形成了思想。这些名人或思想家的言论就是概念的壳子。概念被某种特定的思想绑架，就产生了有影响力、能广泛传播的思想。

从经史典籍中种考据思想的根源，有时候的确能够给我们某些启发。但是，无论什么思想都附会老祖先的遗言，强行解读，就有点过分了。

“借人之口表达自己的意思”是一种文化。先是“内容”绑架了“概念”，反过来“概念”对“内容”形成桎梏，两者相互侵害。表面的繁荣之下，实际上概念不断僵化，内容原地转圈。思想不再独立，成为没有主心骨的附庸。

三、语言的局限

当被要求向别人解释什么的时候，我可能会感觉特别吃力。尽管我会很谨慎小心，结果反过来看这些话，立马就会发现根本不准确，甚至就像自己刚刚只是在胡言乱语一样。当然，这跟语言表达能力有关，但是我认为最根本的原因是语言自身的局限。

目前的语言还不是精准的交流工具。没有人能用一句话完整地表达自己的思想。如果交流的工具只能是语言的时候，最好把自己的思想谨慎地限制在语言所局限的意思上。

很多重要人物发表讲话时都有演讲稿。事实上他们的演讲能力并不差，但是，外交辞令每句话都有必要深思熟虑一番，甚至一个词语的用法都会挖掘出重要的信息。在平常的生活中，我们显然没有那么多精力去咬文嚼字。说的人不会考虑那么严谨，听的人只要领悟意思就行了，双方是有一定默契的。这种默契可以跟语言完全无关，比如一个眼神。事实上人与人之间的大部分交流不仅仅是建立在语言体系上。

对于中国人来说，每个汉字都有丰富的意思。汉字所代表的意思似乎就像太阳东升西落一样，是再自然不过的事情了。但是，当我们长时间盯着一个汉字，或者反复抄写的时候，却会越发感觉陌生，甚至会忘记它的读音和它所代表的意思。可以这样说，人与人之间的交流建立在双方的默契之上，语言和文字只是提示而已。

根据语言学家的一些研究发现，人在听别人讲话的时候，其实不是全程集中注意力的。如果把人的语言表示为在示波器上的波形图，那么我们的大脑接收到的信息只是这个波形的一些采样点。我们所以为的连续的声音，大部分都是大脑自行补充的结果。日常的语言信号是不连续的数字信号，而不是连续模拟新信号。语言的接收者只是捕获了信号的不连续点中的抽样信息，而不是全部的信息。但是，只要能大致还原表达者的意图，交流就算成功。成功的交流需要人与人之间的默契，文化上和知识上的默契都在这个范围内。

其实，人的心智远比心理学家设想的复杂。人们还远没有解决词不达意对交流的影响。每个人都应该有这种意识：语言是有局限的。同样的话在不同的背景下有完全不同的含义，过了那个阶段意义就会改变。不用太执着于某人的某句话的承诺，也没必要计较某句话的伤害。如果你感觉自己受到了伤害，当时就应该想办法解决掉，不要暗记在心里。如果事情已经过去了，也就没有必要太过计较了。至于其他人的转述更要小心谨慎对待。同样一句话，用不同的语气说出来会有完全不同的意思，在不同的语境中也可能会是完全不一样的含义。总是对别人转述的言辞斤斤计较是非常不靠谱的习惯。

维特根斯坦意识到：《逻辑哲学论》所表达的观点实际上构成了一种毫无根据的形而上学，因为它假设我们的语言具有严格共同的根本结构，那个假设本身就是对人类语言的误解，而《逻辑哲学论》原来的意图恰恰就是要反叛对语言逻辑的误解。先前，维特根斯坦认为有可能把形而上学建立在逻辑的基础上，但现在他认识到，形而上学把哲学家引入完全的黑暗之中。所以他就认为，他在《逻辑哲学论》中所说的一切都是错误的，因为具有不同结构的语言能够满足不同的特殊需要。语言，严格地说，不是由逻辑结构统一起来的，而是在于各种各样的更加简单的子结构，也就是后来他成为“语言游戏”的东西。借助这些反思，维特根斯坦开始思考人类心灵的本质。……维特根斯坦认为，人类语言，作为人类生活的一个部分，应该在其具体的使用场合中来加以思考。而且，他把这项新的任务看作是反对知性的迷幻力量的异常斗争。在他看来，哲学理论是箱行李的产物，它们向我们提供了看似简单但实际上非常困难的图景，使我们对语言的实际复杂性视而不见。新的哲学就是对哲学理论的那种迷幻力量的异常有组织的抵抗，其方法是要使我们回到语言现象本身。如果对哲学理论的痴迷就像一种疾病，那么我们就需要首先治疗那种疾病。在我们能够获得真正的哲学理解之前，我们需要回到语言本身，以便清楚我们是如何受到那种诱惑的，而那种诱惑又如何导致我们误解了我们语言的本质①。

（一）语境的局限

每天早晨我都在小区外面的包子店买两个鲜肉馅包子当早餐。时间久了，只要我站在包子店门口，老板马上心领神会——把两个鲜肉馅包子打包递给我。语言可能就是在类似的交流下建立起来的默契，确切地说，语言可能就是长期交流中形成的一系列抽象的隐喻。

随着社会的发展，语言似乎始终在改变。我认为本质上并不是语言在变化，而是不断有新的隐喻产生。当语言无法准确地描述当前的社会关系和社会活动时，就会创造一些新的隐喻。词汇本身没有改变，但有了完全不一样的内涵。

---

① [英]约翰·西顿：《维特根思想与心理分析》。

现代社会和以往有个非常大的区别，就是以往的隐喻是建立在实际的生活中，现在则建立在虚拟网络上。媒体极大地提高了信息的传播效率，同时也带来了一个问题，就是语言的沉淀速度跟不上文化的更迭。脱离语境，语言便不能准确表达我们的所思所想，就像在旧电脑上运行新游戏，总是卡顿，蓝屏，甚至死机。

一旦某些语言碎片被赋予特别的隐喻，总是在还没有被普遍接受和理解的时候就混入我们的语言中，就像玻璃渣子混进柔软的沙子中。本来你想表达的是柔软的沙子，但扎在别人身上却成了玻璃渣。这种问题很大程度上阻碍了交流，甚至把我们困在越来越狭隘的文化圈子里。

相对于数学语言，日常交际语言不是一种稳定可靠的信息载体，它高度依赖于即时的语境。人们所处的环境复杂而瞬息万变，过了那个时刻，要还原和最初一模一样的语境几乎是不可能的。

1. 立场的局限

万物都有自己的立场。立场在语言中体现就像鱼在水中游一样，是很自然的事情。具体什么样的立场，与言论者自身的利益，态度以及信仰等因素有关。实际上在言论发表之前，立场在说话人的身上就已经是确定的事实。

一个人站在什么立场说话，即便不声明，旁人也能看得出来。面对“你是什么立场”这样的质问，在特定语境中有不同的反应。这种所谓的“立场”不是一个逻辑问题，是某些人对言论的倾向进行警告或者恐吓，但这样的恐吓往往只对那些本来就没有什么立场的人起作用。

有些言论本来就不应该有立场，比如代表公正的法官就不应该站在任何立场上说话。而有些言论本来应该有立场[①]的，如果看不出立场会存在严重的问题。可能是刻意为之，也可能是无意识的掩饰；可能是非恶意的

① 某些言论本身的逻辑决定了该言论必须有一个明确的立场。比如“落后就要挨打”这句话，如果站在挨打的立场说出这句话，那可以算是自己对自己的反向激励；但如果是站在打人者或围观者的立场说出这种话，是存在伦理道德问题的。

回避，也可能是恶意的欺骗。这时候质疑“立场”通常是让说话者明确声明立场，以便于进一步交流而已。

任何立场都只是我们看待事物的一个角度，都有其局限性，明白这一点有助于增强思辨能力。

2. 身份的局限

对语言的理解还包括对主体身份的理解，身份意味着影响力，表达者自身的影响力也是表达的一部分。影响力和语言结合在一起会产生意想不到的作用，就像化学反应一样。同样的话，因为身份不同，意义也可能完全不同。

你私底下八卦某人丑，即便传出去问题也不大。如果你在公共互联网上写一篇文章说某人丑，你可能就惹麻烦了。轻则赔偿名誉损失，重则受到法律的严惩。你拿着一个破碗站在路中央，让别人给钱，你会被当成可怜人，还可能会被施舍。而当你握着一把枪站在路中央，用同样的语言、同样的语气让别人给你钱，你会被当成劫匪。

人们对公众人物的苛责是有道理的。有些话从普通人嘴里说出来可以不被当回事儿，但是从公众人物嘴里说出来却无法被忽视，尽管本质上他们也是普通人。公众人物就是被舆论“绑架”的普通人，但是这种绑架并不是“不合理”的。从他们接受自己是公众人物那一刻起，就注定了与舆论的这种关系。一个人享受了公众人物的好处，就必然会失去某些作为普通人的自在。身份的影响力越大，人们对他的要求越苛刻，这是合理的。

2018 年的一档美国深夜访谈节目上，节目主持人带来一卷大麻并诱导嘉宾一起吸食。这次的嘉宾是特斯拉执行长埃隆·马斯克。于是，镜头上出现了这位鼎鼎大名的企业家抽大麻的画面。受此影响，特斯拉的股票下跌，马斯克的个人名声也受到一定负面影响，但是马斯克还是那个马斯克。如果换作一个娱乐明星这样做，他可能就不是他了。因为人们不会原谅一个娱乐明星这样做。娱乐明星的身份就是和他的形象捆绑的，不管他有没有抽过大麻，在镜头面前都要做出一个绝对正派好人的样子，并且不能有瑕疵。但马斯克的身份不是靠人设吃饭的艺人，他是一个实业家。

3. 态度的局限

人的言行不一是常态。我们嘴上说着不能忽视问题，事实上却在干着相反的事情。当一个人向他的朋友倾诉自己可能遇到的问题时，他可能得到这样的回应："不必想那么多，每个人都有自己的问题。"其实等于什么都没说。事实上，这种态度就是在忽视问题。也许是敷衍，也许是无奈的安慰。如果当事人误以为这是有诚意的建议，多半会被误导。

有时候被咨询的人并不是不知道，但是他们没有精力来回答，或者说不愿意消耗精力来帮助咨询者处理问题。

人会本能地掩盖自己的无知，在没有能力给出合理建议的条件下，可能会勉强给出不合适的建议。如果你把他们的敷衍当真，就会自己害自己。

4. 场合的局限

即便来自同一个人的同一句话也要分不同的场合：非正式场合和正式场合。非正式场合的话往往不用负责任。正式场合有潜在的契约，对信息的发布者有一定的约束。尽管这种约束力也是有限的，但是相对而言，正式场合的信息更可靠。喜欢传小道消息的人往往是小人，偏信小道消息的人往往缺乏辨识力。

（二）语义的局限

就像科学仪器变得越来越精密一样，人类的语言也会越来越精密，这是社会发展的大趋势。语言越来越精密，意味着我们表达也会越来越准确，这是好事，只是这个发展的过程似乎伴随着某些无法适应的"炎症"。

人生的哲学像是知识，又不像是知识。命运好像能掌控，又好像不能掌控。有些东西需要知道一点，但又不能透彻。不说好像都明白，一说，又突然不明白了。有时候，旁人不经意间的一句话就改变了我们的命运。

有时候，我们执意去寻找这样一个能改变自己命运的机会，却因此误入歧途。同样的东西，有的人吸收了有益，有的人吸收了可能有毒。这些问题只有我们到达人生的终点才能真正看清楚。

> 道可道，非常道；名可名，非常名。无名，天地之始，有名，万物之母。故常无欲，以观其妙，常有欲，以观其徼。此两者，同出而异名，同谓之玄，玄之又玄，众妙之门。
>
> ——《道德经》

1. 概念差异

有时候我们看起来是在热烈争论同一个命题，实际上却是在各说各的。我们讨论为什么之前应该先要统一是什么，只有在概念上达成一致的前提下，接下来的讨论才有意义。

第一个问题是不同事物在同一个词语上称谓重叠。同一个词语有很多种含义，而这些含义是完全不同的事物。对方从语言中理解到的意思可能并不是我们的意思。尽管我们可以增加性质的描述来保证概念的准确性，但是这样又增加了语言的冗余度。而且在日常生活中我们通常都不是那么谨慎。

我有一个朋友为了“菠萝是长在树上还是种在地里”的问题和女友大吵了一架，差点分手。其实他们都有错，也都没有错。朋友认为菠萝是种在地里的，因为他说的是人工种植的那种菠萝，人工种植的菠萝的确是种在地里的。他的女朋友说的菠萝是野生菠萝，凤梨科植物在野外的确是寄生在树上的。问题在于，他们都以为自己意识到的就是别人意识到的，互不相让，导致很深的误会。

幸福就是一个叠加的词语，不同的人理解的幸福可能是完全不同的。有人问“你幸福吗？”你以为能吃饱穿暖就是幸福了，可是在有些人的世界里，即便有房、有车、有钱也不一定幸福。别人看似回答了你的问题，其实和你所想的毫不相关。不管对方如何回答，对你而言都没有任何意义。

第二个问题是概念的复合。这是说同一个词语包含多种相近似的概念，这些概念之间既有区别又有联系。复合问题是难以避免的。因为事物的发展是树状结构的，越往后面分支越精细。我们的语言习惯没有跟上这种发展，就会伴随着概念的复合问题。

随着社会的发展，社会分工也越来越细。继续用这些概念来解释更加细分的意识就会越来越显得困难。我们认知范围在加速度扩大，这种扩展速度远远超过了我们沉淀知识和文化的速度。这种感觉不会随着历史的发展而有所缓解，只会越来越显麻烦，词不达意会越来越明显，以至于不得不借助数据、图表声音等工具。

第三个问题是简称的差异。某人介绍自己是“Z 经理”，这个“Z 经理”是一个简称，X 公司（Y 分公司）Z 经理，X 公司（Y 分公司）Z 经理，X 公司 Z 总经理，这三者是不同层次的。如果听者认识的大多是片区经理，那他自然就会默认为他是“X 公司 Y 分公司片区经理”，而如果听的人没有接触过总公司以下的人，自然会默认为是“X 公司总经理”。

问题不在于我们在交流中使用了这种简称，而是在于听众的认知范围存在差异。如果大家的认知范围意识都是一致的，缩略语简直是一个伟大的发明；但如果大家的认知范围有差异，缩略语就会带来认识上的严重偏差，你所表达的和别人理解的意思可能完全不一样。

语言本身的局限会带来的交流的误会，增进彼此的了解并不能解决这种问题，反而会让矛盾更突出。自以为了解某样东西的自信恰恰会让误会更深。无心的过错也容易被理解为蓄谋的伤害，或者当我们太过了解之后，根本分不清什么是无心什么是有意了，这是一个容易打心结的事。最好的办法是，我们承认彼此之间的差异，再多一点宽容和耐心，这在某种程度上或许会减少一些误会。

2. 尺度差异

我们说的每一句话都有潜意识在里面，其中很重要的一点是暗含了说话人对程度的认知。小学课本里“小马过河”的故事很有意思。水牛认为河水浅，松鼠认为河水深，而小马进去刚好。课本中思维导向是“凡事要亲自去尝试”。当然这也是一个道理，但是我认为这个故事用来说明尺度偏差更为恰当。对程度的认知偏差是普遍存在的，输出方没有问题，接收方也没有问题，但就是会造成各种各样的误会。

甲邻居住在 1 栋，乙邻居住在不远的 2 栋。某天他们不期而遇，对话很有意思。甲问乙：“你家里灰尘多吗？”乙说：“不多呀。”甲说：“哎哟，我家里灰尘可多了，”然后又继续问，“你家里蚊子多吗？”乙说：“不多呀。”然后甲就一阵抱怨，好像整个小区的灰尘和蚊子都飞到他家里去了一样。事实上，两家人的情况都是差不多的。多，多到什么程度？认知尺度上是有差别的。量度上的差别并不一定是可信的，人们需要意识到这一点。

3. 内涵差异

一个人读完了某本著作后摘取了其中一句话。这句话对读完这本著作的人来说可能代表了一段历史，一段人生，一种思潮，一种体验。对他而言，这句话并不仅仅是表面意思那样简单，甚至可能对他来说有完全相反的意义。这句话本来并不是一种思想，放在不同的语境里有完全不同的内涵。然而，另一个人来解读这句话的时候，他不了解这些历史，可能会解读出完全背离作者意思的内涵。

仔细深究我们经常引用的一些谚语、俗语，以及一些断章取义的新闻报道，包括我们在文章中频繁对某些名言的“引用”，都会因人的不同而引发问题。

锥子钉在耙上可以耕地，拿在手里可以杀人。语言片段本身可能没有倾向，但内涵必须有局限。片段脱离了原生体系，就不应该和原来的内容有过多的关系。如果脱离了原来的体系，却仍然携带原体系的影响力，还背离原体系的本意，这就是谬误，或者说误导。

有价值的思想都是有体系的、完整的、实实在在的。只有那些像病毒一样的东西才会寄居在只言片语中四处传播。病毒自身没有新陈代谢能力，只能寄居在别的细胞体里繁衍。随着短视频媒体的流行，系统学习的习惯正在渐渐被消磨，由此导致的片段化思维问题变得越来越严重了。

4. 外延差异

你指着一幅人物肖像问："这是什么？"一般会回答："这是某人。"如果有人回答："这是涂抹在一张纸上的颜料。"你一定会觉得这个人很荒唐，但实际上，这就是涂抹在一张纸上的颜料。

之所以认为这是一个人而非颜料，是因为我们对这些抽象的图形产生了相同的联想。人类已经习惯于用抽象的符号来表示具体的事物，所以我们把抽象的符号等同于具体的事物。

试想一下，我们会不会对同一个抽象符号产生完全不同的联想？答案是肯定的。

同样一个词语，不同的人可能会产生完全不同的联想。一提到 A，你自然会想到 B，你可能想当然地以为别人也是如此。其实别人很可能想到的是 C，或者什么也没有想到。比如提到"黏糊"这个词语，有人想到的是香甜的奶油，有的人联想到的是让人恶心的粪便。又比如提到"童年"，有人马上回忆和家人在一起的温馨画面，有些人则只能联想到悲惨的往事。

你认为明明是这样，但偏偏就是不能得到别人的理解。你以为话可以这样说，但是这样说竟然可能严重地冒犯了别人。任何词汇都会产生联想差异，词汇的抽象程度越高，这样的差异越大。因为抽象的词语也是各自词义层层叠加起来的。无数多种联想差异汇聚，导致我们的思想产生了很大的不同，而且难以相互理解，很多矛盾的根源都是如此。

（三）翻译的局限

我们可以通过直接观察事物呈现出来的光泽、形状等信息认识事物的本真。比如有钱人可以出国旅游，亲自到金字塔下面感受金字塔的宏伟。但是，我是一个穷人。这辈子都没有这样的机会。我只能通过别人的语言了解金字塔。别人描述成什么样子，我就会认识成什么样子。关于金字塔的任何语言，实际上都要经过无数次翻译才能最终形成我的认知，这个世界的大多数事情也都是如此。有些人说：“现在是互联网时代，很多信息可以通过照片和视频直接呈现了，语言没有那么重要了。”其实不然。图片和视频的媒介的确会造成一些影响，但任何时候语言都是认知的核心。如果互联网上的图片和视频没有文本的引导，就会像我们开头所讲的那个游戏[①]一样，导致信息的传播失去原来的意义。我们对语言的依赖从来没有降低过，再过一万年也是如此。

信息被封装在语言中，经过各种途径传播被我们捕获，我们再对语言进行翻译，提取出有用的信息，形成自己的认知。整个过程中，语言终究只是信息的载体，并不是信息本身，这样翻译的局限自然就呈现出来了。

语言思维的一个常见误区在于：默认语言一定是本真的呈现，忽略了中间翻译的过程。谎话连篇、言行不一、夸大其词是人类的通病。我们谴责别人这样或那样，但是，只要稍微反省一下就会发现，自己其实也没有好到哪里去。如果因言获罪这种事情必须发生并且严格执行，那么我们每个人都是罪人。

看到街边熟透了的葡萄容易产生非分之想，这种心理活动只有本人清楚，只要不说，不会有人知道他的内心在想什么。如果某个人说出内心的真实想法，往往可能会遭到道德上的谴责，但一个人没有说出这种想法就说明没有这种动机吗？一个人把话说得符合道德就是一个符合道德的人吗？贪官说对腐败深恶痛绝就不是贪官了吗？这看起来像是一个道德问题，其实是一个语言问题。

懂得用道德律克制自己的占有欲，就是道德。但是诚实有错吗？我的意思是，如果只是谈论错误的想法有错吗？没有说出“偷葡萄”的人未必没有“偷葡萄”的动机。在语言的这种局限下，如果没有制度保障，人类在道德上就不会有真正意义上的提升。

---

① 多人站成一个队列，然后从队尾的一个人开始，用非语言的方式依次向前面的人表达一件事或者一个东西。

四、语言的表达

东非草原上，羚羊和狒狒经常聚集在一起觅食。这个奇特的景象背后的原理是这样的：狒狒有一定的攻击能力，可以为羚羊提供一定程度的保护。而羚羊警觉性很高，可以及时传递危险信号。羚羊利用狒狒增强了对捕猎者的防御能力，而狒狒从羚羊那里延伸了对危险的警觉，所以它们聚在一起更有利于生存。

图 36　实景写生

（时间：2014 年冬；地点：洛阳城郊。北方的人们冬天喜欢在室外生一堆火，三五成群围在一起，一边烤火，一边聊天。）

从某种程度上来说，我们的语言、文字都是一种延伸认知。这种延伸认知已经在进化中固化为我们的本能。通过交流，我们从他人那里获取自己无法获取的信息，拓展认知范围，同时也把自己的知识、经验和情绪表达出来，影响周围的人文环境。

（一）咨询

钱重要吗？对有钱人来说，钱不是那么重要。对没钱的人来说，钱可能是最重要的。你跟一个没钱的人说“钱不重要”，人家会说你有毛病。你跟一个有钱人说“钱很重要”，人家会认为你低俗。

从什么人那里能得到什么资讯？这样的资讯合理吗？如果不思考这些问题，而总是根据别人的看法来改变自己，那样的人生跟被踢来踢去的皮球没有什么区别。

1. 过度咨询

万事万物的状态都是有其缘由的，你之所以是这样，一定有这样的原因。一边要用心去了解各种资讯，一边还要思考自己的处境。我们可以大方地接纳别人的意见，至于要不要改变自己，则是另一件严肃的事情。如果改变有益处，自然而然会有所改变。但如果你在不明所以的情况下去照做，可能会让你的人生陷入更糟的境地。

有些人说出来的话原本就是他自己“需要”说的，而不是你“需要”知道的。如果你一直问别人这样好不好、那样可不可以？你会得到千奇百怪的答案。当你内心需要尊重的时候，总有人认为你骄傲；当你内心需要谦逊的时候，总有人认为你自卑；当你需要独处的时候，总有人说你不合群；当你需要热闹的时候，总有人说你浮躁；当你需要安慰的时候，总有人说你矫情。过渡咨询会导致你的大脑像个垃圾桶，而且这还是排除所有可能的恶意的情况下。如果你不着眼于自己的真实处境，盲目地改变只会让自卑的你更自卑，骄傲的你更骄傲，愚蠢的你更愚蠢。

> 当健康心理学专业人士建议我们应该如何与伴侣和同事相处时，当育儿专家指导我们如何养育子女时，当心理学家鼓励我们不要考虑别人的想法而应该自由地生活时，其实他们多表达的是他们自己个人的价值观。（在西方社会，这些价值观通常都是个人取向的，即鼓励那些令“我”最感适宜的行为。非西方文化通常鼓励那些令“我们”感到适宜的行为。）在虚度人没有意识到这一点时，对所谓的专业人士不免言听计从。但专业心理学家并不回答任何终极道德义务、任何生活的目的与方向，以及什么是生活的意义这些问题[①]。

当你失落的时候，要明白没人有义务放下自己的事情过来安抚你。当你陈述自己的艰难处境的时候，几乎所有人都会说：“不是这样的，你想多了。”大家都鼓励你要乐观、开朗、积极向上。这些可能本来是好意，但事实上可能会让你忽视自己的真实处境，对你自己并无益处。换一种方式，如果人们照实说：“你的处境确实很糟糕。”不管是善意还是恶意，又有可能增加你的负面情绪，也可能对你不利。

我们所知的信息主要是基于自己的选择和判断。咨询之前，自己首先要确信能为自己的选择担责，而不是首先让咨询的人为自己的得失担责。如果你咨询一个骗子并选择相信了他，就要为此承担责任，对于整个社会而言是部分的责任，对于你自己的而言则是全部。

2. 资讯中的杂质

大多数人的人格都是不完美的，天生具有各种各样的缺陷：有的人生性善良，言行中往往令人感到温暖；有的人本性阴暗，言行中自然会带着阴暗的揣测；有的人本性高傲，言行中自然会有抬高自己、贬损他人的暗示；有的人生性自卑，言行中自然带着消极逃避的情绪；有的人天性好

---

① [美] 迈尔斯：《社会心理学》，第 11 版，侯玉波等译，北京：人民邮电出版社，2016（1），第 12 页。

色，言行中自然会怂恿情欲的放纵；有的人天性自私，言行中自然而然会盘算自己的利益；有的人天性冷漠，言行中自然而然不顾别人的感受；有的人天性就带着控制欲，言行中自然而然地会暗示别人屈服于他的意志……这些夹带私货的资讯不一定是居心叵测，但确实是有害的。一个人的天性怎么样很难改变，不过也并不妨碍他成为一个对别人有用的人，前提是我们要能过滤掉他带来的有害杂质。

吃葡萄要吐葡萄皮，吃石榴要吐石榴籽。一个聪明的人，能从别人的言语中得到对自己有益的营养，同时也能去掉对自己有害的杂质。

3. 局内和局外人的权衡

咨询对象既要有独立的立场，又不能是完全的局外人。这是一个综合权衡的问题，需要深思。

圈里人有局限。相似的人不会碰撞出什么思想的火花，就像近亲生育的后代容易出现生理缺陷一样。封建王朝的信息封闭只是表面现象，真正的原因是管理者和信息提供者存在严重的利害关系，无法形成有价值的交流。

图 37　夏王都想象图（参考博物馆二里头宫殿复原模型）

（和现洛阳郊区的人们一样，在寒冷的冬天，4000 年前的人们也许会在户外生火取暖。）

信息不客观，观点不独立，就不可能做出正确的决策。王朝早期的君王一般都比较开明，越到晚期他们的子孙越昏庸无能，其中一个重要的原因就是统治阶级形成了铁板一块的既得利益集团，全部都成了圈子里的人。从第一个封建王朝建立到最后一个封建王朝灭亡，关于这一点历史从来没有改变过。

圈外人也有局限，还有风险。作为一个局外人，对与自己无关的事纸上谈兵总是显得轻松自如、游刃有余，但真的身处其中的时候，往往判若两人。很多人喜欢对你的私事七嘴八舌、指手画脚，但没有人会对你的失败负责，真正对你负责的只有你自己。所谓“近局者迷，旁观者轻”，好处是旁人有时候确实能看到你看不到的问题，需要担忧的是，最终承受代价的是你而不是他。

（二）建议

我们所以是我们自己，是因为我们接纳了父母、师长，然后接纳了身边的人，再接纳了这个世界。在这个过程中，我们的内心始终是矛盾和冲突的：进与退，爱与恨，道德和不道德，上进和堕落。这些矛盾实在是再正常不过的事了。人的一生都在这种矛盾和冲突中挣扎。

接纳别人，就是听取别人的建议，吸纳别人的思想。但并非所有的建议都是善意，也并非善意的建议都是有益的。要从别人的建议中获益，最好是先对比自己的实际情况，搞清对方的意图，还要站在客观的角度想想自己的处境。

能承受任何打击的人绝不是一般的人。注意，是承受，而不是接受。承受不等于接受。批评这种事情太复杂了。有些是为你好，有些只是在羞辱你；有些是合适的，有些是不合适的；有些是有益的，而有些是有害的。一个人无法聪明到能够完全辨别这些东西的好坏，即便足够聪明，也很有可能没有足够的精力去分辨。因此，在这个问题上，做人的智慧并不在于去纠结好与坏，而在于协调自身的状态和所处的环境。

没有任何东西是纯粹好的或是坏的。不管什么样的人，好的歹的都要能承受一些，这样才能驾驭外物。庄子所谓“乘天地之正，驭六气之变”，有点类似的意思。环境是外在，像天气一样在变化，需要驾驭。

不同的人面对同样的事情会有不同的心态。这种事情是不可以相互模仿的，因为天性有别。天性比较自我的人不用担心自信受到打击，但容易自以为是，这就必须通过自我反省来突破自我。天性比较软弱的人不用担心他自以为是，但容易迷失方向，这就需要通过理解自己、顺应自己来保护自己。

1. 好的建议需要恰当的时机

“授人以鱼不如授人以渔”，这个观念并不总是对的。一个没有任何思路的人最需要的其实是模仿。这时候手把手地教导是最合适的。先在模仿中建立思路，等他有了自己的独立的想法和判断以后，自然就不要再需要模仿了。

而一个有自己想法的人往往不需要太具体的建议，那对他来说可能是一种束缚而不是一种帮助。方向性的建议就足够了，过于具体的指点会对他造成困扰，即便是有益的指导也可能起不利的作用。有时候人需要走一段弯路才能明白某些东西，那对他以后的发展有重要的意义。所以有时候哪怕他是错的，也不宜过多干涉。

2. 谨慎借鉴他人的经验

经历的苦难都是珍贵的。如果把所有的挫折从文化记忆中抹去，我们很可能会倒回去再经历一次同样的挫折。有的苦难已经凝聚成一种精神，有的演变成神话故事，有的成为代代相传的古训。

不管任何时代，后人尊重前人都是理所应当的。能理解和记住前人的经验是一种智慧。某些名言被我们挂在嘴边，这没问题。只是知道不一定能做到。即便能做到，导向的好坏也是另外的事情。

几千年来，先辈总结了很多宝贵的经验。看起来好像我们只要了解一下前人的经验就能过好一生了，其实不是这样。前人总结的经验只适合于那个时代、那个环境、那些人，放在自己身上未必适用。谁都是从犹豫和彷徨中走过来的，谁都会摔跤，谁都有悔恨。是不是我们需要的东西，只有亲身经历了以后才会真正明白。挫折并不是惩罚，而是成长的代价。先辈的经验可以丰富我们的思想，但不一定是走向成功的捷径。很多问题对于人生而言，是绕不过去的。有些挫折是必经之路，就算侥幸躲过了，将来总有一天会为之付出代价。

3. 警惕命令式的建议

为了掩饰自己的控制欲，有些人会刻意把命令说得很委婉，委婉到分不清楚这究竟是命令还是建议，但是他们心里很清楚，开口的时候就没有想到过给别人退路。在遇到抵抗的时候，他们会动用一切手段来达到目的。建议必须接受的时候，这根本就不是什么建议而是命令。当你可以被一个人命令做什么或不做什么的时候，最好想清楚到底是什么状况。有时候你只是暂时处于这样的角色，也有可能你已经潜意识中受到了影响。

（三）评判

评论和评判，两者有时候就是同一个东西，有时候又存在很大的区别。什么情况下算是评论，什么情况下会被认为是一种评判，这是有学问的。

“评论”一般是从自己的角度发表对事物的看法。比如“我认为玛丽莲·梦露的腿有点粗[①]”。这只能代表我个人的看法，我自己很清醒这一点，并且我也清楚地表明这是我个人的看法。评论是宽松和自由的，即便说错

① 注：举这个例子并非出于对她有什么恶意。玛丽莲·梦露是一个演员，凭自己的绝世美貌闻名于世，对她的身材和长相进行一些评论并无不妥。如果她的身份不是一个演员，这样的评论可能就不恰当了。

了什么也不是大问题。人们应该有用恰当的方式表达想法的自由。当评论以其它某些形式表达出来，可能就成了评判。

“评判”是站在一种超越自我的、审判者的高度，带着严肃的语气说出来的。评判者往往要有一定的权威性，比如法官、教父、上司、长辈之类的角色。即便没有这种权威性，也理应是站在客观公正的立场上，并不是随随便便就可以评判。比如读者可以评判作家的作品质量，但他作为一个作家进行创作的资格，不是读者应该评判的。

类似“没有素质”这样的评判会非常严重地冒犯一个人。在电子竞技游戏中，有人指责队友“技术太差”，尽管这句话不存在明显的主观恶意，也会严重地伤害到队友，往往会导致队友的言语反击。

1. 评判的正当性

每个人都需要通过语言去发现和认识这个世界。我们在茶余饭后议论电影明星的私生活或者就某些公共事件发表自己的看法，这样的语言是随意的，即便是错误的言论也不应该受到过分的指责。

如果我的评判伤害到了我的某个朋友，这个朋友可以在同等情况下进行反击，说白了就是吵架，这对人类来说是很正常的行为。人与人之间难免会相互争斗，如果这种争斗是公平的，我认为问题不大。

如果我对玛丽莲·梦露大腿的评判伤害到了玛丽莲·梦露的情感（不管她是否还在世），从道德上来看就不太合理，因为她不能在对等的关系中进行反击。互联网暴力就存在这个问题。很多人同时对一个人进行语言羞辱的时候，这个人往往是没有对等还击能力的，这和一群人暴力围殴一个人没有本质的区别。

2. 谨慎评判他人的隐私

不是所有的问题都有必要回答。当有人向你发问的时候，有必要弄清楚提问者的意图。如果是纯粹的请教问题，诚恳回答便是。如果是带着某种目的来试探，那就要小心谨慎了，必要的时候保持沉默。警惕那些对你的隐私刨根问底的人，驱动这种行为的可能是一种攻击心理。他在拿你比较，若你比他强很多倒是可以相安无事，一旦发现你身上的弱点，就容易在今后出问题。

恶意打听别人隐私的毕竟是少数。大多数人都忙于处理自己的事物，没有太多的精力关注别人的隐私。很多我们以为被别人偷走的隐私，往往是自己主动泄露给别人的。因为当我们面对困难的时候，似乎总是喜欢把自己交给旁人，试图让他人来替自己做决定。这样有个好处，遇到挫折的时候有发泄愤懑的借口："都怪 ×××！"越是缺乏自尊心的人，越容易倾倒自己的隐私。等发生不好的事情以后，又反过来怨恨别人偷了自己的隐私。一个不尊重自己隐私的人，也不配得到他人对自己的隐私的尊重。

如果我们只是停留在自己的世界里，上面说的都是废话，但是人是一种生下来就需要交流的生物。人与人之间需要交流。没有任何人知道的秘密根本不是秘密。我的意思是说，每个人都需要理性地看待自己的隐私。即便你因为掏心掏肺而受到伤害，也不要责怪自己，这并不愚蠢。不要从一个受害者变成一个加害人。思想需要交流，只是交流也有界限。当然任何事情都会有风险，喝水都可能被噎死，不是吗？从另一面来看，我们应该对那些有勇气表达自己真实想法的人更加包容。

3. 避免歧视倾向的评判

评判是一种自由，但是对于不可改变的东西，最好不要妄加评判。鸟儿不能没有翅膀，鱼不可能没有腮，毒蛇不能没有毒牙，山羊不能没有尖蹄，大象不能没有鼻子。某些特点是和自身融为一体的，不可改变的事实，是自己之所以是自己的缘由。

一切以"这个人是什么样"而不是以"这个人不应该怎么样"为核心的评判都应该警惕。最严重的肯定还是那些带着贬损意味的歧视性评判，这样的评判任何人都难以接受。

一句话就葬送一段关系，即便道歉也无法挽回，这样的事经常发生。其原因通常都是有意或无意地对他人做了歧视性质的评判，尤其是在公开场合。在私密的环境里，即便两个人大吵大闹，对骂一整天，过不了多久就会忘掉，但是，有其他人在场往往会导致矛盾升级。这也是年轻夫妇不愿意和父母生活在一起的原因之一。有旁人在场的情况下，歧视性质的评判就像捅出去的刀子，造成的伤害是难以估量的。

（四）称赞

假设这样一个场景：你问某人何评价 ×××。你之所以这么问，主要是因为你对 ××× 评价很高，你想和这个人形成某种思想上的共鸣。这时候，对方多半会附和你的暗示，客气地称赞 ××× 两句。这样的回应本来是为了避免尴尬，实际上，这时候尴尬可能已经不可避免产生了。对方可能会很不耐烦地反问道：“××× 很聪明，很有钱，很厉害，可是对于我来说又有什么关系呢？”这时候你要怎么回答？通过这个假设的场景，我想引出的不是人情世故，而是称赞这种心理。

任何称赞都应该有支撑其存在的合理的逻辑。并不是聪明，漂亮，有钱，有才华，成功，或诸如此类的就应该被称赞。当然，一个人愿意称赞什么，那是他的自由。某个人帮助了你，你以个人的名义称赞他。某个帮助了很多人，你以这些被帮助者的名义称赞他。甚至仅仅因为你一厢情愿地喜欢某个人，你就可以称赞他。但是，如果有意或无意地扩大了这个称赞的范畴，就会产生尴尬，甚至引起矛盾。

1. 礼貌式的称赞

很多交流似乎并没有传递什么重要的信息。比如，朋友聚在一起为了避免冷场的尴尬而找的一些无聊的话题。话题虽然无聊，但往往必不可少。又比如，人与人之间很多客套和寒暄看似没什么必要，其实承载着一些必不可少的仪式感。礼貌性的称赞也属于这样的交流，看似没有传递什么有用的信息，却往往也是有其价值和意义的。

我上大学的时候，有个同学特别喜欢对别人评头论足。很多人在一起的时候，他甚至会挨个点评，颇有领导的架子。他给我的点评是："内向，没有自信"。那时候我确实很内向，也确实缺乏自信，他说的都是大实话。后来这种事情经历多了，发觉大实话也不是随便可以说的。所谓的真话除了让他自己赚足优越感，对别人而言毫无价值。并不是我不允许被评判，被这样的人拿去当成谈资，多少让人不舒服。与其听这种真话，我倒宁愿被人假惺惺地夸几句。

如果说真话的动机是为了显摆自己，那最好还是不要说"真话"了。没有能力说点有用的，却非要说点什么，那么称赞就是了。称赞永远不会有坏处。礼貌性的称赞也不需要特别的理由，任何人都可以被称赞。如果你的朋友长得很丑，相信我，他绝对不会喜欢你本着"实事求是"评论他的长相，不如说点假话或者干脆什么都不要说。

不过，应该不会有人把别人礼貌性的称赞当成自己引以为豪的事情吧？当你的同事称赞你的领带很好看的时候，他其实可能连你的领带是什么颜色都没有看清楚。如果你真觉得自己的领带有别人口中所称赞的魅力，那有可能是误会了！

2. 表扬式的称赞

设想一下，如果你碰巧扶起了一位摔倒的老人，有人马上就要给你戴上大红花，表扬你"品德高尚"，你会做何感想？

在我们的文化里，称赞有时候也叫"表扬"。表扬往往是上级对下级的肯定。表扬者在心理上是居高临下的。当我还是小孩的时候，我很渴望被表扬的感觉。但是作为成年人，我很反感受到任何形式的表扬。我也从来不会用高高在上的心态去表扬任何一个人，在我看来那是对他人的一种冒犯。庄子讲过的一个故事说明两千多年前的人们就明白这个道理了。

> 田子方陪坐在魏文侯那里，几次称颂溪工。文侯说："溪工是你的老师吗？"
>
> 子方说："不是，我的同乡。言论见解常常很正确，所以我称

赞他。”

文侯说：“你没有老师吗？”

子方说：“有的。”

文侯说：“你的老师是谁呢？”

子方说：“东郭顺子。”

文侯说：“那么先生为什么没有称赞他呢？”

子方说：“他有着常人的容貌，内心纯净。顺应自然而保持天真，清介不阿而能包容不同。如遇无道的人，便正容开悟他，使人的邪念自然消除。我哪里配称赞！”

田子方走了，文侯惆怅地整天不说话，后召见大臣说：“太深远了，全德的君子！起初我以为圣智德言论、仁义德行为最好了，直到我听到田子方的言论，身体解脱而不想动，嘴巴只想闭着不说话。我懂的道理太浅薄了，魏国真是我的包袱啊！”①

3. 感怀式的称赞

没有人会刻意区分称赞的类型。面对他人的称赞，你也不可能冒昧地问：“你这是礼貌性的称赞吧？”，或者“你这属于是高高在上的表扬吧？”

称赞一般都默认为是发自内心的行为，但也不会刻意强调是发自内心的，这里有很多值得深思的问题。

如果说表扬式的称赞是以自我为重心的行为，那么某些感怀式的称赞

---

① 《庄子·外篇·田子方》，原文：田子方侍坐于魏文侯，数称溪工。文侯曰：“溪工，子之师邪？”子方曰：“非也，无择之里人也。称道数当故无择称之。”文侯曰：“然则子无师邪？”子方曰：“有。”曰：“子之师谁邪？”子方曰：“东郭顺子。”文侯曰：“然则夫子何故未尝称之？”子方曰：“其为人也真。人貌而天虚，缘而葆真，清而容物。物无道，正容以悟之，使人之意也消。无择何足以称之！”子方出，文侯傥然，终日不言。召前立臣而语之曰：“远矣，全德之君子！始吾以圣知之言、仁义之行为至矣。吾闻子方之师，吾形解而不欲动，口钳而不欲言。吾所学者，直土埂耳！夫魏真为我累耳！”

则完全是以他人为重心的行为。前者的本质其实是自夸，而后者实际是奉承。有效的交互应该是发生在相互独立且平等的主体之间，至少是相对独立、平等的关系，否则大概率会失真。

庄子讲过这样一件事情：

> 老子死了，一个叫秦失的人前去悼念，似哭似笑地干吼三声就出来了，眼泪都没有掉一滴。
>
> 秦失的学生疑惑地问："他不是先生的朋友吗？"
>
> 秦失回答："是的。"
>
> 学生说："您这样合适吗？"
>
> 秦失答道："没问题呀。起初我以为躺在里面的是我所了解的那个老子，但是现在看来并不是，因为现在这些排场完全不像是他的作风。刚才我进去悼念时，有老年人在哭他，就像哭自己的儿子一样；有少年人在哭他，就像哭自己的母亲一样。聚在这里的人肯定有不愿悼念却哭泣的，这可是失去天性违背真情的，古时候把这个叫遁天之刑。来时，先生应时而来；去时，先生顺天而去。安于时运，顺应天然，悲哀欢乐的感情不能进入其中，古时候把这个叫帝之县解。"[①]

4. 投机倒把式的称赞

有时候我们有必要回避某些让人沮丧的事实，所以只对好的一面进行称赞，而对不好的一面避而不谈，但这绝不意味着应该把坏的说成是好的。故意把坏的说成好的可能是居心叵测，要么就是讥讽嘲笑，要么是怂恿别人。把别人抬得很高，"抬得很高，摔得很重"。锦上添花的事情这种

---

① 《庄子·内篇·养生主》，原文：老聃死，秦失吊之，三号而出。弟子曰："非夫子之友邪？"曰："然。""然则吊焉若此可乎？"曰："然。始也吾以为其人也，而今非也。向吾入而吊焉，有老者哭之，如哭其子；少者哭之，如哭其母。彼其所以会之，必有不蕲言而言，不蕲哭而哭者。是遁天倍情，忘其所受，古者谓之遁天之刑。适来，夫子时也；适去，夫子顺也。安时而处顺，哀乐不能入也，古者谓是帝之县解。"

人都会抢着上，落井下石的事情也只有他们才能干得出来。

（五）批评

如果能区分骂和批评，就能理解什么是批评了。据我所知至少可以从四个方面来看。第一，骂是对人，批评只对事。这其中最关键的并不是纠结到底是对人还是对事，关键在于用心。如果不是出于善意，指桑也可以骂槐，含沙还可以射影。第二，骂人的话不能明确指出问题，批评会明确指出问题所在。第三，骂人引向对人的否定，批评引向解决问题的方法和途径。第四，骂一个人不需要了解他，只要想就可以，但批评一定是建立在了解的基础上，胡言乱语无疑就是骂。可见，骂人其实很容易，而批评并不简单。

> 对你所不理解的事进行表扬是不合适的，若对此进行责难将更恶劣。
>
> ——列奥纳多·达·芬奇

1. 温和且善意的批评

擅于温和地提出批评体现了一个人的教养，也表达了对被批评对象的尊重。对被批评的人来说，最好不要把温和的批评误解为不重要。不能理解这种批评的人也无法感受到尊重。

2. 尖锐且善意的批评

封建王朝的臣子向皇帝进言的时候，大多把话说得让皇帝舒服。他们都很难兼顾“有益”和“好听”，普通人更没有能力做到，即便有那个能力，也没有义务把精力用在某个人身上。

良药苦口，忠言逆耳。有些批评听起来非常刺耳，让人感觉受到冒犯。可能批评者并没有恶意，只是听者的心理反应过于激烈罢了。愿意给你负面反馈的人，其实所提供的意见更有价值。

你只有克服自己内心对批评的过敏反应，才可以更多地从批评中受益。很多矛盾并不是真正的矛盾，只是一种不协调。人与人之间有很大的不同。个性越是张扬，越容易给别人带来不愉快，但其本意可能并不是伤害别人，甚至都没有想到会给别人造成不愉快。理解到这一点，就没有必要做一个睚眦必报的人了。

一些人的批评可能给你造成不愉快，不要紧，要处理好自己不愉快的感受，最重要的不是在于自己敏感的心如何化解，而是在于辨别这种不愉快批评者的用心。

3. 泄愤式的批评

并非所有的批评都是善意的，也并非所有的批评都是有益的。有些人喜欢将人身攻击和批评捆绑在一起，对于这种情况需要的是提高自己的认知。

任何批评都应该点到为止，只要对方明白就行了。有句话叫“得理饶人”。当一个人对另一个人心怀不满的时候，抓到“小辫子”就借题发挥，没有人愿意承受这样的批评。

4. 洗脑式的批评

人一般是站在自己的立场说话，当然也会很自然地站在自己的立场对别人进行所谓的“批评”。在这种情况下，只要你不符合他的利益，往往不会与之和睦相处。每个人都有站在自己立场说话的权利，在这种权利面前，你和他并没有什么不同。灌输和洗脑就是要改变你原有的立场，降低你的认知能力。

当一碗浓汤里有毒的时候，尽管汤里有营养，还是一口都不能喝。要警惕洗脑式的批评，即便在某些点上看起来可能是对的。你在某一点上陷进去一个指头，然后可能就是整个手臂，接下去可能就是你整个人。坚持做自己，坚持自己认为正确的事情，不要因为害怕批评而轻易改变自己的初心。

5. 歧视性的批评

如果批评的东西是外在的或者可以改变的选择性问题，比如你领带的颜色，比如你做过什么事，比如你走了什么路，那通常是可以接受的。即便错误的批评也不是什么大问题，因为还有沟通的余地，这种错误也早晚能得到纠正。谁对谁错，最终都会一目了然。

但如果批评的是深层的或者说不可改变的，比如你的种族、你的身高、你的长相，这样的批评对被批评的一方来说是很痛苦的。既然无法改变，就不能拿来批评。

6. 攻击式的批评

没有人能接受带有侮辱性质的批评，哪怕他知道自己确实错了。实际上真正有修养的人总是尽量避免指责任何人，更不会带着侮辱性质的指责任何人。

一个人犯了不可原谅的错误，需要的是足以让所有人产生畏惧的惩罚，而不是批评。而如果是可以原谅的错误，批评的目的自然就是希望其改正错误，那就不应该带着任何侮辱性质，否则不仅达不到纠错的目的，还会引起不必要的混乱。

五、观点

偏执一般而言不太好，但偏执的人也有自己的态度。有态度才有交流的可能。凡事套用两面性，笼统地说辩证统一，其实就是没有立场、没有态度。对于没有态度的人，即便每句话都天衣无缝，滴水不漏，那又有什么意义呢？

我钦佩那些敢于提出自己观点的人，哪怕是错误的。我从来不会轻易指责观点错误的人。能把错误暴露出来恰恰是带着某种诚意。为什么要去攻击一个有诚意沟通和解决问题的人呢？语言只能作为一种沟通的媒介，不是目的。我们要解决的是问题，而不是解决用语言把问题暴露出来的人。

如果你意识到自己的观点可能不那么“正确”，也不用太惶恐，如果观点只代表自己，即便是“错误”的也没什么值得羞耻的。我们曾经有过错误的经验，现在才能知道什么选择是正确的。有犯错的机会，才有进步的可能。

如果我们发表观点的动机在于探索未知事物，即便是错误的观点也是有价值的，其他人才能证明那是个错误。亚里士多德的地心说是错误的，哥白尼的日心说也是错误的。如果没有他们犯错，就不会有今天的日心说。现在正确的东西在将来有可能被证明是错误的，但如果我们不犯错，我们就永远不知道该往何处。

> 要是人们某些时候没有做蠢事，那就不会做成聪明的事情。
>
> ——维特根斯坦

如果我们发表观点的动机在于体现自己的优越感，抨击别人的观点显然比提出自己的观点更容易达到目的。既然效果都是一样的，为什么还要那么费力？在歪曲的心理下，我们不仅不会进步，还会出现倒退。

作为个体，在完整、稳定、健康的体系中，局部的是非并不会影响大局。上天惩罚犯错的生命，但没有阻止生命犯错。生物在繁衍的过程中，遗传物质会出现随机的错误，也就是基因突变。这些局部的差错不会对生物体的整体构成威胁，这种错误，恰恰是生物演化的原始动力。

有承认错误的勇气，对不同的观点才能宽容。文化宽容，社会才能开明。

（一）观点的明确性

逻辑学三大基本定律的第一个是“同一性”。即在同一个思维体系中，同一个对象始终如一。不仅概念要明确，而且判断结果必须统一。即不能偷换概念，也不能搞双重标准。

同一律不是一种定律，而是一种规范，即依靠思想上形成的契约达成一致的标准。既然只是一种契约，肯定有人不遵守这种契约。有人偷换概念，也总有人搞双重标准。不遵守这种契约对自身没有任何影响，但文化中这种需要长时间才能建立起来的契约可能会受到损害。人际交流本质就是建立在契约的基础上。所谓观点的“明确性”和逻辑学上的“同一律”虽然有所不同，但在这一点上没有本质的区别。

“我会支付你很多钱”，但多少钱才算多呢？这句话本身并未明确。如果说这句话的人是将雇佣你的老板，你可能就得多长个心眼儿了。一百万可以说是“多”，一百块也可以说是“多”，没有量化标准。

“明确”不同于“确定”。观点中带有可能性的猜测并不影响它的明确性。“掷出来的色子可能是6点”，这个观点尽管带有不确定性，但和“太阳从西边升起”一样是非常明确的。不管最终是6点还是其他点数，结果都是可预期的，至少在概率上是如此。同样是概率问题，“明天出门会倒霉”这句话就是不明确的，因为“倒霉”这个判断可以诡辩。你原以为的“幸运”也可以被诡辩成倒霉。

观点的明确性本质上并非某种语言形式。很多情况下，虽然我们并没有用语言直接表达出来，但是意思可能是很明确的。

每天早晨我都在小区外面的包子店买两个鲜肉馅包子当早餐。时间久了，只要我往包子店门口一站，老板马上就能心领神会——把两个鲜肉馅的包子打包递给我。我和包子店老板的交流说明了一个问题：观点的明确性并不一定是以语言的形式存在。我们没有语言交流，但是信息的表达和接收都是很明确的，这样的明确让沟通的双方都节约了时间和精力。

从买包子的例子我联想到了轰动一时的“切糕事件”。似乎很多人并没有看清这个事情的本质。“切糕事件”其实和切糕本身并没有必然的联系，也与新疆同胞没有必然的关系。实际上这种敲诈行为是流传已久的江湖骗术，早就被各路犯罪分子用来坑蒙拐骗了。甚至可以这样说，你我可能都在有意无意中使用过这种骗术。那就是“在双方未明示、但默认的规则之下，其中一方干规则之外的事情”。我就经历过和“切糕事件”同样性质的事情。一个中年人在我们小区下面摆摊磨菜刀。当时我家里的刀具确实需要磨了。我上班很忙，没时间干这个。我看这个中年人像是一个普通百姓，就询问磨一把菜刀需要付多少钱。中年人并没有直接回答我的问题，反过来跟我科普磨刀的手艺：不同材质的菜刀需要不同的“打磨工艺”，相应的价格也不同。我抱着一个外行学习的态度，把我家里所有的刀都拿来给他看。我心里想，这些街边的老匠人生活也不容易，再贵也不至于贵到哪里去。这种认识来自日常生活经验的总结，包括我对这些匠人的好感，我认为是没有错的。那中年人拿过我的刀，不谈价格，直接就开始磨。一边磨，一边跟我介绍磨刀的工艺，但对磨刀的价格始终含糊其词。直到我拿出来的所有刀具都磨完了，这时候他终于摊牌了。一把刀的费用 90 块钱，五把刀一共要给他 450 块。我震惊了！因为我这五把刀总共买回来才花了不到 200 块钱。他突然变得凶神恶煞的模样，骂骂咧咧的同时，手中不断挥舞着亮晃晃的菜刀，似乎随时都有可能在争吵中向我砍过来。我间接受到了恐吓，后面的结果大家可想而知。从那以后，我再也不敢靠近这些“匠人”，尽管我知道并非每个人都像那个人那样。

“切糕事件”之类的事情和“扶摔倒老人反被讹”的事情一样，其问题在于，破坏了人们付出巨大成本才形成的道德默契，损害了好不容易才建立起来的信任感。

（二）观点的独立性

逻辑学三大基本定律的第二个是“排中性”。它的意思是：不应同时否认一个命题（A）及其否定（并非 A），即对一个命题及其否定不能持两不可之说。排中律还被当作逻辑语义的规律，即任意语词或语句在同一上下文中应表达某一思想或不表达。简单地说，这个逻辑定律在言论中体现为信息（或观点）的独立性。

有些观点不需要主语，不带情感，没有人文气息，就是一些客观的陈述。我们从小到大所学课本上的知识都是这样的东西。就像“太阳是宇宙的中心”这句话一样，这个命题不管被任何人陈述，也不管放在任何语境下，其意思都不会有任何改变。这样的观点是绝对独立的观点，具有纯粹的独立性。

有些观点不是绝对的观点，所谓的独立性又是另外一层意思。比如“这些财产是李先生的”，如果是法官说这些财产是李先生的，那么这些财产可能就是李先生的；如果这句话是李先生的朋友说的，则还不能当成一个事实。在这个例子里，观点是谁说的很重要。观点的表达者身份只是众多背景中的一个因素，实际的背景往往更复杂。

观点具有独立性的根本是关键信息的确定性，即不管它是对还是错，首先它应该是明确的。这个确定性不同于前面所说的明确性，它是在信息的明确性基础上，对信息完整性的要求。有时候观点之外，看似无关实际至关重要的背景信息同样很重要，会直接影响我们的理解和判断。观点背后是具体的人，带着这个人的情绪，带着这个人的立场，带着时代的人文气息。就是说，这个观点的意思不仅取决于观点本身的逻辑。

观点脱离了原有的背景，就成了是 A 又非 A 的判断，是不符合逻辑的。

一个人头脑里的所有思想，有些记得出处，有些不记得出处，有些能意识到，有些不能意识到，其中是否有什么是自己“发明”的呢？几乎没有。任何思想都是有源头的。各种源头汇聚起来就会发现，人类其实是一个整体。个人的所思所想无法超越这个整体而独立存在。

如果我这样的一个普通人站在万众瞩目的舞台中央来表达我的人生观和价值观，意义并不大。我的喜怒哀乐和普通人没有区别，没有被特别关注的意义。而且我的人生观是我的隐私，讲出来也没人感兴趣。但是当我在表达某个观点的时候，必然会裹挟着我的人生观和价值观，也就是我的主观判断、主观态度。

任何观点都是带着自我局限的。正因为如此，这种局限通过一些手段遮盖或者掩饰过去，并不代表它就不存在了。只要立场能确立，即便是错误的观点也是有价值和值得尊重的，这就是我所说的观点的独立性。

香农[①]定义了广义的信息，即“凡是在一种情况下能减少不确定性的任何事物都叫信息”，由此诞生了信息论中非常重要的概念——信息量。

人与人的交流本质上就是信息交换。人们提出一个观点，如果能称之为观点，那么至少是包含某些信息的。信息量是相对于观察者对事件已有的实际认知的程度而言。如果已经知道了某件事，那么别人再告诉你这件事，此时的信息量为0。“大地是圆球形的”这句话放在古希腊数学家毕达哥拉斯生活的时代，信息量很大，但是现在，这句话不能称为观点，因为相对而言它对现代人来说不再包含有用的信息。

信息量不在于“对”或“错”，也不在于“多”或“少”，而在于它对于“信宿”[②]而言的确定性。很多自媒体都习惯于把别人的话当成自己的话，把别人的思想当成自己的思想，没有独立的判断，靠复制粘贴发表政治正确的言论，无异于制造垃圾。东拼西凑，拾人牙慧，这样的观点输出毫无意义，信息量几乎接近于0，只会降低信息整体的确定性。

（三）观点的包容性

逻辑学基本定律的第三个是“矛盾律”。即，相互矛盾的观点不可能同时成立。矛盾律生效的前置条件是：观点在同样的协议和规则之下，并且这些观点被限定在特定的知识边界以内。只有在满足逻辑定律使用前置条件的时候，逻辑定律才有效。

假设所有的人都是中立、客观的，接受严格的规则约束，那么舆论场中必然非对即错。但大多数时候这个前提根本不能满足。人类普遍自私，

---

① 克劳德·艾尔伍德·香农（Claude Elwood Shannon，1916年4月30日—2001年2月24日），出生于美国密歇根州佩托斯基，美国数学家，美国国家工程院院士，美国国家科学院院士，美国艺术与科学院院士，信息论创始人。

② 通信学中的概念，通信中接收信息的一端。

主观，不诚实，总是处在不同的思维体系中，容易受到固有立场的羁绊。所谓的矛盾律，99% 是无效的。在不满足逻辑定律前置条件的时候谈逻辑，恰恰是违背了逻辑定律。当人们自以为讲逻辑的时候，实际上可能是在冒犯逻辑。

不管在任何领域，发表观点的时候带着谦卑和包容的姿态，是一个懂科学的人最基本的素养。只有那些披着科学的外衣实则干着反科学事情的人才会像疯子一样到处咬人。怀揣根本不成立的逻辑，当成攻击和侵犯别人的武器，这是很荒唐的行为。

“太阳是宇宙的中心”是一个客观的陈述，客观的陈述不一定是客观的事实。现代天文学已经证明太阳不是宇宙的中心。即便不是事实也没问题，这样的观点曾经在一定程度上推动了人类文明的进步。

“太阳明显是宇宙的中心”用了客观的陈述句式，却并不客观，这就是有问题。因为“明显”两个字是与陈述逻辑无关的描述。它绝对化了这个观点，把不同的观点异化了。

“说太阳不是宇宙中心的人非蠢即坏”，这个观点不仅不是客观的陈述，而且攻击了持不同观点的人。用那句广为人知的“我不同意你的观点，但我誓死捍卫你说话的权利”来处理这样的排他性观点是有问题的。正常人只会在保障自己权利的情况下才会捍卫他人的权利，但捍卫这样的“排他性”观点就是损害自己说话的权利。自己也是人，凭什么自己就没有这样的权利？

你会捍卫“剥夺自己说话权”的人“说话的权利”吗？你最好不要说会。

实际上对我而言，但凡一个人的言论有过度的攻击性，很大程度上不会成为我的朋友。因为每当我遇到这样的人，就会联想到人类身上已经退化的器官——犬齿。犬齿是人类攻击性的体现。科学家研究发现，类人猿逐渐进化到人的过程，是犬齿逐渐退化消失的过程。

人类文明的标志是温和，客观，理性。但现实中的某些人总在提醒我们，有些人灵魂中的那两颗犬齿依旧锋利。他们虽然是人，但灵魂还是野蛮的。

人类永远不可能绝对客观和公正。对表达者而言，分不清“相对”和“绝对”。在表达者自己的语境里只有正确和不正确。一个人之所以是他自己，就是因为他相信自己的存在，相信自己的所思所想，以及自己一切行为的逻辑自洽性。毫无疑问，一个人认为正确的观点，在他的世界无疑就是正确的。

“所有穿比基尼的女人都让我讨厌”这是主观的陈述，但是它限定在自我的边界内，所以并没有问题。

“所有穿比基尼的女人都让人讨厌”就越过自我的边界了，有明显的攻击性。

为什么当你听到某些观点的时候会感到莫名的愤怒？仔细分析一下这些让你生气的观点，你会发现它们不仅都具有排他性，还有不同程度的攻击性。当捍卫了某些人说话的权利，就相当于剥夺了其他人说话的权利。

一个人如果能跳出自我局限，用一个更大的视角来审视自我的存在，那么，他对他真正信仰的真理会更加执着，甚至超越自己的生命。而对那些不那么坚信的观点会很谨慎，所以在绝对化的观点前面加上看似多余的限定词“我认为”，以消除观点的排他性。只有观点本身消除了排他性，才适用于伏尔泰的那句“我不同意你的观点，但我誓死捍卫你说话的权利”。

在观点前面加上“我认为”的限定词，作用是把绝对的观点变成非排他性观点，也可以说是增强了观点的包容性，让其可以和其他相互冲突的观点并存。但观点的包容性不仅仅取决于语言修辞。并不是一个观点用了“我认为”三个字就很宽容。也不是语言用得客气、委婉，就代表包容。就像一个劫匪拿着枪指着你说：“我认为你可以借点钱给我。”语言虽然很是客气，语气也很温柔，但造成的事实却无疑是强迫性的。

“西瓜好吃，冬瓜不好吃”这句话在表达者的语境里隐藏了一个叫“我”的立场，其完整的形式其实是：“【我认为】西瓜好吃，冬瓜不好吃”。这是一个清晰的，并且立场分明的独立观点。说者表达了这样的观点，对听者而言则是提供了一种参考。瓜好不好吃，表达者做出了他自己的判断，其他人不管“认同”还是“不认同”都有选择的自由。双方的权利都不会被侵犯，还有机会通过取长补短，相互获益，这才是正常的交流。

这本书创造了一种语境。当读者主动来认识某些不知道的东西，或者读者在某些认识的基础上主动来收集某些信息，在这种关系中，本书中的观点都有一个隐藏的立场。你可以理解为这些观点都有一个隐藏的前缀词：“我认为”。而读者的视角就是“他认为”。显然，读者有权选择听或者不听，信或者不信。这样的观点是与读者所持有的不同的观点，是包容性共存的。读者可以在诸多共存的观点中取其真、去其伪，择其利、避其害，从很多不同的言论中筛选、整合形成自己的看法。

把自己的画作分享给朋友，朋友看完后说：“我不太喜欢”。看似不近人情，其实是既真诚又得体的表达。他本来可以说：“这副画不好看”。事实上他心里可能就是这么想的，但他没有这样说。看似自以为是的回答，其实充满了智汇。大多数时候，对于自己不了解或无法把控的东西，最好保持沉默，这种沉默不是不敢越雷池半步的保守，也不是假装什么都不知道的掩饰，更不是假装什么都知道的自欺欺人，而是一种分寸。

“西瓜好吃，冬瓜不好吃”这句话，如果表达者是一个推销西瓜的人，语境就有所不同了。推广自己的观点与推销自己的西瓜本质上是相同的。当读者被要求了解这本书，没有建立相关认识的读者会有种被命令的感觉，而持有与之不同观点的读者则有种被嘲笑的感觉。即便书中的观点明确使用了“我认为”这样的前缀词，绝对化的观点仍然挡不住有排他性。这时候读者会陷入被迫表态的窘境。因为保持沉默可能就意味着默认。迫使别人表态是一种冒失行为。有些观点输出给人以“好为人师”的冒昧之感，往往就是因为不合时宜地输出了排他性观点。这种不合时宜，可能是观点本身的问题，也可能是表达方式的问题。

包容并不意味着避免批评。当我们批评某些人和事的时候，一定要交代清楚时间、背景，尤其要明示具体的对象。不可以把少数人的错误强加到无辜的人头上。一颗老鼠屎和一锅汤不一定有关系，把老鼠屎和汤搅在一起才是大问题。

有些话对于你自己而言可能是真实的，但是对于其他人来说往往并不是。不恰当的言语会造成不必要的误解。你的邻居自私又愚蠢，你可以说："隔壁的家伙无可救药"，但你不能说："× 国人无可救药"。你的伴侣品行不端，你可以抱怨说："我的男人不是什么好东西"，但你不能说："天底下的男人都不是好东西。"

极端言论天然具有排他性，不给他人留任何余地。

当我们批评某个观点的时候，一定要有自己独立的观点。所谓独立的观点并非一定会绝对正确。观点不一定会正确，但是一定要有能够立住脚的逻辑。有的独立的思想、独立人格和独立思维体系的人，不会轻易否定不同于自己的人，更不可能干出辱骂、攻击这种事情。

当我们表达自己对某些人、某些事的反对时，一定要记得只能谨慎地代表自己，不能轻易代表别人。有很多人讨厌那个人，同时往往就有很多人喜欢那个人，一定不要忽略这个事实。哪怕是一个十恶不赦的罪犯，他都有妻儿父母，至少他的妻儿父母是爱他的。

（四）观点的正当性

如果两种观点本身很明确，有交叉，并且不是完全互斥的，也未必能争出对错。尽管对立，但在各自的体系中可以分别是正确的。这时候争执的根本原因并不是观点的矛盾，而是体系的冲突，或者说领地的冲突。这时候问题的根本不在于谁对谁错，而在于输出的正当性。告密者、闯入者和破坏者就是不正当的。

1. 告密者

不可告人的秘密不一定都是羞耻的或者危害他人的东西。就连夫妻之间都会有各自的隐私，普通人之间更是如此。告密者，就是把这种私下的言论，拿到不应该的场合上。比如有些私密的言论未必是出于恶意，也未必会形成恶意的伤害，但如果把这样的东西传播出去，往往就会构成事实上的恶意，导致矛盾激化。民间把这种喜欢搊掇是非的人称为“长舌妇”。

2. 闯入者

社交圈内部有统一的立场，否则他就无法存在于在这个圈子里。在一个喜欢吃西瓜的圈子里问：“西瓜为什么这么好吃？”在这个语境下，天然地有一个大前提——“西瓜好吃”。这个问题主要针对认可这个立场的人，它在圈内没有任何问题。如果有讨厌吃西瓜的人突然闯入，并在这个群里大肆攻击其他成员，不管他是否有理有据，都侵害了他人的正当权利，属于不正当的闯入者。

3. 破坏者

宪法保护言论自由。如果圈外的人“被动”接收到圈内的观点，说明圈内的观点正在传播。对于在传播的观点，就不存在告密者，也无所谓的闯入者。比如在一群可能并不喜欢吃西瓜的人群里大声喊：“西瓜为什么这么好吃？”，“西瓜好吃”的前提都不成立，那么“为什么”自然就不成立。对于不喜欢吃西瓜的人来说，这个问题对他构成了冒犯，有权对这个观点进行反击。

圈内里的言论没有被局限在小范围内，流传到圈外，就是一个可以公开讨论的问题。这时候立场不再天然具有统一性，不存在谁闯入的问题。立场不同，支持的观点自然不同。在这个语境中，所有的言论都是平等的，同一个问题上持不同观点的人唇枪舌战、相互不服在所难免。

我们的身份、地位和运气可能是不平等的，但至少大家争取自己需要的东西的欲望是平等的。如果某个人或者某组织破坏了这个语境下的平等性，就是不正当的破坏者。

六、分歧

苏格拉底可以说是在伸张正义，但多数人只能算是声张“自己认为的正义”。娱乐明星的粉丝相互争吵也是某种正义。为了心中的正义感，人们总会因为某些看似不相关的人或事争吵，很难彼此妥协，再过几千年也是如此。

（一）理性分歧

人们一方面需要不断向他人传达自己的观点，另一方面也需要不断地从他人的言论中获取自己不知道的知识，包括对自己的评判。因为有交流，所以自然就会存在分歧。其实也可以这样说，有分歧才有交流的可能性。

战国时代的“百家争鸣”就是大范围的理性分歧，是文化大繁荣的时代。可惜，这种繁荣并没有能持续多久。有人把“百家争鸣”的衰败归咎于秦始皇罢黜百家独尊儒术的运动，以及那场文化灾难——“焚书坑儒”。但我认为，这些都只是文化盛极而衰的诸多让人痛心的结果之一，而不是根本原因。

庄子生活的时代流传着这样一个故事：

> 鲁遽的弟子说：“我领悟了先生的道，冬天能烧鼎，夏天能制冰。”
>
> 鲁遽说：“这只不过是以阳招阳，以阴招阴，不是我的道。给你看我的道。”说完，鲁遽当众调整好瑟弦，一张瑟放在客厅，一张瑟放在书房。鲁遽弹奏这张瑟的宫音，那张瑟的宫音也随之应合。鲁遽弹奏这张瑟的角音，那张瑟的角音也随之应合。一根弦动，二十五根弦都会跟着动。每根弦都会发出特别的声音，但始终只能听到一个调。

某天庄子和惠子谈到了这个故事，似乎出现了某些分歧。具体是什么分歧没有记载。春秋战国时代的文字是记录在竹简上的，文字缺失甚至某些段落的颠倒都很容易发生。关于鲁遽的那个故事，《庄子》中可能丢失了一些东西，加之文化的变迁，现在已经很难理解这个故事的“笑点”了。这类似于中国人看美国人的脱口秀节目，台下的美国人哈哈大笑，但是中国人却不明白他们究竟在笑什么。尽管如此，我们从这个故事中还是大致可以看出，庄子在批判诸子百家。

庄子对惠子说：“射箭的不依预定目标而误中，称他是善于射箭，那么天下的人都是神射手，可以这样说吗？”

惠子说：“可以。”

庄子说：“天下本没有共同认可的正确标准，却各以自己认可的标准为正确，那么普天下都是唐尧那样圣明的人，可以这样说吗？”

惠子说：“可以。”

庄子说：“儒、墨、朱、公孙龙四家，和先生你一共五家，到底谁是圣明的呢？都是周初的鲁遽那样吗？”

惠子想了想反问：“如果儒、墨、朱、公孙龙四个加上我一起辩论，针尖对麦芒，你觉得会怎样？”

庄子说：“不怎么样。以前齐国某个人的儿子被送到宋国，让宋国的守门人帮忙看管。后来他去找儿子，却始终滞留在齐国，甚至没有走出齐国的郊野。怀里揣个古董小钟，包了又包，捆了又捆，生怕破损，对待儿子却这样。我看你们跟这个齐国人都是一个德行。”

惠子一头雾水：“我没明白你的意思。”

庄子说：“怀里揣的古董小钟不就是你们各自的学说吗？至于那个儿子，不用我再多说了吧。”

惠子回敬道：“恕我直言，难道你不是跟我们一样吗？”

庄子又说：“非也。从前楚国有个人寄居别人家而怒责守门人，半夜无人时，走出门来又跟船家打了起来，还不曾离开岸边就结下了怨恨，你们跟他差不多。我庄周还不至于像你们这些家伙一样自以为是。一天到晚争来吵去，却连道的本质都不理解。[①]”

广场舞也是一种文化，不需要多高雅才能称为文化。但文化需要不断发展才能繁荣，继而对社会的发展起到真正的推动作用。很可惜，“百家争鸣”并没有做到持续繁荣，只是在历史的长河中昙花一现。

“百家争鸣”衰败的原因不是来自外部，而是来自内部——诸子百家自己。其实说到底，那样的争论也不是那么理性。就像如今，争论的人是很多，一言不合就互怼。走进舆论场，就像一头扎进了马蜂窝。

这个世界也许本来就嘈杂，也应该是嘈杂的，但这种嘈杂有两种完全不同的呈现方式。一种是和谐的嘈杂，就像熙熙攘攘的街道，美好而繁华。另一种就是不和谐的嘈杂。不和谐的争吵，结果是越来越倾向于对立，而不是渐渐达成共识，从而整体向更高的层次发展。

（二）非理性分歧

事物何止两面性，应该说有很多不同的面。不同的人对同样的事物自然会存在很多不同的认知。智慧的人总是渴望与不同的人交流。他们能意识到彼此的不同，且会用心去了解彼此的不同之处。如果有人指出他们的

① 《庄子·杂篇·徐无鬼》，原文：庄子曰：“射者非前期而中谓之善射，天下皆羿也，可乎？”惠子曰：“可。”庄子曰：“天下非有公是也，而各是其所是，天下皆尧也，可乎？”惠子曰：“可。”庄子曰：“然则儒墨杨秉四，与夫子为五，果孰是邪？或者若鲁遽者邪？其弟子曰：‘我得夫子之道矣！吾能冬爨鼎而夏造冰矣！’鲁遽曰：‘是直以阳召阳，以阴召阴，非吾所谓道也。吾示子乎吾道。’于是乎为之调瑟，废一于堂，废一于室，鼓宫宫动，鼓角角动，音律同矣！夫或改调一弦，于五音无当也，鼓之，二十五弦皆动，未始异于声而音之君已！且若是者邪！”惠子曰：“今乎儒墨杨秉，且方与我以辩，相拂以辞，相镇以声，而未始吾非也，则奚若矣？”庄子曰：“齐人蹢子于宋者，其命阍也不以完；其求鈃钟也以束缚；其求唐子也而未始出域：有遗类矣！夫楚人寄而蹢阍者；夜半于无人之时而与舟人斗，未始离于岑而足以造于怨也。”

问题，他们往往很乐意自我反省，这也是交流的意义。

人与人之间像地图一样是复杂的嵌合关系。两个人之间既有相合的面，也有相背离的面。一个人的某些行为遭到反对，导致这个人的一切都被否定，这是有违常理的。我们明知彼此有很多不同，可我们内心始终不愿意接受他人的不同。分歧的本质从来没有变过，没有增加也没有减少，但是人们变得越来越不能相互容忍，这在据称价值观多元化的现代社会很让人费解，到底是为什么呢？

过去人与人之间是靠现实社交关系联系在一起的，比如亲戚、同乡、同学，同事，等等，简单地说就是熟人社会。比如某个熟人在女权问题上和你持敌对的态度，你并不会攻击他，但是对陌生人就没有这种顾忌了，问题就在这里。如今，亲戚、同乡这种关系在大城市中几乎已经瓦解。同学和同事之间的关系在变得越来越冷淡。旧文化对人性的约束在减弱，新的文化尚未形成强大的约束。自我克制渐渐被自我放纵取代，人性中恶的一面就暴露出来了。很多事情佐证了这种猜测。

有天朋友突然质问我："你为什么骂我？"我赶紧否认。我怎么可能骂他呢？他把游戏记录翻开给我看，原来我真的骂了，只是我没注意到被骂的人竟然是他。我羞愧得无地自容，又是赔礼，又是道歉，恨不得扇自己一个耳光。我是真的为自己粗鲁的行为后悔吗？其实我只是觉得不该对认识的人这样无礼而已。换句话说，对陌生人就不用有所顾忌了。这个问题在大多数人身上都存在，只是少有人认真反思。

熟悉的人之间，明知道对方错了 y 出于礼貌，还是会用一种不确定的语气委婉地指出来：我觉得……，好像……，看起来……。这本来是很自然的事情，并非高情商的体现，其实只是我们相互之间有羁绊。如果没有这种羁绊，往往就没有这种敬畏之心。在互联网中，有些人但凡了解一点点别人不知道的东西，一定会迫不及待地当成优越感秀出来，尖酸刻薄的嘴脸暴露无遗。出现分歧的时候很容易丧失应有的理性与分寸，不能就事论事，动辄对他人进行人生攻击。

（三）非必要分歧

图 38　幻想与梦境

持有不同观点或者不同立场的人并不是不能和睦相处。我们都有自己独立的观点、立场、态度，但我们完全可以相安无事，各自过好自己的生活。

《庄子·大宗师》中有这样一句话：“相濡以沫，不如相忘于江湖。与其尧舜而非桀也，不如两忘而化其道。”

庄子应该不是劝说大家：你不要像“尧舜”那样仁慈，也不要像“桀”那样残暴。我理解这句话的背景应该是这样的：有这么一个皇帝，有人说他像“尧舜”那样仁慈，有人却说他像“桀”那样残暴。“尧舜”和“桀”是舆论的两个极端，很多人为此争执，你站在哪一边说话呢？相当于一些人歌颂当时的楚王是仁君，另外一些人又批判楚王是暴君。庄子则说：楚王不是仁君，楚王也不是暴君，他就是楚王而已。

不是说一个人必须去支持什么或者去反对什么，而是我们可以有自己的态度。三观不同，对事物认知差异太大的人，可以做到相互不打扰。所以后来楚王请庄子去楚国当宰相，他没有说楚王好，也没有说楚王不好，只说自己喜欢做一个穷困潦倒而自由自在的乡下人。庄子是说：面对某些纷争，我们根本就不应该站队，至少说不要急于站队。

> 真正明白的人并不在乎言语表面的意思。争抢鱼虾的人搞得湿漉漉一身，追逐野兽的跑得满头大汗，并非乐意这样干。所以真正的语言不是用言语本身，真正的作为不是表面上做出来的样子，和孤陋浅薄的人发生争执不是语言最终的目的①。

这个世界上很多伟大的东西都是很难仅仅用语言去描述清楚的，当然这不是说不该用语言去理解，只是语言的作用有局限。在事实面前，任何语言都是肤浅的。

庄子的文章中反复论述：道不可言说。如果把“道”理解为哲学思想，“哲学思想不可以用语言表达”，这我不赞同。哲学思想是可以用语言表达的，甚至可以说语言本身就是哲学，哲学就是语言的学问。如果说庄子所谓的“道”是一种精神，精神高于语言，精神不可谈论，我认为这样理解是恰当的。换句话说，擅长用语言说服别人的人可能很聪明，但不一定是智慧。

桑树和榕树区别很大，但它们都是树。思想往更高的层次，看到的是事物的共性，而不是彼此的分歧。我又想起了多年前为了大洋彼岸的事情争得失去和气的朋友们。如今他们应该都为人父母了吧。历尽沧桑之后再

---

① 《列子·说符》，原文：夫知言之谓者，不以言言也。争鱼者濡，逐兽者趋，非乐之也。故至言去言，至为无为。夫浅知之所争者末矣。

谈起类似的话题，或许他们会平静地说："啊，其实这些事情我不是很了解，愿闻其详。"

温伯雪子往齐国，路过鲁国。鲁国有人要见他，温伯雪子说："不行。听说中原的君子，明礼仪却心灵愚拙，我不想见。"

到了齐国，回城路过鲁国，那个人又要见他。温伯学子说："上次求见我，这次又来，一定有什么可以启发我的。"

温伯雪子出去见了客人，回来就叹息。第二天见了客人，回来又叹息。

仆人问："每次见到客人，回来就要叹息，为什么呢？"

温伯雪子回答："我早就告诉过你：'中原的人明礼仪却心灵愚拙。'刚才来看我的那位，果然道貌岸然。言行举止循规蹈矩，自带一股不可抵御的气势。对我的规劝像儿子对待父亲般恭顺，对我的传道又像父亲对儿子般严厉，所以我才慨叹。"①

孔子和温伯雪子见了面，却不怎么说话。

子路问："老师，我知道您想见温伯雪子很久了。现在见面却不说话，为什么呢？"

孔子说："他这样的人，思想境界已经超凡入圣。视线所触而道自存，已经不容再用语言了。"②

---

① 《庄子·外篇·田方子》，原文：温伯雪子适齐，舍于鲁。鲁人有请见之者，温伯雪子曰："不可。吾闻中国之君子，明乎礼义而陋于知人心。吾不欲见也。"至于齐，反舍于鲁，是人也又请见。温伯雪子曰："往也蕲见我，今也又蕲见我，是必有以振我也。"出而见客，入而叹。明日见客，又入而叹。其仆曰："每见之客也，必入而叹，何耶？"曰："吾固告子矣：中国之民，明乎礼义而陋乎知人心。昔之见我者，进退一成规、一成矩，从容一若龙、一若虎。其谏我也似子，其道我也似父，是以叹也。"

② 《庄子·外篇·田方子》，原文：仲尼见之而不言。子路曰："吾子欲见温伯雪子久矣。见之而不言，何邪？"仲尼曰："若夫人者，目击而道存矣，亦不可以容声矣！"

七、传媒

曾经有个朋友对我说："现在的社会到底怎么了？为什么自杀的人越来越多？"

我想了想说："你这个想法可能并不正确。自杀是从古至今就存在的问题。没有自杀率明显升高的统计数据，其他大多所谓的社会问题也都差不多是这样。你被媒体误导太深了。"

如果说当代社会的媒体不存在什么问题，那一定是夸大其辞。但如果我说现在的媒体存在什么问题，那也是乱说。这个行业存在什么问题，只有从事这个行业多年的专业人士才说得清楚。我只能从一个文化的体验者和观察者的角度阐述一些媒体、文化与大众心理的关系。

> 符号环境中的变化和自然环境中的变化一样，开始都是缓慢地累积，然后突然达到了物理学家所说的临界点。一条逐渐被污染的河流会突然变得有毒，大多数鱼类都灭绝了，有用成为一种危险。但是即使是这样，这条河看上去还是正常的，人们还是可以在上面划船。换句话说，即使河流里的生命都已经死亡，这条和还是存在的，它的用途也还没有消失，但它的价值大大降低了，并且它恶劣的条件对周围环境会产生不良的影响。我们的符号环境也是一样的情况。我相信，我们也已经到了一种临界点，在这种情况下，电子媒体决定性地、不可逆转地改变了符号环境的性质[①]。

有一次和某个长辈看电视，他指着电视中的反派人物半开玩笑地说："看电视能学到很多知识，凭我丰富的人生阅历，一眼就能看穿那是坏人。"我惊讶地看着他，不知道该怎么跟他解释。在我的印象中，他一直都是很精明的长辈，我没想到他竟然也会这样！一个人生阅历丰富的长辈

---

① [美]波兹曼：《娱乐至死》，章艳译，桂林：广西师范大学出版社，2004（5），第34页。

尚且如此，不谙世事的年轻人和孩子又会怎样呢？

为什么会出现这样的问题呢？电视剧里扮演好人的演员个个英俊潇洒，貌美如花，而坏人演员则总是龇牙咧嘴、歪瓜裂枣。我不是批判电视，也不是说导演应该找那些长相不好看但是“有内涵”的人来演主角。电视就是电视，需要好看的外表形象，这本是它应该有的态度。只不过我发现它竟然对我们的生活造成了一些意想不到的影响。

人的审美观本身就是一种偏见。我们认为美的东西，真的有那么美吗？当下的年轻人之间谈论谁好看的时候，基本上都在跟明星做比较，明星就是美的标准。而很多上过电视、有点小名气的人，在现实中总是有一种莫名其妙的优越感。但是，如果换个环境，在一个没有在电视上看过他们的地方，人们可能会觉得他们很普通。

现代人的审美很容易受到媒体的诱导，身在其中的人，不知不觉就被改变了。没有客观上的美，只有主观意识的美。审美心理本身不应该被指责，只是当不明白自己的审美是隐私的时候，就会把主观认识和客观事实强行关联，把自己的好恶强加于别人。

现实中的某些人不像电影里的坏人那样面目狰狞，但同样会把我们推下深渊。现实中的某些人不像电影里的好人那样身披铠甲，但可以救我们于水火。现实中的灾难不像电影中那样地动山摇，它也其实悄无声息而难以察觉。现实中的爱情不像电影里演的那样惊天动地，除了片刻的激情外更多的是平常和沉闷。现实中的友谊不像电影里那样纯洁，事实上总是伴随着各种矛盾。现实中的幸福不像电影里演的那样完美，事实上总是伴随着心酸和苦涩。

面对现实，演员也是一群敏感、脆弱、茫然的普通人。现在，只因为他们可以操控镜头，都成了人们纷纷模仿的大明星。

（一）受众

受众就是在赢得一切的热情和失去所有的恐惧之间疲于奔命。我们复杂的生活技术迫使我们在手段之上，建筑手段，直至手段应该服务的真正目标不断退到意识的地平线上，并最终沉入地平线下。

——格奥尔格·齐美尔[①]

1. 受众的被动性

一个社会的价值观不只主动体现在媒体上，还会被动地受媒体影响。

媒体上存在大量垃圾信息，有些人认为大众需要这些垃圾，并拿出统计数据作为证明，这种逻辑在我看来很荒唐。媒体是信息传播的载体，同时也是文化的创造者。很多时候并不是人们选择了这些乐趣，而是媒体培养了人们的乐趣。现代人的审美观都是媒体创造出来的。

大多数人不知道自己将来要成为什么样的人，不知道自己能把握什么，也很少能对自己的未来有清晰的认识。对各个领域的专业人员来说，有目的地检索、筛选和鉴别信息是一种基本技能。但是离开这个专业领域，在平常生活中他们通常也不会这做，也没有这么做的动力。

人们收集信息的时间、精力和能力都是有限的，说白了大众是盲目的，接收信息的方式是被动的，看到什么就吸收什么。这注定了大众的思想冥冥中会被社会中的暗流左右。

2. 受众的先入为主

人的思想有种叫先入为主的认知模式，先进来的，总被认为是主流的，后进来的都是非主流的。媒体上的东西会让我们误以为大多数人都是如此，比如一时间报道了很多品质低劣的人，这可能让我们觉得大部分人素质都很低，于是自己很有优越感。电影中的主角美貌绝伦、天赋异常、无所不能，这又让我们多少会产生贬低平凡的自己的情绪。愿意看什么、

① 格奥尔格·齐美尔（Georg Simmel，1858—1918），德国社会学家、哲学家。19 世纪末、20 世纪初反实证主义社会学思潮的主要代表之一。

听什么、学习什么都是我们的自由，也许正因为这种自由，让我们总是带着先入为主的局限。

如果虚假的谣言先被接受，真实的信息就会被淹没。总是接受没有价值的垃圾信息，接触到有价值的东西自然就少了。坏的东西进来了，好的东西必然会被阻挡在外面。这就是劣币驱逐良币的逻辑。

3. 受众的注意力局限

现代社会，注意力是一种非常稀缺的资源。为了吸引人们的注意力，媒体就开足马力。

> 时尚评论的价值不在于褒还是贬，而是在于它有没有出现在头条。
>
> ——克里斯汀·迪奥[①]

不管是校园里还是社会上，得到漂亮女生的往往是那些死缠烂打的“牛粪”男。女生对他们的印象未必会有多好，然而经过软磨硬泡，总会被感动。难道她们没有想过那些“好”是有目的的吗？显然知道这一点，但还是会陋习情感，原因很简单：注意力被吸引了。任何人的注意力都是有限的。一旦注意力被占据，即便是讨厌，也终有一天会慢慢变成好感。

再看看广告，人们明明知道商家出了钱做广告，但就是更愿意买这种广告产品。其实商品和广告没有任何关联性，他们需要的仅仅是观众的注意力。所以电视节收视率很重要。收视率越高，商品对人们的注意力占有越多，广告收益也就越大。

4. 受众容易被误导

比如你可能这一辈子都没有机会去某个国家旅行，于是你通过媒体

---

① 克里斯汀·迪奥（ChristianDior，1905 年 1 月 21 日—1957 年 10 月 24 日），出生于法国格兰维尔，毕业于科学政治学院，设计师，迪奥的创始人。

了解这个国家。你根据媒体的描述产生了对这些地方的喜欢或者厌恶的情绪，这没有问题，你只能依靠他们获取信息。尽管如此，你还可以选择相信或者不相信，或者将信将疑。但是如果你完全意识不到媒体会有导向的话，可能就不太妙了，你可能被“深度误导”。深度误导就是你相信那些编造的东西就像太阳每天都要从东边的天空出来一样，当有一天“太阳突然从西边出来”的时候，你可能无论如何都不会接受。

媒体指向哪里观众的注意力就聚焦在哪里，但镜头那么小，信息那么片面，人们事实上难以觉察真实情况。这种引导不一定都是恶意，但是存在着风险。需要强调的是，这种风险和行业没有关系，人类掌控的东西普遍存在这种风险。

5. 媒体道德知觉的缺失

媒体可能是组织或者个人，他们可能出现“没有道德知觉”的情况。比如，记者开枪把一个路人打死了，他可以辩称这是上级的命令，而自己只不过是奉命行事而已。在他看来，至少自己在道德上没有责任。他的上级可以辩称是手下理解有误，原本是要求记者向天空开枪，责任在于记者不听话。这样一来，所有人都摆脱了道德上的束缚。有时候这种辩解是诡计，但很多时候这种辩解就是事实。这种事实消解了作为一个有血有肉的人应该具有的道德感，这就是“没有道德知觉”。

6. 媒体自身利益的裹挟

媒体是一种传达信息和反馈信息的工具。如果把一个社会比作一个人，那么各种各样的媒体就是这个人的感觉神经。理论上这些感觉神经传递的信息应该是真实、准确、源于事实的，但是现实并非总是如此。很多媒体裹挟着商业利益。设想一下，如果你身体里的感觉神经有自己的想法会怎样？

（二）潮流

世界很大，只是我们能看到的很小。时间很长，只是我们能经历的太少。

一个人的思想形成，不管是常见的还是稀有的，都有一定的偶然性。独立思考很难。口口声声独立思考的人未必就能做到。事实上，这个世界上根本不存在完全独立思考的人。即便他做了所谓最正确的选择，也不一定就是独立思考的结果。

生物学上有一种“印随行为”。刚孵化的小天鹅如果没有母天鹅，就会跟着人或其他行动目标走。奥地利动物行为学家康纳德·洛伦兹曾做过这样的实验：他把灰雁蛋分为两组孵化：一组由母雁孵化；另一组由孵化箱孵化。结果由孵化箱孵化出来的小雁把洛伦兹当成了妈妈，洛伦兹走到哪儿，小雁也跟到哪儿。如果把两组小雁扣在一只箱子下面，当提起箱子时，小雁会有两个去向，一组向母雁跑去，另一组则跑向洛伦兹。自从这些孵化出来的小雁记住了洛伦兹后，即使到了成年，它们依然跟着他。

人在思想上也有类似的现象，也就是先入为主。对同样的事物给出两个完全矛盾的评论，然后分别以这两个矛盾的评判为中心去解释，可能都解释得通。但是人往往只认为自己最先看到的那个答案才是正确的，不仅如此，还会本能地对与最初的认识不符的其他观点产生排斥心理。假如统计表明多数人认为刘备是一个大英雄，这个结果几乎不会对你造成影响，但是如果你身边有个人天天骂刘备是个伪君子，很可能你不知不觉也会跟着认为刘备是伪君子，并在潜意识里认为这才是正确的。事实证明，人受感官支配的程度远大于理性分析的影响。先入为主的思想即便后来被证明是错误的，也很难纠正。

如果你是少数派，可能并不是你天生就应该成为少数派，而是因为你印随了少数派的人而已。

1. 没有真情的表达

人们的语言表达有自己的文化特点，其中某些特点存在下述情况。

（1）套话被大量使用

套话往往自带押韵，朗朗上口，使用也不怎么费脑子。比如，在汉语里套话有两层意思。一层意思作为动词，“套”作为圈套理解，表示在对话中放出一些诱饵，诱导对法表达出自己的某些真实想法。而当“套话”作为名词使用的时候，“套”作为固定语言模板理解，主要的作用恰恰是避免被别人套话，避免被人知道自己的真实想法。借用这些套话表达自己想要表达的意思的同时，自己内心真实的想法也可以隐藏起来。我不太清楚这种习惯怎么形成的，以及到底有什么好处，但是看起来的确起到了这样的效果。

（2）刻板的语气和语调

习惯套用固定的语气和语调。人在交流中往往会下意识地相互模仿，这在心理学中是很正常的现象。人类孩童都是模仿者，直到他能自主地表达自己的意思。

（3）对名人名言过度地引用和解读

沉迷于咬文嚼字。当人们要表达一个观点的时候，往往不会直接说出自己的内心的真实想法，一定要引经据典，通过解读圣人的伟大思想来表达自己的意思。名言之所以是名言，不在于遣词造句，也不在于一鸣惊人，是因为说这些话的人的身份、地位、成就、传奇的人生。综合所有这些，名言才有其意义。如果有人被一句话改变了命运，那绝不是因一句话，一定是因为他的思考和付出，而那句话只不过是一个标签而已。这个道理其实大家都明白。人们普遍是很愿意思考的，只不过人们在自己的身份认同上始终存在自卑，不敢以自己的身份讲话，也不知道该怎么用自己的语言表达自己的想法，所以才有选择、倾向性地解读名人名言。

我们使用语言的习惯不止这些，但我列举的这些以显示我们的语言习惯（注意，我指的是使用语言的习惯而不是语言本身）存在刻板的问题。

我怀疑，在我们的语言上的这种刻板可能影响了我们的思辨能力的发挥。总是套用固定的模板交流，相比于吞吞吐吐表达自己观点的老实人来说，看不到任何真实的情绪，也缺乏可靠的逻辑推理。

2. 没有灵魂的机器

机器能思考吗？为了验证这个问题，计算机之父阿兰·图灵设计了一个测试场景：测试者使用测试对象都理解的语言去询问两个他看不见的对象任意问题。这两个对象分别是一个人和一台机器。经过若干询问以后，如果测试者不能区别人和机器，则机器就被认为具有思考能力。计算机技术在日新月异地进步，据说易经有 AI 机器通过了图灵测试。

机器越来越像人，某些人却正在变得越来越像没有灵魂的机器。似乎人类社会正面临这样一种困境：当人们谈论什么的时候，并没有在真正地思考，只不过是在复述某些东西。

上大学的时候，我“发明”了一把菜刀。设想是一刀下去能同时切很多片，还能调节切片的厚度。我运用大一学到的机械制图技术绘制了这把菜刀的图纸，然后把设计图纸给老师，不出意外地，我遭到很多人的嘲笑。他们觉得这个发明很老土。那时候已经有同学在跟着时髦搞机器人、图像识别、频谱分析之类的科研项目了，相比之下，我的发明显然有点自惭形秽。后来，我也参与了一些看起来似乎很高大上的科研项目。我很努力也很用心，但是不知为何，从那以后我就没法真正投入其中了。

我不是在为自己当年的那种“民科式”的想法申辩什么，我想说的是，我们应该有自己的真实想法，尽管可能不是那么优雅，尽管可能不规范，甚至可能还有些问题，但那才是真实的自己，我们应该用这样的心态投入工作和生活中。

从根本上来说，这是工业社会的特点：强调竞争、效率和标准化。这种思想渗透到了我们的工作、生活以及教育等方方面面。信不信由你，我们正在变得像没有灵魂的机器。

3. 没有缘由的愤怒

有人为正义无法伸张而愤怒，有人为弱者被欺负而愤怒，有人为利益受损而愤怒，有人看起来愤怒但其实并不知道自己在为什么而愤怒。当他们指着象棋里的王说："这是王"的时候，他们是否清楚"王"这个名称是干什么的，只有他们自己心里清楚。

> 为了能够询问一件东西的名称，必须已经知道（或能够做到）某些事情。但必须知道的是写什么呢？指着象棋里的王对一个人说："这是王"，这并没有对他解释这个棋子的用法——除非他已经知道了这种游戏的诸项规则，只是还不曾确定最后这一点：王这颗棋子的样子。我们可以设想他已经学会了象棋的诸项规则却没有见过实际的棋子是什么样子的。棋子的模样在这里与一个词语的声音或形象对应。……可以说：只有已经知道名称是干什么的人，才能有意义地问到一个名称[①]。

为了逃避天敌，动物们有各种各样的求生策略。一种是躲避捕食者追踪，让天敌不容易发现自己的踪影。另一种是警告捕食者不要靠近。这种生物通常都很危险，比如色彩斑斓的毒蛇。还有一种策略：脆弱，但并不隐藏自己，反而招摇过市，让捕食者以为很危险，比如盛产于美洲的猩红王蛇（Lampropeltiselapsoides）。这种蛇和有剧毒的珊瑚蛇长得很像，但它不但没毒，还不喜欢咬人，是比较安全的宠物。

人们在交流中的某些行为和这种动物的生存策略类似：通过某些行为让自己看起来比较厉害。理论上，当说出一个句子的时候，就是要让别人接受这些句子所传达的信息，但在"拟态行为"的模式下，他并不明白这句话的意思，只是在模仿。

说话的人并不关心正在与他交流的对象（指任何事物，包括自己）的

---

① ［英］维特根斯组：《哲学研究》，陈嘉映译，上海：上海人民出版社，2001，第 24 页。

感受，而是关注旁观者的感受。他真正的目的是吸引旁观者的注意力，或者说构建一种自我印象。就像一个演技平平的演员在你面前背诵他都不明白的台词，你知道他没有真正对你说话，他也知道你知道他没有在对你说话，他在表演。渐渐的，你会养成一种习惯，在听，在看，但什么也听不进去。因为大家都很清楚，他其实什么都没有说，只是在模仿而已。

> 无心发怒的情况下发出的怒才是真正的怒。无心作为的心境里努力作为才能有所作为[①]。

鲁迅的文笔以直入人心著称，非常有感染力。但这种感染力不适合心智还未健全、阅历还不够丰富的少年模仿。在掌握深刻的思辨能力之前，先学会了愤怒的语气和犀利的辞藻，这对人的修养有影响。

4. 没有思想的观点

小时候父亲用废报纸和米汤帮我糊了一个纸风筝。它飞得很高、很稳，我很开心，牵着它在乡间小路上跑来跑去。后来风筝挂在一棵桑树上，尾巴蹭掉了。我学着父亲的样子把风筝尾巴重新糊上去，但是，它却再也飞不稳了，总是在空中打转，然后一头栽在地上。我不明白，风筝的尾巴只是落下来了，原样粘回去，什么都没有改变，却再也飞不起来了。想到可能是自己的手艺有问题，我去找父亲帮我把风筝的尾巴重新粘上。我以为，风筝是父亲做的，他一定可以修好它。父亲把风筝尾巴取下来，调整了一下角度粘回去。然而，风筝还是飞不起来。父亲说："坏了。"我问："哪里坏了？"父亲只是摇摇头。后来父亲给我做了一个更好看的风筝，飞得更高，飞得更稳。但我还是会忍不住去想那只坏掉的风筝，它还跟原来一样啊，到底哪里坏了呢？

人心就像那只风筝，当它再也飞不起来的时候，才会发觉它已经坏

---

① 《庄子 · 杂篇 · 庚桑楚》，原文：出怒不怒，则怒出于不怒矣；出为无为，则为出于无为矣。

了。一个时代的没落就像那只飞不起来的风筝。不知道它到底哪里出了问题，就是怎么也飞不起来。

这是一个自信的时代，这也是一个浮躁的时代。

每个人都想重新定义被无数人定义过的东西，每个人都想反转那些被无数人确定的事件，每个人都想拥有那些被遗忘了的神秘力量，每个人都自认早已看透了这个世界。

很多人热衷于传播别人不知道的知识，“知识的搬运工”是现在很多知识分子的自谦。其实即便真的是一个知识的搬运工，我觉得也很了不起。古阿拉伯人就是伟大的知识搬运工，后世敬仰的灯塔。知识的传播和创造一样伟大。但欺世盗名就很悲哀了。

我们本来有很多时间去思，但很少有人愿意这样做，因为我们都害怕面对真实的自己，这是我们面临的困境。在这种困境中，很多人似乎并没有自己的思想。他们说着自己都无法理解的话，做着自己都无所谓的事，表达着自己都不明不白的观点。

5. 没有意义的交流

（1）表演式的交流

生活中面临的问题分为不同层次。最上层的是大问题，比如道德、信仰等，是抽象的又是根本的，是玄的也是实在的，是不可触碰的又是可以感受的，是可见的又是无法操作的东西。大问题下面有小问题，小问题下面还有更细碎的问题。能拿出来交流的，其实都是一些具体的、细碎的、可以操作的东西。

比如“幸福”是一个复杂的“大问题”，不管是理解它的意义还是实现它的途径，都绝对不是简单的事情。获得高学历很难，升职很难，加薪也很难，但是这些事情并不复杂。实现人生的幸福是一件很复杂的事情。即便你拿到高学位，升职又加薪，即便你成为最富有的人，也未必能得到幸福。

你问情侣或夫妻中一方幸不幸福，她或他多半会看伴侣一眼，然后很坚定地说："幸福！"口中说着"幸福"的时候，心里可能在想着对方的种种问题。如果只停留在这个大问题上，一切的交流都是徒劳的，得到的答案永远都是口是心非，为什么会这样呢？

对于一个成年人来说，道德、信仰等这些都是早就决定了的东西，就像心脏、脉搏和肺，不用学习心脏和脉搏也会跳动，不需要刻意去关注肺也会呼吸。当你和他人谈论这类话题的时候，正常情况下会发现每个人的三观都很正，这是必然的。正因为是必然的，所以谈论没有意义。

如果你问一个不懂事的小孩开不开心，他开心就会说开心，不开心就会说不开心。但是如果你问一个懂事的小孩子，当他不开心的时候可能也会说开心。类似的，大人都是"懂事"的，要考虑的问题很复杂，必然会回避某些东西。问题不在于这种回避，而在于人们面对它的态度。没有必要的问题不需要问，没有意义的回答可以不听。一个没有灵魂的演员问的都是一些不需要问的问题，给出的都是一些没有意义的答案。

（2）剧本式的交流

在某些交流中说话的人是没有带耳朵的。他们心中有一个剧本，他就是这个剧本的编剧和导演，别人要怎么回应他已在这个剧本里写好了。虽然他做出在听的样子，其实也仅仅是剧本的需求。他根本不会在意别人表达了什么，即便有，也会把与剧本无关的东西全部过滤掉。对方只有完全按照他的剧本上的台词来才能和他顺利地交流下去。你不需要犹豫，也不需要思考，只需要顺着他预设好的剧本来就好。

当下年轻人的婚姻观和恋爱观被影视媒体影响太深了。很多年轻人丧失了交流的能力，尤其是情感交流的能力。剧本在他们的世界观里不是一种艺术，而成了生活本身。要么把生活过成剧本，要么把剧本当成生活。

6. 没有情绪的快乐和悲伤

内在的悲伤和快乐是隐秘的东西。一个人在小黑屋里产生的情绪一般会隐藏，甚至会加以掩饰。真实的快乐不一定会表现出来，而表现出来的快乐往往不一定是真实的，悲伤也是同样的道理。

有时候我们确实有必要让他人了解自己真实的情绪。比如婴儿要奶喝时的哭闹，因为他必须让母亲明白他饿了。又比如人生病受伤时的呻吟，因为这时候需要被照顾。婴儿哭闹是需要哺乳，病人呻吟是因为伤痛。这些并不是悲伤本身，只是一种“表演”。因为没人能进入另一个人的心里体会别人的感受。谁都没法直接看到所谓“真实的”快乐或悲伤是什么样，只能通过别的什么东西间接感受，但这些表演和我们真实的内在的情绪终究是不同的。

图 39　一只失去母亲庇护的黑猩猩孤儿

（它的名字叫奥斯卡，源于 2012 年美国纪录片《黑猩猩》，失去了成年黑猩猩的庇护，一时也无法融入其他群体，只能蜷缩在地上，手指无意识地在空地上拨弄泥土，像极了一个委屈的人类小孩。）

在戏剧中，为了让观众形成这个角色是坏人的意识，剧本会刻意安排这个角色去做一些让人讨厌的事情，甚至刻意安排一些恶劣的事情来突显他的恶。为了让观众形成这个角色是好人的意识，会刻意地善良。戏剧会为了某种情绪的幻觉而虚构一些东西，它的逻辑和现实是相反的。

根据历史记载，戏剧已经诞生两千多年了。在古希腊时期，一个伟大的戏剧家的社会地位不亚于一个伟大的哲学家。戏剧大多是虚构的，纯粹就是为了吸引别人注意力而表演。戏剧的意义在戏剧之外，确切地说来自观众的回忆和联想。我想无论是戏剧表演家还是编剧，都只是让人们深深地陶醉在角色的精神世界中，而不是对表演者的自我炫耀有什么兴趣。

不知道大家有没有仔细观察小孩子的过家家游戏，或者类似过家家之类的角色扮演，大多数孩子都有这种表演行为。表演是人类与生俱来的天赋，但是随着孩子渐渐长大，这种天赋会消失。

观众观看的虽然是发生在别人身上的事情，但其实关心的还是自己的感受。如果表演者只是在卖力地炫耀自己，自然不会讨喜。所以对一个演员最糟糕的评价莫过于“演谁都像演他自己”。

当你感觉别人过得很快乐的时候，你要清楚：别人所谓的快乐未必适合你自己。所以不要盲目地去追求别人的“快乐”。如果猴子每天都被投喂那些让它们快乐的食物，猴子会越来越肥胖，脱毛越来越严重，行动越来越迟缓，目光越来越呆滞，最后疾病缠身，像得了瘟疫一样死去。如果人的一生只在追求这样的快乐，那么这个人反而不会快乐。寻找一些属于自己、适合自己的东西，有时候尽管你看起来不那么快乐，但其实可能那才是你真正需要的。

子桑户、孟子反、子琴张三人在一起谈话，说：“谁能相与于无相与，相为于无相为。谁能登天游雾，挠挑无极。相忘以生，无所穷极！”三人内心契合，相视而笑，于是结成好友。

不久子桑户死了，还没下葬。孔子听了，就派子贡前去帮助料理丧事。子贡看到，孟子反和子琴张一个在编曲，一个在弹琴，相互应和着唱道：“哎呀——桑户啊！哎呀呀，桑户啊！你已经回归本真，我们还在俗世中挣扎彷徨呀！”

子贡听了上前问：“请问，对着死者唱歌，合乎礼仪吗？”

二人看了看子贡，然后相视而笑：“这小子哪里懂得礼的真意！”子贡回去后，把见闻告诉了孔子，说：“那是些什么人啊？一点都不懂礼仪，放浪形骸，面对着死者唱歌，没有任何悲哀的神色，没有德行到简直无法形容！”

孔子说：“他们是方域之外的人，而你我都在方域之内，方域之外和方域之内是不同的。我派你前去吊唁，怪我不会处事！这些方外之士和造物结伴而游，逍遥于天地之间。他们把人的生命看作凝结的气息，气散则人亡。在他们的眼里，死亡就像脓疮破裂一样，完全不被当回事！人的躯体也只是生之物，心中的大道才是真我。不以物喜，不以己悲。他们蓬头垢面的时候依然逍遥自在，疾病缠身却仍然自得其乐，又怎么会拘泥于世俗，给世人表演礼节看呢？”

子贡说：“那你觉得，做人是在方域之内好，还是在方域之外好？”

孔子说：“老师我是因为受到上天的刑法才困在方域之内呀！不过，我们都应该想想。”

子贡问：“怎么才能达到他们的境界呢？”

孔子回答：“鱼的生命在于水，人的生命在于道。生在水里的，挖个池子养着。活在道里的，自然而然就安定了。所以说，鱼相忘于江湖，人相忘于道。”

子贡问：“就像那两个奇人一样吗？”

孔子回答：“这些所谓的‘奇人’虽然不合乎人情，却合乎天道。你明白吗？俗世所谓的君子，在天那里可能其实是小人。而俗世所谓的小人，在天那里恰恰是符合天道的君子[①]。”

① 《庄子·内篇·大宗师》，原文：子桑户、孟子反、子琴张三人相与友曰：“孰能相与于无相与，相为于无相为；孰能登天游雾，挠挑无极，相忘以生，无所穷终！”三人相视而笑，莫逆于心，遂相与友。莫然有间，而子桑户死，未葬。孔子闻之，使子贡往侍事焉。或编曲，或鼓琴，相和而歌曰：“嗟来桑户乎！嗟来桑户乎！而已反其真，而我犹为人猗！”子贡趋而进曰：“敢问临尸而歌，礼乎？”二人相视而笑曰：“是恶知礼意！”子贡反，以告孔子曰：“彼何人者邪？修行无有而外其形骸，临尸而歌，颜色不变，无以命之。彼何人者邪？”孔子曰：“彼游方之外者也，而丘游方之内者也。外内不相及，而丘使女往吊之，丘则陋矣！彼方且与造物者为人，而游乎天地之一气。彼以生为附赘县疣，以死为决疣溃痈。夫若然者，又恶知死生先后之所在！假于异物，托于同体；忘其肝胆，遗其耳目；反复终始，不知端倪；芒然仿徨乎尘垢之外，逍遥乎无为之业。彼又恶能愦愦然为世俗之礼，以观众人之耳目哉！”子贡曰：“然则夫子何方之依？”孔子曰：“丘，天之戮民也。虽然，吾与汝共之。”子贡曰：“敢问其方？”孔子曰：“鱼相造乎水，人相造乎道。相造乎水者，穿池而养给；相造乎道者，无事而生定。故曰：鱼相忘乎江湖，人相忘乎道术。”子贡曰：“敢问畸人？”曰：“畸人者，畸于人而侔于天。故曰：天之小人，人之君子；人之君子，天之小人也。”

第九章
文化

图 40　江苏贾汪区青山泉出土的东汉画像石（临摹）

建筑被保护，因为它承载了先辈的历史；文物被珍惜，因为它蕴含了过去的习俗；坟墓被留存，因为它寄托了思念；庙宇被供奉，因为它象征着信仰；名字被铭记，因为它代表着精神。

有人的地方就会有文化。文化就像抬头就能看到的天空，不知不觉影响着每一个人。有些文化沉淀为人类灵魂的一部分，有些文化衍生出不同的文化，而有些文化在短暂的闪耀后被彻底遗忘。

人们说中国文化是舞狮，是京剧，是相声，是月饼，是太极拳，是旗袍，是红灯笼……不错，文化是在这些东西里。文化在很多事物里，在我们的语言里，在我们的文字里，在我们的音乐里，在我们的绘画里，在我们的建筑里。但这些东西，其实都只是文化的枝干和叶子，我们的精神、我们的人格和信仰才是文化的根。

我在农村长大，那里没有舞狮，没有京剧，没有相声，没有月饼，没有太极拳，没有灯笼，更没有红墙绿瓦，那里似乎一无所有。但我依然是一个中国人，一个地地道道的中国人。我没见过京剧、相声和旗袍，但我深信，我身上流着中国文化的血。我的父辈说的每一句话，做的每一件事，都是文化。

新的文化会被创造出来，旧的文化会自然消失，然而文化的根基是始终不变的。文化有传承，也有变迁。有时候我们还是留恋那些旧的东西，这没有问题。我们要清楚一件事情：文化在这些“东西”上，但文化不是这些“东西”。文化在每个人的心里。我们执着于某些形式上的东西，恰恰说明我们丢失了某些根本的东西。

一、文化的变迁

我出生在20世纪80年代中期，最重要的30年时代变迁的亲历者。诗人说“春江水暖鸭先知”，我也算是文化里的鸭子了，至少是其中一只。内心敏感的人对文化变迁的洞察力是很强的，关于这个，我想过很多。

我所成长的90年代是这样的：人们默默地耕耘着自己的土地，春天播种，秋天收获，日出而作，日落而息。尽管承受着沉重的劳动负担，内心始终是平静的。人们总能从土地中找到属于自己的快乐。从来没有不能用亲手做的美食抚平的伤痛，再多的苦难都只在谈笑间一语带过。农耕文化下的人们大致都是如此，可能几千年来也都是如此。

几乎就在突然之间，很多人发了财，成了人上人。对于落后的那部分人，我认为不认为不应归因于他们不够聪明、不够勤劳或不够上进。只是他们的思想比时代的发展的节拍慢了半拍而已。钱很重要，但在过去人们眼里就像粮票和布票一样，不过就是吃穿的一部分而已。连吃穿都只是生活的一部分，所以钱也不过如此。然而他们没想到，时代变化得如此之快！等他们反应过来的时候，生活已经落后太多，思想也成了落伍的思想了。

如今，主流价值观已然发生了深刻的改变。人们越来越容易被广告和商品引诱，越来越依赖金钱带来的安全感。并不是人们突然把物质看得如此重要。农耕文化正在消亡，没有了精神寄托，别无选择而已。文化的变迁是个大问题，更宏观的东西站在高处的人们看得更清楚，一只鸭子能看到的毕竟有限。我只是很好奇接下来的几十年会发生什么，同时，我也在思索着我们应该如何理解和面对这些变化。

（一）成长

这个星球上真正的最强大脑可能不是人类，而是章鱼。人类的遗传基因只有 2 万个左右，章鱼的基因组有 3 万多个，看上去章鱼的遗传物质承载能力比人类更强大。人类只有一个大脑，单核运行，而章鱼有 9 个大脑，分布式运行。

章鱼的头部分布着“主脑”，另外 8 个分布在腕足中。主脑发出抽象性指令以后，每个腕足都能够独立自主地进行判断，并且进行相应的神经反馈。每条腕足的行动，最终由头部的主脑相协调，相当于“八核”的中央处理器并行工作。有研究显示，章鱼在各方面的能力并不只是简单的本能。它们有概念思维的能力，能够面对一些复杂的问题给出自己的解决方法，以至于有人甚至猜测章鱼可能有着和人类一样的智力和思维水平，甚至有些人认为章鱼可能是从外太空来到地球的智慧生物。

图 41　章鱼

那么，统治地球的霸主为什么不是章鱼呢？

一个明显的现实是，章鱼的幼体无法从上一代学习到任何技能。当雄性和雌性章鱼交配以后，过不了多长时间就会死亡。新一代章鱼的知识都是从零开始。它们的进化历程就像现实中的西西弗斯一样：把石头搬到山顶，石头从山顶滚下来，再把石头搬到山顶，石头再从山顶滚下来……在生命循环往复的过程中，章鱼的身体结构和智力也在不断演化。从物种竞争的角度来看，如果人类和章鱼按照同样的模式演化，人类很可能竞争不过章鱼。

人类真正的强大之处并不在于遗传。让人类强大的东西看不见，摸不着，但是实实在在就在我们身边，它就是——文化。

文化是一个人的另一半生命，是一个民族全部的生命。每一个人都需要融入文化中才能获得真正的生命，才能成为一个真正的人。优秀的人类父母生育的孩子不一定同样优秀，因为一个人优秀的根源不是可见的遗传基因，而是不可见的文化。人类的智慧并不是在基因中血脉相传，而是在文化中不断延续！

> 有一个合理的假说是，现代人所显示出的各种令人惊异的认知技能，是人类以自己的物种独有的方式进行培养传播或者说文化传播的结果。人类确实具有培养传播的独有方式，也就是文化传播方式，其证据比比皆是。最重要的是，人类的文化传统和人造物品随着时间的推移不断进行积累改进，即所谓的积累性文化进化，这在其他动物物种中是没有的。那些最复杂的人造物品或社会实践，包括工具制造业，符号交流和社会制度等，基本上不是一次性发明，不是某个个体或由个体组成的群体一蹴而就的，而是某个个体或由个体构成的群体首先发明一种产品或一种实践的原始形式，后来的使用者或使用者们再加以改进，这些产品和实践又被另一些人采用了，经过许多代人也许没有做过任何改进，但在某个时候其他人采用了，该过程在历史上就是这样进行，这种情况被为“棘轮效应”（Tomasello, Kruger, and Ratner, 1993）。积累性文化进化过程中不仅需要可靠的社会传播，这种传播就像防倒转的棘轮一样能够防止倒退，因此，新发明的产品或实践至少是比较可靠地保持其新的或者说改进后的形式，直到出现更

新的改进。[①]

小时候我很好奇，贝壳和海螺这样坚硬的东西是怎么一点点长大的？其实这个问题并不复杂。贝壳的表面呈现一圈又一圈的年轮状的纹理。在贝壳的边缘有一层软组织，这层软组织不断分泌钙化物质，一点点把壳向外堆叠。贝壳从来不需要改变过去的东西，它只是在不断堆叠而已。海螺的生长也是一样的，螺旋上升的过程就是钙化物质不断堆叠的过程。

图 42　海螺的外壳

所有的生命都在时间的流逝中一层又一层地堆叠。不管做了什么，也不管得到什么，都是生命的一部分。地上的尘埃也在一层又一层地堆叠，难道说生命就是这样无意义地堆叠吗？

我站在长满荒草和青苔的老房子面前，久久地凝视着倒塌的断壁残垣。在这里生活了二十多年，它始终好好的。我们才离开几年，它竟然就破败成这样了……那一刻我想起了民间流传的老话："房子有人住百年不倒，房子没人住三年就塌。"

从房子被修建起来的那天开始，一直在不断承受风吹雨打。就像尘埃总会越级越厚一样，破败也在不断堆叠，不管多么坚固的房子都会越来越破败。但房屋会因为有人居住而有某种秩序，秩序支撑起房子的形骸，让破败的过程变得缓慢。当房子的主人随手捡起一块瓦片遮住屋顶的破洞，当房子的主人有意识地在门上钉下一个钉子，当房子的主人在墙上贴上自己喜欢的海报，那就是房子的秩序。当房子失去它的主人，房子就失去了这种秩序，就像生命失去了灵魂，剩下的形骸很快就破败了。

如同贝壳、海螺、房子一样，整个世界都在不断堆叠中。思想在时间

① [美]迈克尔·托马塞洛：《人类认知的文化起源》，张敦敏译，北京：中国社会科学出版社，2011（11），第5页。

中有序堆叠，形成文化。文化秩序地堆叠，形成文明。文明有序地堆叠，社会组织架构才会越来越成熟，文明才会不断向更高级的形态进化。

虽然我不知道文化的终极目标在哪里，但我知道它一定是在成长的。对于我而言，如果说人生有什么意义，大概就是我能看到我们的文化一点点向前发展，而且我可以亲自参与这个发展的过程。即便我的生命在某个时刻终结，我的朋友、我的亲人、我的子孙后代还会继续参与这个过程。

（二）蜕变

为什么所有的生命都必须经历出生，衰败和死亡的过程呢？就连整个宇宙在时间的尽头都免不了湮灭。可能因为时间是单维度的，在单维度的时空里，事物发展到一定程度后，必须毁掉一些东西才能继续发展。

图 43　正在蜕壳的蝉

文化也需要不断经历蜕变才能向前发展。有些文化只能存在于过去，我们不能否定它存在的意义，但是当它不能适应时代的时候就必须被丢弃。一个时代会形成一个时代的文化。时代变了，文化自然会有所改变。

任何一种思想都有它存在的价值，但是没有一种思想能永远统治这个世界。当事物积累到了一定程度，自身的结构承受不了堆叠的负担就会自然坍塌。所有的文化都会走向衰亡，但那并不意味着文化会消失。在它倒塌后的废墟上，在它破碎后的残垣断壁中，会生出更有生命力的文化。

二、文化的繁荣

在一个封闭的群体中，看似成员性格各异，其实从外部看来都是一种形态。沉浸在单一文化中的人没有自我觉察的视角，也不具备自我改变的支点。每个人都认为自己很特别，其实和周围的人并没有什么太大的差别。假如这个世界不幸成了单一的文化体，一旦出了问题，恐怕只有外星人才能看得清楚。

（一）文化交流

如果说水蕴含着能量，那么类似水从高处落到低处的时候才能释放出这种能量。如果说汽油蕴含着能量，那么只有在氧气中燃烧形成二氧化碳的时候才能释放出这种能量。如果说一种文化中蕴含着某种价值，那么只有不同的文化相互交流的时候才能释放出这种价值。当然，这种交流的过程可能不一定风和日丽，也许会伴随着激烈的碰撞。

某些人把文化的碰撞看成洪水猛兽，甚至还把它描述成文化入侵，我觉得这是没有必要的。文化需要相互碰撞才会体现其存在的意义。只要这种碰撞不是你死我活，而是在保持各自形态的情况下的相互竞争。文化的生命力就在于这种碰撞中。实际上，除非物理隔离，否则文化的相互渗透是不可避免的。不同文化会很自然地相互吸收，彼此融合。

生活环境越单一的人，越容易从周围的人身上习得人格上的缺陷。如果周围的人都跟自己是同一类人，这一类人所固有的缺点不会得到任何改进，只会不断恶化。这和近亲繁殖会导致遗传疾病风险增加的原理类似。始终在单一的文化中，文化一定会逐渐失去活力，然后随着时间的流逝而枯萎、凋零。很多文明的消失都是这个原因。

如果我们能做什么有益的事情，那就是让不同的文化尽量处于平等的地位，也就是保持文化的多样性。多元文化一直都存在，只是过去存在诸多不平等，影响了多元文化对社会发展的正面作用。

每一个地区都有自己的地域文化。地域文化是社会资源局部聚集和规模化形成的。当这些区域文化无序扩张，入侵并覆盖了其他弱势文化，就可能演变成单一的文化体。蝗虫应该好好地活着，它是生物链上的重要一环，自然界需要它。但如果因为某些原因一夜之间成千上万地疯狂增加，啃光草原上的嫩草，会逼死食物链上的其他生物，把草原变成荒漠。

人类个体拥有的时间和精力有限，在某一方面做得越专精，其他方面就会越匮乏。在这里被认为没有用的东西，在那里却可能是有用的。在某个群体化中被轻视的东西，在其他的群体中可能是被重视的。在某个圈子里被认为是错误的东西，在另一圈子里可能是正确的。有些南方人去北方才能更好地谋生，而有些北方人到南方才有更好的发展。古代的欧洲人学习过东方的发明，东方思想对启蒙运动也有过重要影响。各种思想会相互制衡，同时也会相互促进。生活在多元文化中才会爆发出创造力。

我学生时代最喜欢的一本书是格兰姆·贝克写的《一个美国人眼中的中国》(*Two kinds of time*)，直到现在仍然是我最喜欢的一本书。作者写的全部是自己的经历，没有抄袭，也没有照搬新闻报道。书中的每一句话都是这个善良的画家独立、真实的观感。因为真诚，所以感人。因为真实，所以珍贵。这本书以旁观者的身份真实地记录了旧中国的人文和社会环境，给了我一个非常好的反思文化的视角。

我曾很想了解过去那些历史，但是很可惜，父辈没有问过奶奶。奶奶一走，很多事情就永远没有人知道了。我相信即便奶奶在世，她也讲不清自己的故事。因为很多东西是旁观者才能看得清的。

这本书给我的感觉就像在倾听长辈在讲过去的故事。很奇怪，那些人物和故事竟然很亲切。书中所描绘的那种生活画面，和我小时候从爷爷奶奶那里感受到的东西是很契合的。那种感觉和我们今天的文化氛围非常不同。等我这一代人都不在了，这种感觉就完全消失了。如果没有人记录下来，那是很遗憾的事情。

现在看来，我在中国居住的那几年正值变革成熟的关键时刻，旧社会已腐朽得再也不能苟延残喘下去了。鉴于在这样一个混乱与变革时期中，发生在普通老百姓中的那些小事情可能比正规史书中的重大事件更为重要。于是，这就形成了本书的主体部分。我认为，只有那些名不见经传的千百万人民才真正是历史的缔造者①。

文化属于普通人，真正创造它的也是普通人。其实那些事情本身都是一些小人物的故事，可能并没有多大的历史意义。但是，我认为这才是构成我们自己的东西，了解这些对认识自己至关重要。如果没有文化交流，大部分所谓的文化都将失去存在的意义。

（二）文化竞争

人性，心理，文化，人的一切思维和行为的背后都存在竞争的影子。实际上，无论人类还是动物，包括整个自然，乃至宇宙，万事万物都存在竞争。我想指出什么样的竞争是正义的，什么样的竞争是非正义的，但我没有能力维护我的主张，说出来也没意思。我想澄清什么样的竞争是合理的，什么样的竞争是不合理的，但我只是一个被自己的欲望奴役的小人物，想到的也必定狭隘。我想鼓励大家直面竞争，但我自己又何尝不是一个逃避竞争的胆小鬼呢！我自知人生阅历和智慧有限，但这本书即将结束的时候，终究还是不可避免地谈到了这个话题。我如此谨小慎微，只为严肃地告诉大家：竞争意识对人有着深刻的影响，同时它本身也深刻反应了文化的形态。

可能我们理解的竞争各不相同，我所说的竞争只是我以为的竞争。这种竞争的本质还得从我们人类自身存在的形式说起。地球上大多数生物从出生那一刻起就有很强的活力，一些大型食草动物比如鹿和牛等，生下来

① [美]格兰姆·贝克：《一个美国人看旧中国》，朱启明，赵叔翼译，北京：生活·读书·新知三联书店出版，1887年11月第1版 1987年11月北京第1次印刷，第6页。

以后几个小时之内就能奔跑。相比之下，人类的发育非常迟缓。婴儿生下来以后还要继续精心照顾一年以上才能勉强行走，能独立生存则至少要等七八年以后。科学家解释这是因为人类的脑容量太大，以及分娩婴儿的盆骨太小，婴儿的发育只能分为产前和产后两个阶段，所以才有了人类孩子都是“早产儿”这个说法。但是有个疑问：既然人类能进化出越来越大的大脑，为什么不能进化出越来越宽的盆骨呢？科学家的解释是合理的，只是可能这种解释还不完整。人这种生命形式并非单纯的有机体。刚出生的婴儿之所以是“半成品”，本质上并非婴儿的生理发育不成熟，另外一个重要的原因是他的思想还是空白，就像一台没有安装任何“软件”的计算机。我的意思，从设计的角度来看，人类的大脑天生就不是用来继承母体“资产”的器官，它有别的重要用途。

一个人从无到有的诞生过程，除了科学家所说的产前和产后两个阶段，还有第三个阶段。双眼皮和大眼睛可以随着遗传代代相传，但思想不可以。事实上，思想存在于我们的身体之外。人类成长的第三个阶段就是从体外收集信息，形成自我意识的过程。这些信息其实就是人类最重要的资产——文化。它无处不在，既包括各种可感的语言、音乐、绘画、器物、建筑，也包括各种不可感的思想、观念、理念、信仰等等。

人在行驶的汽车上，按照正常的逻辑，如果是人在把持方向盘，那无疑是人在控制车。即便一辆无人驾驶的汽车，终究也是按照人的意志前行，汽车是没有自由意志的。生命有限，人终究会老去，躯体会腐烂成骸，但人的思想会不断传承和延续，生生不息。那么到底是人拥有思想，还是思想占据了人呢？按照前面的逻辑，文化没有它的自由意志，人才是真正的主导者。

有一次，我从重度昏迷中醒来。由于是毫无征兆地突然昏厥，我根本不知道自己发生了什么。这一倒把家里人吓得团团转，而我自己却毫无感觉。从某种意义上，那时候我已经死了。死而复生的过程缓慢而沉重，我一辈子都不会忘记那种感受。一开始我隐隐听到说话的声音，很微弱，像是从很远、很远的地方传过来的，或者说像是从另一个世界传来的。实际上，当时家人就在我的面前大声呼喊我的名字。那时候，我竟然完全意识不到我是我自己，也理解不了那声音意味着什么。我坐在地上很长时间才慢慢回过神。“哦，好像那个声音是在呼喊我的名字！”我记得那是我清醒后想明白的第一个问题，也是我用了最长的时间思考的一个问题，接下来更多的意识陆续恢复，只是相比之下并没有留下多少挣扎彷徨的痕迹。后来家人告诉我，我昏迷了至少三分钟。那三分钟在我的生命中只是一瞬间，但如果我没有醒过来，三天，三年，三百年，三万年，三百万年，乃至永恒，对我来说，也都等同于一瞬间。我第一次明白，无尽的永恒也不过只是一瞬间。如果说有什么感悟的话，其实也仅此而已。不过从那以后，我开始认真对待那些真正值得思考的问题，渴望弄明白其中的道理。一粒沙还是太小。人类需要的，比眼前已经拥有的更多。

后记

我原本打算把我的笔记打造成一本关于哲学的书，所以在向某出版社投稿的过程中，我介绍说这是一本关于哲学的书。编辑看过以后发来一长串书单说："你先把这些书好好读一遍再来谈哲学吧！"望着那长长的书单，我感到自惭形秽，从此以后一度不敢再提"哲学"两个字。我可以不提哲学，但没有什么能阻止我思考奇妙的问题。

哲学对我而言到底意味着什么呢？哲学正对实际问题的思考，问题的产生以及问题的结束。它可以训练我的思维，其中逻辑思维是很重要的一部分，但不是唯一重要的部分。从某方面来说，所谓哲学只不过是哲学家用语言探索世界的一种方式。哲学家把自己的思考巧妙地融入辞令中，形成了某些众所周知的哲学理论。一头扎进哲学辞令的海洋并不符合哲学家的精神，头脑里装着很多哲学理论的人也并不比其他人更聪明。基于这些认识，我依然是爱哲学的，而这本书确实和哲学思考有关。

我真正的哲学思考常常只在一闪念之间，剩下 99% 的时间都在琢磨修辞技巧。也许就是因为这种不务正业，我本想造的是"宇宙飞船"，去的是"星辰大海"，结果我只在自己的房间里造了一只"纸风筝"。现在回头看，我拼尽全力思考的所谓哲学都只不过是在自己的世界里挣扎徘徊罢了。我并没有因此感到懊恼。因为我爱的并不是哲学这门学问，而是思考本身。我思考过了，并且在这个过程中形成了我的观点。纸风筝就纸风筝吧，也许算是一只不错的纸风筝。

这本书能出版要感谢两个人，华龄出版社的郑建军老师和光明日报出版社的舒沁老师。郑老师为这本书的出版做了大量工作。我很少听到他对这本书的评价，只听他说："你对现实世界的思考，阅读大量书籍有所感悟，是知识分子比较普遍的心理和认知过程，但是，很少有人会记录下来。"舒沁老师没在这本书的编辑名单上，但她为这本书的出版付出了很多。舒沁老师从来没有说过称赞我的话，只是说："你用了这么多心血写的书，如果不出版太可惜了，我会尽力帮你完成心愿。"

眼看着自己造的纸风筝即将飞起来，我的内心欢欣鼓舞，对两位老师的感激之情也越发强烈。我知道如果现在没有及时表达我心里的感激，将来会非常忐忑。无用的奉承不必多说了，在本书即将出版之际，我特意写了这段后记，对两位老师郑重地说一声：谢谢！在此也谢谢所有读者朋友们！

参考文献

[1] [美] 亚伯拉罕·哈罗德·马斯洛:《动机与人格》，颜雅琴译，台海出版社。

[2] [古罗马] 奥勒留:《沉思录》，何怀宏译，北京：中央编译出版社，2008，4。

[3] [瑞典] 斯万特·帕博:《尼安德特人》，夏志译，杭州：浙江教育出版社，2018，12。

[4] [美] 大卫·赖克:《人类起源的故事》，叶凯雄，胡正飞译，杭州：浙江人民出版社。

[5] [美]AaronT.Beck, Arthur Freeman, DeniseD.Davis 等著:《人格障碍的认知治疗》，翟书涛等译，北京：中国轻工业出版社，2004，10。

[6] [法] 克莉司德·布提可南:《多向思考者》，杨蛰译，北京：北京联合出版公司，2018，9。

[7] [古希腊]《亚里士多德全集（第八卷）》，苗力田主编，北京：中国人民大学出版社，1990，9 月。

[8] [美] 迈尔斯著:《社会心理学》，侯玉波等译，北京：人民邮电出版社，第 11 版，2016，1。

[9] [美] 戴蒙德:《枪炮、病菌与钢铁》，谢延光译，上海：上海译文出版社，2000，8（2000 年 12 月重印）。

[10] [奥] 阿德勒:《自卑与超越》，顾天天译，重庆：重庆出版社，2011，8。

[11] [美] 达马西奥:《笛卡尔的错误：情绪、推理和人脑》，毛彩风译，北京：教育科学出版社，2007，6。

[12] [古希腊]柏拉图:《柏拉图全集·会饮篇》，王晓朝译，北京：人民出版社，2002，1。

[13] [美]迈克尔·托马塞洛:《人类认知的文化起源》，张敦敏译，北京：中国社会科学出版社，2011，11。

[14] 纪录片《播火录.科学远征》，北京出版集团出品，武汉电视台《科技之光》栏目组摄制。

[15] [古希腊]柏拉图:《理想国》，张竹明译，南京：译林出版社，2012，7。

[16] [英]乔治·马戛尔尼，[英]约翰·巴罗:《马戛尔尼使团使华观感》，何高济，何毓宁译，北京：商务印书馆，2019。George Macartney, Editedby J.L.Cranmer-Byng ANEMBASSYTOCHINA Longmans, 48GrosvenorStreet, London, 1962。《马戛尔尼勋爵私人日志》据朗文出版社 1962 年版译出。John Barrow TRAVELSINCHINA(THESECONDEDITION) Prentedby A.Strahan, PrintersStreet, 1806。《巴罗中国行纪》据斯特拉恩出版社 1806 年版译出。

[17] [法]福柯:《疯癫与文明：理性时代的疯癫史》，刘北成，杨远婴译，2 版，北京：生活·读书·新知三联书店，2003，1。

[18] [英]约翰·希顿《维特根斯坦与心理分析》，徐向东译，北京：北京大学出版社，2005，3。

[19] [美]布卢姆:《善恶之源》，青涂译，杭州：浙江人民出版社，2015，3，第 9 页。

[20] [美]福沃德，[美]弗雷泽:《情感勒索：助你成功应对人际关系中的软暴力》，王斌译，北京：金城出版社，2010，11。

[21] [法]卢梭:《论人类不平等的起源和基础》，李常山译东林校，北京：商务印书馆，1962 年 12 月第 1 版，1997 年 2 月北京第 7 次印刷。

[22]《动机心理学（Motivation Theory, Research, and Applications）》（美）皮特里（Petri，H.I.）著；郭本禹等译，一西安：陕西师范大学出版社，2005.10

[23] [美]所罗门，希金斯:《大问题：简明哲学导论》，张卜天译，4 版，

桂林：广西师范大学出版社，2014，11（2015 年 3 月重印）。
[24] [美] 波兹曼：《娱乐至死》，章艳译，桂林：广西师范大学出版社，2004，5。
[25] [英] 维特根斯组：《哲学研究》，陈嘉映译，上海：上海人民出版社，2001。
[26] [美] 格兰姆 · 贝克：《一个美国人看旧中国》，朱启明赵叔翼译，北京：生活 · 读书 · 新知三联书店出版发行，1887 年 11 月第 1 版 1987 年 11 月北京第 1 次印刷。
[27] 俞国良等著：《社会心理学前沿》，第 3 版，北京：北京师范大学出版社，2016，12。